安庆师范大学人文学院
高峰培育学科建设丛书

历史学卷

史海拾萃

金仁义　沈志富　编

总　序

"雨打振风塔，风动扬子江。红楼育学子，百年话沧桑。"这几句饱含深情的歌词，出自安庆师范大学的校歌。歌中的"红楼"，如今已是全国文物重点保护单位，它是学校的标志性建筑，也是全校师生共同的精神家园。这座由红砖砌成的两层高楼，是民国时期安徽大学的主教学楼，建成于1935年，迄今已伫立近百年。在漫长的岁月中，她见证着安徽现代高等教育的启航与远行，见证着民国时期姚永朴、刘文典、吕思勉、刘大杰、周予同、苏雪林等大批知名学者在此弘文励教的身影，也见证着人文学院披荆斩棘、笃实前行的学科建设历程。

目前在红楼办公的人文学院，是一所既新又老的学院。说其新，是因为她到2020年才成立，由原来的文学院和人文与社会学院合并组建而成，共设有汉语言文学、历史学、汉语国际教育、秘书学等四个专业；说其老，是因为原有的两个学院办学历史都比较悠久，学术积淀也比较深厚。如果从学校1977年恢复本科招生算起的话，原文学院的中国语言文学学科、原人文与社会学院的中国史学科迄今都有四十余年的人才培养历史。特别是进入21世纪以来，这两个学科的发展都取得了飞跃性的进步。2006年，中国古代文学学科获批硕士学位授权点，是学校首批四个硕士学位授权点之一。2008年，文艺学学科入选安徽省重点学科。2011年，中国语言文学学科获批一级学科硕士学位授权点。2018年，中国史学科获批一级学科硕士学位授权点。2019年，中国语言文学学科成为学校博士点学位授予立项建设学科，中国史学科则是博士点立项建设学科的重要支撑学科。2022年，学院又担负起建设安徽省高峰培育学科"戏曲与曲艺"学科的重任。可以说，这一连串的成就和突破，是全院师生长期群策群力、不懈拼搏进取的结果。

经过数十年的持续建设，以及几代人的艰苦奋斗，人文学院目前已形成了桐城派研究、黄梅戏与戏曲文化研究、明清诗学研究、皖江区域历史文化研究等四个较为鲜明的学科特色方向，涌现了大量的高水平科研成果，同时也获得了良好的社会声誉。

为了更好地总结和展示新世纪以来学院的学科建设成果，同时也是为了进一步强化学院博士点立项学科及安徽省高峰培育学科的建设，经学院党政领导班子研究，我们决定出版一套学科建设丛书。这套丛书根据学院学科建设实际情况，侧重收录近二十年来学院教师发表过的高水平论文，因受篇幅限制，总共遴选出134篇论文，挂一漏万，在所难免。丛书分七册，其中五册是展现中文、历史两个学科的建设成就，它们依次是：《谈文论道：文艺理论卷》（方锡球、王谦编）、《文海探骊：中国古代文学卷》（梅向东、徐文翔编）、《菱湖撷英：中国现当代文学卷》（陈宗俊、冯慧敏编）、《语路探幽：语言学卷》（鲍红、张莹编）、《史海拾萃：历史学卷》（金仁义、沈志富编）；还有两册是展现我们学科的特色优势，它们是《栖居桐城：桐城派卷》（叶当前、宋豪飞编）、《曲苑拈梅：黄梅戏与古代戏曲卷》（汪超、方盛汉编）。

这套丛书最终定名为《敬敷求是集》，也是大有深意。安庆师范大学的前身可追溯至清代的敬敷书院，后又合并过求是学堂，在长期办学过程中，形成了"敬敷、世范、勤学、笃行"之校训。这里的"敬敷"二字，出自《尚书》，意为"恭敬地布施教化"。我们希望这套丛书的出版，既能反映出学院教师敬敷育人的精神风范，又能展现出他们作为学者实事求是的治学态度。

对于我们来说，这套丛书的出版，既是一次总结，也是一种传承，更是一次启航和一份期待。最后，还是用校歌里的歌词来表达我们的办学心声："日照振风塔，霞染扬子江。红楼哺英才，代代耕耘忙。"

汪孔丰
癸卯年秋作于红楼

目 录

(按作者姓氏笔画排序)

001 总序

———————————— 中国古代史研究 ————

003 丁希勤 唐宋以来广德祠山大帝的神话故事考
020 王世红 衣保中 论简牍中所见秦汉时期马的饲料与饲养考察
042 沈志富 水利的限度：基于历史时期大别山区灌溉水利开发与环境变迁的考察
059 张祥稳 惠富平 清代中晚期山地广种玉米之动因
071 张祥稳 清代乾隆朝中央政府赈济灾民政策落实情况研究
　　　　　——以乾隆十一年江苏邳州、宿迁、桃源三州县水灾赈济为例
087 金仁义 何之元仕宦考略
100 金仁义 门阀士族与东晋南朝杂传和谱系撰述的发展
117 周 毅 清代安庆方志中的"忠节"书写及其演变
　　　　　——以抗清殉节者的"忠节"书写为中心
139 梁诸英 契约与民生：清代徽州棚民长期存在之反思
151 梁诸英 明清时期徽州水灾与徽州社会

———————————— 中国近现代史研究 ————

173 方晓珍 五四时期陈独秀伦理思想探析
181 方晓珍 皖江名人资源开发与安庆旅游产业发展
193 何孔蛟 邵 雍 廖磊主皖与安徽基层行政组织建设
209 董根明 晚清社会思潮与陈独秀启蒙思想的形成

世界史研究

221　李义中　18世纪英国国教会述析
235　李义中　"不从国教派"的复兴与19世纪英国宗教多元化问题述析
250　查　泉　美国学术界中的赫伯特·胡佛研究
282　戴立云　战后英国青年文化与大众传媒

289　**后记**

中国古代史研究

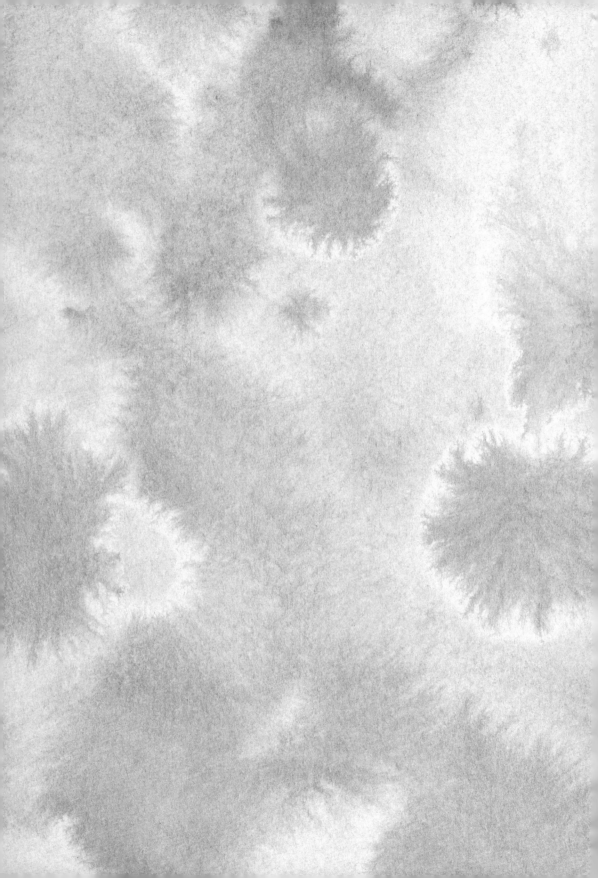

唐宋以来广德祠山大帝的神话故事考

丁希勤

历史上的祠山大帝发源于今安徽的广德县,唐宋以来广泛流布于皖、苏、浙、福建、江西等东南地区,"盖神之庙祀几遍江南"。徽州的绩溪、歙县、休宁、祁门等地也有祠山庙宇,明确可考的有9所。① 目前学术界对祠山大帝的研究成果不少②,但对其神话故事的研究不多。祠山大帝有感生神话、东游神话、阴兵神话、化豨(豕)神话、诞辰神话、出生地神话、礼斗神话、埋藏故事等,具体展示了唐宋以来祠山大帝信仰的形成、发展与变迁情况。

一、唐代感生、东游神话与《魏书·序纪》之关系

祠山大帝的最早记载是唐代颜真卿书写于大历九年的《横山庙碑》。宋代重立《颜真卿横山庙碑》曰:

> 公姓张氏,黄帝之后,其先名秉,夏禹时人也,居鼎州武陵龙阳洲,地有白马湖、明月池。秉行山泽间,有神女自天而下,輜軿侍卫甚都,谓秉曰:"我,天女也,受命相偶。"既而曰:"明年今日,复会于此。"言讫而别。輜軿飘然,去如风雨。秉如期而往,果见天女以所生男授秉曰:"此君之子也,子孙相承,当世世血食吴分。"先时,天西大裂,有声如雷,有

---

① 丁希勤:《宋明以来徽州的民间信仰研究》第九章《祠山大帝》,安徽大学博士后出站报告,2013年6月。
② 祠山大帝的研究成果主要有吴大林:《祠山大帝考》,《民俗研究》1991年第1期;皮庆生:《宋代民间信仰文献——〈祠山事要指掌集〉》,《中国地方志》2008年第6期;《宋代民众祠神信仰研究》,上海古籍出版社2008年版;李鹏:《高淳的祠山大帝信仰与治水活动》,《寻根》2011年第1期。

电如龙,识者谓必生神人,公果应之。长而奇伟,宽仁大度,喜怒不形于色,身长七尺,隆准修髯,发垂及地,深知水火。有神告以此地荒僻,不足建家,命行。有神兽前导,形如白马,其声如牛,遂与夫人李氏东游会稽,度浙江,至苕云之白鹤山,山有四水会流其下,公止而居焉,于白鹤得柳氏,于乌程桑垭得赵氏为侍人。李氏亦梦天降红绡其身,既而生子,火光满室,陡生莲花。长而风神堂堂,仰观俯察,无不洞照云(今存于庙,其文止此,乃张兢辰润色者,洪兴祖重立。命行至如牛,张记无此十五字,东游作来游)。①

颜碑内容与《魏书·序纪》有惊人的一致。《魏书·序纪》曰:

> 献皇帝讳邻立,时有神人言于国曰:"此土荒遐,未足以建都邑,宜复徙居。"帝时年衰老,乃以位授子。
>
> 献帝命南移,山谷高深,九难八阻,于是欲止。有神兽,其形似马,其声类牛,先行导引,历年乃出,始居匈奴之故地。其迁徙策略,多出宣、献二帝,故人并号曰"推寅",盖俗云"钻研"之义。初,圣武帝尝率数万骑田于山泽,欻见辎䡵自天而下。既至,见美妇人,侍卫甚盛。帝异而问之,对曰:"我天女也,受命相偶。"遂同寝宿。旦,请还,曰:"明年周时,复会此处。"言终而别,去如风雨。及期,帝至先所田处,果复相见。天女以所生男授帝曰:"此君之子也,善养视之。子孙相承,当世为帝王。"语讫而去。子即始祖也。②

可见,二者的神话部分几乎相同,《颜真卿横山庙碑》严重抄袭《魏书·序纪》。《魏书》乃北齐魏收所著,隋唐时开始流行,而据《祠山事要指掌集》记载《颜真卿横山庙碑》书写于唐大历九年,则抄袭《魏书》完全可

---

① 〔南宋〕周秉秀撰:《祠山事要指掌》卷二,明宣德七年抄本。
② 《魏书》卷一《序纪》,文渊阁四库全书本。

能。《颜真卿横山庙碑》在宋代有两个版本，一是唐代的原始碑文，到北宋时有所损毁。第二个是宋代大观、绍兴年间在唐代颜碑的基础上经过张兢辰润色、洪兴祖重立的石碑。后者根据《魏书·序纪》对张兢辰润色的部分作了修补，加入"命行，有神兽前导，形如白马，其声如牛"的内容，很明显是抄自《魏书·序纪》。尽管洪兴祖认为"旧碑（颜真卿横山庙碑）末云新室之乱，野火燹其祠，建武中复立，则鲁公所刻盖东汉时碑也"[①]。但这只是一种猜测。按说东汉的碑文，则《魏书·序纪》抄袭了《横山庙碑》。一般来说，国史直接抄袭民间的可能性不大。至明代正统道藏《搜神记》祠山张大帝传中又加入了渤"字伯起"，与《魏书》作者魏收"字伯奇"谐音，可以说是明代进一步抄袭《魏书》的结果。《魏书·序纪》中只讲了两个神话，即北魏祖先的感生神话和献帝的南迁神话，因此颜真卿碑中也只有两个神话：祠山的感生神话与东游神话。

二、北宋阴兵、化豨神话与大禹治水之关系

祠山阴兵化豨最早出自北宋景德三年广德知军事成悦撰的《祠山广德王事迹》引"耆旧相传《灵应事迹》"曰：

> 王讳渤，清河张氏也。自江南割据，累经兵火，失其传记。惟本庙有古碑并耆旧相传《灵应事迹》共一卷耳，曾祖考亦不知其讳，祖讳秉，王生于前汉，吴兴郡乌程县横山人也。炳山岳之灵，抱神龙之德，始于本郡长兴县顺灵乡发迹，役阴兵导通流，东自长兴荆溪，疏凿圣渎，长十五里，岸高七丈，至广德界青林塘。仍于岸侧先开一浴兵之池，方三十余顷。寻广圣渎之岸，迤逦而西，至杜杭庙。又十五里，阔二十二丈至十五丈，总三十里，志欲通津于广德也。复于后村毕宅保小山之上

---

① 〔南宋〕周秉秀撰：《祠山事要指掌集》卷二。

枫树之侧为挂鼓坛。先时与夫人陇西氏密议为期，每饷至鸣鼓三声而王即自至，不令夫人至开河之所。厥后因夫人遗食于鼓，乌啄鼓鸣，王仍以为误而不至。夫人遂诣兴工之所，见一大豨役阴兵开凿渎河。王见夫人变形未及，从此耻之，遂不与夫人相见，圣渎之功息矣，遁于广德县西五里横山之顶。居民思之，立庙于山西南隅。夫人李氏亦至县东二里而化，时人亦立其庙。①

从这里可以看出，阴兵化豨神话最初应出自"耆旧相传《灵应事迹》"。当时尚有"清河张氏"、"陇西李（氏）"的字样，而到北宋政和年间王安民作《灵济王行状》一文时就没有了，表明成悦一文抄自耆旧相传《灵应事迹》的可能性较大，因此并没有作较大的变动。《灵应事迹》与"古碑并"，所谓古碑，指的是颜真卿的横山庙碑，是北宋时所能见到的最早的祠山碑文，表明《灵应事迹》大致与颜氏的碑文同时，至迟在北宋景德年间就已经存在了。从故事的内容看，它是抄袭了大禹的治水神话。明代顾起元曰：

> 夏后氏生而母化为石，此事之异，闻者说见《世纪》，盖原禹母获月精石如薏苡吞之而生禹也。《淮南子》云"禹生于石"，注谓"修已感石，坼胸而生"，故说者以为夏后生而母复为石。今登封东北十里有庙，庙有一石号启母石，应劭、刘安、郭璞、李肜、隋巢、王炯、王韶、窦革等皆云启母，历代崇祀，亦以为之。启母，按元封元年武帝幸缑氏，制曰朕用事华山，至中岳见夏后启母石，云启母化为石，启生其中，地在嵩北。有少室姨神庙，登封北十二里，云启母之姨，而偃师西二十五里复有启母小姨行庙。《淮南子》禹通轩辕，涂山欲饷，闻鼓乃来，禹跳石，误中鼓，涂山忽至，见禹为熊，惭而去，至嵩山下化为石。禹曰归我子石，破北方而生启，盖本乎此事，正与广德所祠乌程张渤疏圣河，夫人李饷至鸣鼓事

---

① 〔南宋〕周秉秀撰：《祠山事要指掌集》卷二《祠山事迹略云》。此处不完整，另据《祠山小志》卷上《祠山广德王事迹》补充而成。

正同,见《事实》及《桐汭志》、《漫录》等,故记以为大禹之化,厥有由矣。虽然启母之庙,顾野王、卢元明等又以为阳翟妇人。《嵩高记》云阳翟妇妊三十月,子从背出,五岁入山学道,为母立祠曰开母祠,则又疑后母矣。按《遁甲开山图》又言上古女娲十九代孙大禹,寿三百六十岁,入九嶷山飞去,后化生于石纽山,泉女狄暮汲水,得石子如珠,爱而吞之,有娠,十四月生子,代父治水,尧舜以其功如古大禹,乃赐号禹,此又与《世纪》之说异。①

从这里可以看出,先秦、汉代的《世本》、《淮南子》等书早已有大禹化熊治水及相关神话传说。通过比较发现:祠山神话中的"天女"即大禹神话中的"女娲",祠山神话中的"金丹"即大禹神话中的"启母石",祠山神话中的"怀胎十四个月"②即大禹神话中的"十四月生子",祠山神话中的夫人李氏即大禹神话中的涂山女,祠山神话中的小姨即大禹神话中的小姨子③,祠山神话中的化豨即大禹神话中的化熊。清代朱立襄曰:"祠山化豨凿渎,说者谓其本淮南子所称禹化熊通辗辕路涂山氏见而惭之之事,以傅会于祠山尔。"④唯一不同的是:大禹化熊,而祠山化豨。熊与豨之区别在于:大禹治水,旨在止水,熊是狗之一种,属性为戌,五行为土,土克水,是对治水的演义。祠山凿河旨在通流,豨为豕为猪,属性为亥,五行为水,是对水神的演义。

综上所述,祠山的早期神话有感生神话、东游神话、阴兵神话和化豨神话。前两个神话来源于《魏书·序纪》,以颜真卿《横山庙碑》为标志。后

---

① 〔明〕顾起元撰:《说略》卷七,文渊阁四库全书本。
② 〔明〕《正统道藏》第36册《搜神记》"祠山张大帝"曰:"大女谓曰吾汝祖也,赐以金丹,已而有娠,怀胎十四个月,当西汉神雀三年二月十一日夜半生。"文物出版社、上海书店、天津古籍出版社1987年影印本。
③ 〔明〕董斯张撰:《吴兴备志》卷十四曰:"广德州横山有庙志,云生西汉末……以二月八日生辰,先一日必多风,后一日必多雨。俗人相传以为神请其夫人之小姨饮酒,故加以风雨欲视其足也,可谓渎神矣。"文渊阁四库全书本。
④ 〔明〕濮阳春撰:《祠山志》卷三《行状》,清光绪十二年刻本。

两个神话来源于大禹治水,以耆旧相传《灵应事迹》为标志。但颜真卿的横山碑中并没有提到阴兵和化豨神话,耆旧相传的《灵应事迹》也没有提到感生和东游神话,二者基本上无相互交涉的内容。导致这一现象的原因,我认为应是《灵应事迹》形成在前,由民间世代相传汇集而成,而横山庙碑发生在后,由精英人士根据史书创作和补充的结果,相当于民间修谱时追述先人的历史。

三、南宋诞辰神话与张勃、陈汤及民俗之关系

到了北宋政和四年常安民作《灵济王行状》时,将两个版本的四个故事合而为一。但无论是唐朝《颜真卿横山庙碑》,还是宋代常安民的《灵济王行状》和洪兴祖重立的《颜真卿横山庙碑》,都没有提到祠山的出生年代。景德成悦的《祠山广德王事迹》引耆旧相传《灵应事迹》时只提到"王生于前汉",成悦的《重修庙记》,以及太平兴国九年何夷素的《重建庙后殿记》、嘉祐四年姚舜谐的《重修寝殿记》、元丰三年胡应麟的《灵济王碑》都说是前汉人。但绍兴年间洪兴祖对此持怀疑态度,他说:"旧碑(颜真卿横山庙碑)末云新室之乱,野火燹其祠,建武中复立,以碑考之,疑非西汉人,特灵迹自汉以来始著耳。"洪兴祖见过当时流传的各种传说,他的这一观点还是比较可信的。因此,由他重立的《颜真卿横山庙碑》也没有交代祠山的出生年代。但到南宋嘉泰年间詹仁泽、曾樵编纂《世家编年》时却突然出现了祠山生于"神爵三年二月十一日夜半"、"己亥汉神爵三年二月十一日亥时"的说法,显然是当时人所为。

《世家编年》曰:

> 张之先轩辕之第五子曰挥始造弦实,张网罗,世掌厥官,后因氏焉。六世孙曰秉事夏禹分治水土,至扬州均江海,通淮泗,行山泽遇神娲谓秉曰:"帝以君有功吴分,遣吾为配,生子当以木德王其地。"秉曰:"禹

有圣嗣,历数在夏,吾为人臣,敢越厥志?"娲曰:"天命也,不在其身,必在其子孙,数千年后,其世世庙食乎。"明年,天西北隅裂,神娲授以异子。周宣王时有张仲从伐猃狁,以孝友闻,春秋时有张趯为晋大夫。至汉神爵三年二月十一日夜半,王始生,父曰龙阳君,母曰张媪。

下注曰:"詹仁泽、鲁樵未作《世家编年》之前,惟王讳及王之先讳秉见于《显应集》中,《事迹》、《行状》、开文、碑记所载者为可考……自嘉泰'己亥'既作,《世家编年》创书王祖、王父、九弟、五子、八孙之讳。"①表明《世家编年》接着《颜真卿横山庙碑》和《灵应事迹》又为祠山创造了一系列的祖先。关于祠山的诞辰,《正讹》曰:"《编年》云己亥汉神爵三年二月十一日亥时降诞……简册所传未见有谓王生于神爵亥年之说,詹鲁二公实创书之。"②说明祖先世系和诞辰为南宋嘉泰年间所创。这里,《正讹》以为己亥是指诞辰之年,与神爵三年为壬戌之年不符,显然是没有搞清楚己亥的意思。按神爵年号共有四年,前一个年号为元康,元康共有四年,元康四年曰己未,神爵元年曰庚申,二年曰辛酉,三年曰壬戌,四年曰癸亥。己亥是元康四年己未和神爵四年癸亥首尾各一字的合称,因此"己亥汉神爵三年"是指己、亥之间的神爵三年。

那么,《世家编年》为何将元康四年己未纳入其中呢?古人并没有交代,我认为这涉及张渤的背景与由来。明洪武间宋讷的《勅建祠山广惠祠记》曰:"谨按祠山神载记所纪为龙阳人,姓张名渤,发迹于吴兴,宅灵于广德,西汉以来盖已有之,或谓即张汤之子安世。"③这一说法宋代以前未曾见,可能是受《世家编年》的影响才出现的,表明当时已有人持西汉朝廷张氏之说。但这里的"张汤之子安世"未必就是张安世本人,应该是他的孙子张勃。

---

① 〔南宋〕周秉秀撰:《祠山事要指掌集》卷二。
② 〔南宋〕周秉秀撰:《祠山事要指掌集》卷七。
③ 〔明〕宋讷撰:《西隐集》卷五,文渊阁四库全书本。

西汉神爵之前是张氏家族高度发达的时期,《汉书·张汤传》曰:"安世子孙相继,自宣、元以来为侍中、中常侍、诸曹散骑、列校尉者凡十余人。功臣之世,唯有金氏、张氏,亲近宠贵,比于外戚。"安世是张汤的儿子,封为富平侯,"汉兴以来,侯者百数,保国持宠,未有若富平者也"。张安世死于元康四年,亦即己未年,其子为张延寿,张延寿之子为张勃,"元帝初即位,诏列侯举茂材,勃举太官献丞陈汤。汤有罪,勃坐削户二百,会薨,故赐谥曰缪侯。后汤立功西域,世以勃为知人"①。说明张勃因推荐陈汤而死,由此引出陈汤与另外两个人。

《汉书·陈汤传》曰:"陈汤,字子公,山阳瑕丘人也,少好书,博达善属文,家贫丐贷无节,不为州里所称。西至长安,求官得太官献食丞。数岁,富平侯张勃与汤交,高其能。初元二年元帝诏列侯举茂材,勃举汤,汤待迁,父死不奔丧,司隶奏汤无循行,勃选举故不以实,坐削户二百,会薨,因赐谥曰缪侯。汤下狱论。后复以荐为郎,数求使外国。久之,迁西域副校尉,与甘延寿俱出。"②

《汉书·甘延寿传》曰:"甘延寿字君况,北地郁郅人也……车骑将军许嘉荐延寿为郎中,谏大夫,使西域都护、骑都尉,与副校尉陈汤共诛斩郅支单于,封义成侯。"③

《汉书·郑吉传》曰:"郑吉,会稽人也……汉之号令班西域矣,始自张骞而成于郑吉。吉薨,谥曰缪侯。"④《汉书·西域传》曰:"其后日逐王畔单于,将众来降,护鄯善以西使者郑吉迎之。既至,汉封日逐王为归德侯,吉为安远侯,是岁神爵三年也。乃因使吉并护北道,故号曰都护。都护之起自吉置也。"⑤

上述史料揭示了以下内容:

---

① 《汉书》卷五十九,文渊阁四库全书本。
② 《汉书》卷七十。
③ 《汉书》卷七十。
④ 《汉书》卷七十。
⑤ 《汉书》卷九十六。

一、张勃因举荐陈汤而死，陈汤后来成为西域都护的副官。

二、与陈汤同时的西域都护长官为甘延寿，与张勃父亲张延寿同名。

三、西域都护首任长官为郑吉，封于神爵三年四月壬戌。①

四、郑吉死后赐号缪侯，张勃死后亦赐缪侯。

后人为纪念这段历史，将张勃与陈汤合而为一，成为祠山神话中的张渤，将西域都护的建置年代神爵三年作为张渤的出生之年。相应地，张勃、陈汤、郑吉的属地也成为神话故事的一部分。如张勃属地杜陵②，陈汤属地山阳，郑吉属地会稽，在神话中演变成为张渤"武陵龙阳人"，"东游会稽"。

将"二月十一日"作为生日与民间相沿已久的习俗有关。祠山的生日一般有两种说法：二月八日、二月十一日。光绪《广德州志》引《田家五行》曰：

> 二月八日为桐江张王生日，前后必有风雨，俗云请客风、送客雨，正日谓之洗街雨，初十日谓之洗厨雨。俗谓有风雨及微雪者谓之做生日，主岁丰，是日多寒，故谚云二月初八，冻鱼冻肉。又云祠山诞辰东南风谓之上山旗，主水，西北风谓之下山旗，主旱，以是日必有风雨，故俗号云云。州人又谓祠山诞辰系二月十一日，故远近进香之人自初八日为始纷还而来，过二十日始渐止，而尤盛于十一日。③

这里交代了二月八日作为诞辰是因为此日多风雨，比较符合祠山大帝的水神身份。但西汉神爵三年二月八日干支是戊寅，戊五行为土，土克水，非符合水神之义。九日己卯、十日庚辰也是如此，唯有十一日辛巳，辛五行是阴金，金生水，比较符合水神和阴兵之义。而且辛为西夷、西域之象征，《魏书》曰："庚之与未皆主于秦，辛为西夷。"④张渤原型之一的陈汤是西域

---

① 《汉书》卷十七《景武昭宣元成功臣表第五》。
② 《汉书》卷五十九《张汤传》："张汤本居杜陵，安世武、昭、宣世辄随陵，凡三徙，复还杜陵。"
③ 〔清〕胡有诚撰：《广德州志》卷二十四《节序》，光绪七年刻本。
④ 《魏书》卷三十五《崔浩传》。

使者,因此《世家编年》将十一日作其生日,估计是出于此点之考虑。

又将"亥时"定为出生时刻。《正讹》曰:"《编年》首书之曰己亥汉神爵三年二月十一日亥时生,以二月十一日人所敬信之同,而合之以亥年亥时众所骇闻之异。""詹、鲁创为亥年亥时之说,又撰为元灵节之名,是欲以世俗之见效勤于王所为,是文饰也。"又曰:"庙中有新碑,其旁刻云王在汉朝将兵,凯旋学道于九江梅仙,功成仙去,隶于斗阙下,为天门右神。天门属亥属豨,人畏触,避弗食。"[①]可见,亥属豨(豕、猪),将亥定为出生时刻是出于祠山化豨之考虑。

综上所述,南宋嘉泰年间詹仁泽、曾樵的《世家编年》所载祠山大帝张渤出生于"己亥汉神爵三年二月十一日亥时"之说,是以西汉王朝张氏权贵作为背景,以张勃和陈汤的故事作为依据,并参照历史上的民间习俗创作而成。《世家编年》还对祠山大帝的族谱世系作了补充、完善,对祠山的神话故事也作了较为系统的整理,结束了有史以来祠山传说的混乱状况,反映了南宋时期祠山信仰的发展与定型。

四、南宋祖籍、出生地神话与《三国志·吴志》之关系

关于张渤的祖籍和出生地有几种说法。一说是北宋景德三年广德知军事成悦的《祠山广德王事迹》引耆旧相传《灵应事迹》曰:"王讳渤,清河张氏也。"河北清河县是张氏的发源地,故不当是出生地,而是言祖籍。一说是会稽吴兴人,如光绪《广德州志》所言。但据明代《搜神记》曰"始于吴兴郡长兴县顺灵乡发迹",因此吴兴并非出生地。另一种说法是洪兴祖重立《颜真卿横山庙碑》曰其父张秉"世居鼎州武陵龙阳"。但这里的鼎州始置于北宋大中祥符五年,唐代不应有"鼎州武陵龙阳"之说法。按北宋太平兴国九年何夷素的《重建庙后殿记》讲是"湖州乌程县人",景德三年广德知

---

① 〔南宋〕周秉秀撰:《祠山事要指掌集》卷七。

军事成悦的《祠山广德王事迹》也讲是"吴兴郡乌程县横山人",元丰三年胡应麟的《灵济王碑》也讲是"吴兴郡乌程县横山人",政和四年常安民的《行状》没有交代出生地。乌程县在晋朝析出长城县,五代吴越王钱镠改为长兴县,因此又曰长兴人。而"鼎州武陵龙阳"是宋大观、绍兴之际张兢辰润色、洪兴祖重立《颜真卿横山庙碑》中所提出的,原碑不一定有此文字,极有可能是这两个人后来加上去的,否则北宋时的诸多传记为何只字不提武陵龙阳?且洪兴祖所立碑文并没有完全遵照张兢辰润色的原文,而是作了改动,如"命行至如牛,张记无此十五字,东游作来游"①。将龙阳县作为张渤的出生地我认为应是南宋初年张兢辰、洪兴祖等创作的结果。理由如下:

一、按神话传说,张渤的祖先为张秉。张秉历史上实有其人,《三国志》卷七《吴志》有"阳羡张秉生于庶民",《万姓统宗》曰:"张秉,字仲节,阳羡人。时顾劭号知人,一见遂友。后劭为豫章太守,发在近路,值秉病,时送者百数,劭辞曰张仲节以疾不克来,恨不见之暂还与别诸君,幸少时相待。秉自是声誉远播,仕吴至云阳太守。"②阳羡县与长兴县同属吴兴郡,也就是说,张秉与张渤都是吴兴郡人,因此在祖籍上有一定的渊源,是为二者之间建立关系之依据。

二、龙阳县始置于吴赤乌十一年黄龙瑞兆,嘉庆《龙阳县志》曰:"吴赤乌十一年黄龙二见武陵汉寿界,故改吴寿,更立一县名龙阳。"③同年云阳也发现黄龙,《三国志·吴志》曰:"(赤乌十一年)夏四月雨雹,云阳言黄龙见。"据上述《万姓统宗》张秉曾任云阳太守,两地同年出现黄龙,是为张秉与龙阳建立关系之依据。

三、嘉庆《龙阳县志》曰:"县北八十里旧志有神鼎出其间,宋改为鼎州。"④大禹治水曾铸九鼎,《史记·封禅书》曰:"昔泰帝兴神鼎一,一统天

---

① 〔南宋〕周秉秀撰:《祠山事要指掌集》卷二《颜真卿横山庙碑》。
② 〔明〕凌迪知撰:《万姓统宗》卷三十七,文渊阁四库全书本。
③ 〔清〕张在田撰:《龙阳县志》卷一,嘉庆十九年刻本。
④ 〔清〕张在田撰:《龙阳县志》卷一。

地，万物所系终也。黄帝作宝鼎三，象天地人。禹收九牧之金铸九鼎。"汉《焦氏易林》曰"禹作神鼎"。因此这里的神鼎、鼎州与大禹建立了联系。事实上龙阳县也是一个多水之地，"其地三山六水"，"其地为沅澧之冲，其水为湘沅之会，汪洋万顷，洞庭半焉，虽号弹丸，实为要隘"①。是为龙阳与大禹治水建立关系之依据。

这样，张渤—张秉—云阳—龙阳—大禹之间就建立了一层神话联系，南宋初年的张兢辰、洪兴祖据此为张渤创造了其祖先张秉居"鼎州武陵龙阳"佐大禹治水的故事，并假托唐颜真卿之名刻入重立的《颜真卿横山庙碑》。事实上，张秉是三国吴人，并非是张渤的祖先，而张渤也并非一定就出自西汉，诸种神话皆是后人因时创作之结果。将龙阳作为出生地，还存在一种可能：

一、龙阳最初属于汉代的寿县。

二、三国时此地出现黄龙，因改名龙阳。汉宣帝的最后一个年号是黄龙，因此将龙阳作为出生地与张渤出生于汉宣帝时期在逻辑上是一致的。《廿二史札记》曰："观宣帝纪年，以神爵、五凤、黄龙等为号，章帝亦诏曰乃者鸾凤仍集，麟龙并臻，甘露宵降，嘉谷滋生，似亦明其得意者，得无二帝本喜符瑞，而臣下遂附会其事耶？"②

三、此地曾出现神鼎，北宋时改为鼎州，此后人们开始为其酝酿出生于龙阳之故事。据《龙阳县志》载，龙阳县天文分野为张宿，地支为巳。至南宋嘉泰年间詹仁泽、曾樵的《世家编年》继续为其创造了神爵三年二月十一日的诞辰，十一日为辛巳，与龙阳同一地支，可以说是南宋嘉泰年间进一步穿凿附会的结果。

龙阳在东吴的最西边，与西蜀接境。《三国志·吴志》孙权传曰："会曹公入汉中，备惧失益州，使使求和，权令诸葛瑾报更，寻盟好，遂分荆州、长沙、江夏、桂阳以东属权，南郡、零陵、武陵以西属备。"龙阳县时属武陵郡，

① 〔清〕张在田撰：《龙阳县志》卷一。
② 〔清〕赵翼撰：《廿二史札记》卷三《两汉多凤凰》，中华书局1984年版。

却又从属于东吴，表明在吴蜀交界之地，当是吴国最西边。干支上以西边为辛，《魏书》曰"庚之与未皆主于秦，辛为西夷"①，即是明证。因此，将辛巳作为张渤的生日，也就是十一日。吴兴郡天文分野为斗，地支为丑，丑为牛，同样人们为张渤创作了礼斗和以牛为祭的埋藏故事。查嘉庆《龙阳县志》卷三《事纪》和卷五《仙释》虽然都记载了一些张渤的事迹，但很明显是抄自宋明时期已经流传的张渤神话，因此无法证明张渤是龙阳人。世传张渤为龙阳人当是南宋初年创造的结果。

五、北宋礼斗神话与道教、天文之关系

光绪《广德州志》曰："张真君以礼斗得道，至今横山有礼斗台。"②

礼斗神话最早见于北宋政和四年常安民的《灵济王行状》，"安吉大姓施韬生子九岁不能言，祷于王，王附祝曰汝生子时秽触北斗，吾教汝以醮法谢之。韬如其教，其子即夕能言。"下注曰："元丰三年徐申书其事并醮法刻石于庙。"③南宋嘉熙时周秉秀曰："旧传王以醮斗法流传于世，自是以来，凡有禬禳，动辄应感。绍兴癸丑秋，吴侯以旱不雨，乃斋被置醮造坛下，而祝之曰若藉王灵，使有沛然之应，当力营坛宇以答神赐，旋旆未卷，雨果大至。"④又曰："庙中有新碑，其旁刻云王在汉朝将兵凯旋，学道于九江梅仙（讳福号寿春真人），功成仙去，隶斗阙下，为天门右神。天门属亥属豨，人畏触，避弗食。今梅仙法中主将水部判官即王也，成道之所传醮斗仪即梅仙所授也。"⑤康熙五十二年吴宁谧的《祠山辨》对此提出了疑问，他说："礼斗，道教也，唐宋以后之事，神生汉神雀间，曷尝有此？若谓神必以礼斗成功则非汉人

---

① 《魏书》卷三十五《崔浩传》。
② 〔清〕胡有诚撰：《广德州志》卷二十四《风俗》。
③ 〔明〕濮阳春撰：《祠山志》卷三《行状》。
④ 〔南宋〕周秉秀撰：《祠山事要指掌集》卷五《斗坛》。
⑤ 〔南宋〕周秉秀撰：《祠山事要指掌集》卷七《正讹》。

矣。"①从《灵济王行状》所载"元丰三年徐申书其事"来看,礼斗神话至迟在北宋元丰年间已经形成,到南宋时逐渐流行,《正讹》所言庙中新碑与徐申所刻之石可能是同一块石碑。

礼斗神话与化豨神话有一定的内在联系。豨即豕即猪,属性为亥。斗即北斗,为北方七宿(斗牛女虚危室壁)之一。北方地支为亥子丑。斗、亥同是北方天文地理之首,因此古人以斗对应于亥豕而有北斗化豕之传说。如唐朝段成式的《酉阳杂俎》曰:"王姥儿杀人系狱,姥求救于僧一行,一行乃徙大瓮于浑天寺,置七豕于中。元宗急召一行问曰太史奏昨夜北斗不见,是何祥也?师有以禳之乎?答曰后魏时失荧惑,至今帝车不见,天将大警于陛下也,莫若大赦。帝从之。一行归放豕出,太史奏北斗一星见,凡七日而复。"这里的"七豕"即"北斗七星",是古代斗豕关系之明证。律历上也有斗建亥之说,《礼记》曰:"孟冬之月,日在尾昏危中旦七星中,其日壬癸。"壬癸是水。郑氏注曰:"孟冬者,日月会于析木之津而斗建亥之辰也。"②也就是说,斗建亥为水,故北宋以来民间为祠山大帝创造出礼斗、醮斗化雨的神话,以附会其水神之身份。光绪《广德州志》曰:"州人奉神最重祠山,有不食猪肉者,谓之吃祠山斋。(明代)濮阳模有《祠山化豕辩》,谓好事者因《淮南子》禹化熊治水事而附会之,又云相传北斗变形为猪,唐僧一行于浑天寺掩获群豕而北斗遂隐。明徐武功奉斗,合家不食豕肉,及得罪当决,忽大风雷电,有物如豕者七蹲锦衣堂上,因得赦。张真君以礼斗得道,至今横山有礼斗台,然则今之不食豕肉,亦奉真君所奉之斗斋耳。"③

六、南宋以来的埋藏故事

埋藏故事究竟形成于何时?唐宋以前的作品中没有直接记载。明洪熙

---

① 钱文选撰:《祠山小志》卷上《吴氏祠山辨》,民国铅印本。
② 〔宋〕卫湜撰:《礼记集说》卷四十五,文渊阁四库全书本。
③ 〔清〕胡有诚撰:光绪《广德州志》卷二十四《风俗》。

元年祠山道士盛希年的《祠山广惠庙埋藏记》引"《祠山事迹》所载剡溪石正伦纪《编年》集后"云:

> 雷州上鼓、广德瘗祭为天下第一。每岁瘗藏,既得吉日,乃立旗卜地于献殿之庭,或于庙东门楼内碑亭之左右穿治方泽各五尺。是日也,烹太牢,洁粢丰,盛嘉粟旨酒,列位三百六十,具祭器、絮制、蕢缶,何啻千数。其夕邑宁,盥其事既竣,悉力士舁几,凡饮食、器皿、动用,就坎而瘗焉,不遗毫末,一啜之饮,一箸之器,无敢窃取者。瘗已,幕以太牢之皮,覆箔反土而平治之,土不见其赢或加缩于初。今观庭下之地逦迤,庙东门楼左右之地各不踰十丈。姑以耆旧所见一甲子之年,一年之内瘗者或一或再,或至于三四,能倍徙其地十之百之不足及,夫越一年、二三年,卜地有得于已穴之处者即之空空,然旁所有给坎千之而有余,皆曰牲羞熟物易败也,器出析木亦易败也,舜陶殷髀者岂返其真若是之速耶?以此观之,盖由山川清淑之气之所钟,神灵之所助以速幻,有而无际,空而实极,天下之灵异焉。①

《编年》是南宋嘉泰年间的作品,此处引文表明埋藏故事自嘉泰以来已经形成。南宋末年周密的《癸辛杂识》曰:"桐川祠山、新安云岚皆有埋藏会,或以为异。"②元《文献通考》曰:"祠山庙在广德军,土人言其灵应,远近多以耕牛为献。"③可为佐证。《祠山广惠庙埋藏记》曰:"永乐十又九年,资政大夫吏部尚书兼通议大夫詹事府詹事臣蹇义按部至郡,翌日谒于祠下,因视所谓埋藏之处,首询之耆民谓何独无前代记刻?对曰旧有之,兵燹后靡孑遗矣。顾主祠道士陈祖曰亦宜详考其事而志诸石。"从这里"独无前代记刻"看,似乎埋藏故事形成不久。惟祠山"祭以太牢","用牛埋藏之事,

---

①② 〔明〕濮阳春撰:《祠山志》卷六《埋藏备考》。
③ 〔元〕马端临撰:《文献通考》卷九十《杂祠淫祀》,文渊阁四库全书本。

意其在三国以后两晋唐宋之间事乎"①,但这只是一种推测,并没有确切的记载。

明代以后埋藏故事有了进一步的发展。明代《吴兴备志》曰:"(祠山)有埋藏之异,是日土人杀牛祀之,坎其庭中,以所祭牛牲及器皿数百瘗于坎中,明日发视之,空坎一无所有。"②明万历徐应秋的《芝堂杂荟》曰:"蹇忠定公云雷之布鼓、登之鬼市、河源地邱之神债、广德祠山之埋藏,是谓天下四异,非妄传也。"③明代埋藏故事的发展,除了受南宋以来民间造神活动的影响外,还与明太祖觐见祠山神庙以及朝廷定期遣官瘗祭有关。"太祖高皇帝受天明命,方当定鼎金陵之际,尝亲帅六师赍于祠庭,神吉箴言,允若桴鼓之应,于是列庙貌于京师鸡鸣山之阳,岁时遣官致祭,凡祝帛牲醴供自太常,甚盛德意也。"至洪熙元年,本庙"自洪武初遣官瘗祭而后计之又六十余祀矣","用埋藏之设侈费太过","乡社案会中亦未见有能举而行之者也。"但民间的参与活动丰富多彩,形式也多样化。明代《祠山志》曰:

> 至今州郡只设斋醮,惟县间依旧埋藏,岁岁有之。民户埋藏,县宰监其事,属尉弹压。正日久例,用仲夏下半月,其有特发愿心则月日不拘。凡埋藏之牛,自发愿心日豢养为始,或一二年,或三四年,或五七年,专令一牧者看视,不以耕种。州郡或有祈许,则于岁例还愿醮之外,亦间有埋藏。是日旗队鼓乐牲牵太牢及饮食器皿动用,起自东庙,迎圣妃过西祠,祭毕,明日复送还东庙。每至埋藏时,饮食之外,器皿动用不分大小精粗,至于桶杓、盆钵之属亦皆埋之,瓷缶之器毋虑千计,哗欢为谑,任意抛掷,观者如堵,攒簇其旁,人无损伤,器自入坎方。其祭时虽盛暑,肉不臭腐,蝇蚋不侵。祭虽以太牢其实正殿,圣眷惟以羊肉为馔。乃自二鼓召请天下四方神祇,至四鼓毕。古老相传有落石大王与祠山

---

① 〔明〕濮阳春撰:《祠山志》卷六《埋藏备考》。
② 〔明〕董斯张撰:《吴兴备志》卷十四。
③ 〔明〕濮阳春撰:《祠山志》卷六《埋藏备考》。

争庙基,其夜儿曹无数不住唱喊,云不请落石大王,甚者诋骂,及巫祝召请至落石大王,则群儿同声喊云不请。此事虽俚,然其来已久,人所共知。①

综上所述,祠山大帝信仰的形成与发展是紧紧围绕其神话故事而展开的,大致分为三个时期:一是唐天宝至北宋初,以《颜真卿横山庙碑》和"耆旧相传《灵应事迹》"作为标志,以感生神话和东游神话为主,是早期祠山大帝信仰的形成时期。二是北宋初至南宋嘉泰年间,以政和四年常安民的《灵济王行状》、嘉泰年间詹仁泽、曾樵的《世家编年》以及洪兴祖重立《颜真卿横山庙碑》作为标志,以阴兵神话、化豨神话、诞辰神话、祖籍出生地神话、礼斗神话为主,是祠山大帝信仰的发展和完善时期。三是南宋嘉泰以来至明清时期,以明洪熙元年祠山道士盛希年的《祠山广惠庙埋藏记》作为标志,以埋藏故事为主,是祠山大帝信仰的变迁时期,由之前精英们的造神活动逐渐演变为民间的祭祀膜拜和迎神娱乐行为。祠山的神话故事以西汉、北魏和东吴作为背景而创作的,与这三个朝代喜欢神瑞有关。查中国历史年表,以"神"纪元的唯有西汉的神爵,东吴的神凤,北魏的神瑞、神麚、神龟,唐朝的神功、神龙。祠山神话自唐朝以来开始创作,以类相从者唯有西汉、北魏和东吴。《廿二史札记》曰"元魏时人多以神将为名",此风气一直延续到唐朝。② 元魏是隋唐制度的重要渊源之一,受其影响,故唐末颜真卿的《横山庙碑》首先抄袭《魏书·序纪》的内容。史载宋朝以火德王,与汉朝火德相同,故抄袭汉朝也最多,乃至汉末之东吴也不遗余力。

(本文原载《宗教学研究》2014年第2期)

---

① 〔明〕濮阳春撰:《祠山志》卷六《埋藏备考》。
② 〔清〕赵翼撰:《廿二史札记》卷十五。

论简牍中所见秦汉时期马的饲料与饲养考察

王世红　衣保中

秦汉时期的马政研究已多，但是涉及饲马所用的饲料种类与饲养管理，目前研究并不是很多，臧知非、王子今、于振波、森鹿三、吴昌廉、高荣、赵岩等学者[①]都有所涉及。但是过去的研究或者只涉及马的饲料的某一点；或者由于对文献释读和史料理解不同而导致语焉不详；有的文章则是因所引文献不全，出现不必要疏漏之处。笔者怀揣鄙陋，在查阅睡虎地、张家山、敦煌、居延等[②]地出土的简牍整理文献基础上，结合史料文献，对秦汉时期马的饲料与饲养等问题进行甄别梳理，试图作全面总结研究，以期抛砖引玉，就教于方家。

一、饲粮的使用与种类

关于用粮食饲马的历史由来已久。西周时期就已经有用粟作饲料的

[①] 参阅臧知非：《张家山汉简所见汉初马政及相关问题》，《史林》2004年第6期；王子今：《汉代河西的"茭"——汉代植被史考察札记》，《甘肃社会科学》2004年第5期；于振波：《居延汉简中的隧长和候长》，《史学集刊》2000年第2期；[日]森鹿三著，姜镇庆译：《论居延汉简所见的马》，《简牍研究译丛》（第一辑），中国社会科学出版社1983年版；吴昌廉：《茭——居延汉简摭考二》，1991年山东举行的秦汉史国际学术讨论会交流论文，油印本；高荣：《汉代河西粮食作物考》，《中国农史》2014年第1期；赵岩：《由出土简牍看汉代的马食》，《农业考古》2009年第1期。

[②] 参阅睡虎地秦墓竹简整理小组编：《睡虎地秦墓竹简》，文物出版社1978年版；张家山二四七号汉墓竹简整理小组著：《张家山汉墓竹简》，文物出版社2006年版；甘肃省文物考古研究所编：《敦煌汉简（全二册）》中华书局1991年版；甘肃省文物考古研究所编，吴礽骧、李永良等释校：《敦煌汉简释文》，甘肃人民出版社1991年版；胡平生、张德芳编撰：《敦煌悬泉汉简释粹》，上海古籍出版社2001年版；劳榦著：《居延汉简考释·释文之部（一、二）》，台湾商务印书馆1949年版；中国社会科学院考古研究所编：《居延汉简甲乙编下册》，中华书局1980年版；甘肃省文物考古研究所：《居延新简释粹》，兰州大学出版社1988年版；甘肃省文物考古研究所等编：《居延新简》，文物出版社1990年版。

记载,《诗经·小雅·鸳鸯》:"乘马在厩,摧之秣之。"毛传:"秣,粟也。"《诗经·周南·汉广》曰:"翘翘错薪,言刈其楚,之子于归,言秣其马……翘翘错薪,言刈其蒌,之子于归,言秣其驹",说的也是用粟喂马的情况。而《战国策·齐策四》中就明确言明以粟饲马,"君之厩马百乘,无不被绣衣而食菽粟者",颜师古注《汉书》中"秣"曰:"秣,养也,谓以粟米飤也。"①

至秦汉时期,由于传统习惯和马政的施行,以粟饲马现象仍很普遍。汉景帝后元二年(前142)春,曾以诏书形式下令禁止以粟饲马,"以岁不登,禁内郡食马粟,没入之"。师古曰:"食读曰飤。没入者,没入其马。"②飤同饲,也就是用粟喂养马。之所以"没入其马",笔者认为反映当时用粟饲马的现象之普遍,虽以诏令来加以禁止,但是估计效果不甚明显,因此才不得不用惩罚的罚没方式来确保执行力,以保障人的粮食供给优先地位。武帝元狩四年(前119年),在汉匈漠北战役前,汉军亦曾"乃粟马,发十万骑"③。汉元帝初年,近万匹厩马食粟,大臣贡禹批评说"厩马食粟,苦其大肥"④。

可见,西周以降都有以粟食马的传统。至此需对粟进行释读。粟,先秦常作专用名,专指谷子的籽实,但有时也泛指谷类籽实。《周礼·仓人职》:"掌粟入之藏,辨九谷之物,以待邦用。若谷不足,则止余法用。有余则藏之,以待凶而颁之。"郑玄注曰:"九谷尽藏焉,以粟为主。"《管子·小问篇》:"桓公放春,三月观于野。桓公曰:'何物可比于君子之德乎',隰朋对曰:'夫粟,内甲以处,中有卷城,外有兵刃。未敢自恃,自命曰粟。此其可比于君子之德乎?'"粟之籽实"内甲、卷城、兵刃",指的是谷子的稃(外壳)、颖(谷尖)和芒(刚毛),隰朋以为粟实强大,却"未敢自恃",所以用来喻君子之德。先秦文献中多有关于粟的记载,《吕氏春秋·本味》:"饭之美者,

---

① 〔东汉〕班固撰:《汉书》卷七十二《贡禹传》,中华书局1962年版,第3069页。
② 〔东汉〕班固撰:《汉书》卷五《景帝纪》,第151页。
③ 〔东汉〕班固撰:《汉书》卷九十四《匈奴传》,第3769页。
④ 〔东汉〕班固撰:《汉书》卷七十二《贡禹传》,第3070页。

玄山之禾,不周之粟,阳山之穄,南海之秬。"《氾胜之书·收种》:"欲知岁所宜,以布囊盛粟等诸物种,平量之,埋阴地。……虫食桃者粟贵。"

当时的训诂学家将粟释为谷子的籽实。《说文》:"粟,嘉谷实也",又:"米,粟实也"。《尔雅·释草》:"众,秫",郭璞注曰:"谓黏粟也。"《说文》认为"秫,稷之黏者也"①。所以宋代《广韵》亦曰:"粟,禾子也。"

与粟相近的作物还有"粱",《史记索隐》引《三仓》云:"粱,好粟。"张守节正义:"粝,粗米也,脱粟也。粱,粟也。谓食脱粟之粗饭也。"②《氾胜之书》也有"粱是秫粟"的记载。唐慎微《政和证类本草》卷二十五引《名医别录》有黄、白、青粱米,陶弘景注:"凡云粱米,皆是粟类,惟其牙头色异为分别尔。"程瑶田《九谷考》:"案禾,粟之有稾者也。其实粟也,其米粱也。"《尔雅》中谓秫,"谓黏粟也"③,《广志》也谓"秫,黏粟"。这样看来普通粟与粱的区别在于黏与不黏,即同属于粟类作物,粟为不黏的作物,粱为黏粟。

由于"粟"在当时粮食中占据首要地位,故常常和"菽"、"稻"等搭配代指粮食,如"菽粟"、"稻粟"、"秭粟"等,如《墨子·尚贤中》:"耕种树艺,聚菽粟,是以菽粟多而民食足。"蔡邕的《刘镇南碑》:"劝稼务农,以田以渔,秭粟红腐,年谷丰伙。"由于"粟"又泛指谷类作物的籽实,《说文》释"舂"为"捣粟也"④。正如罗愿《尔雅翼》所云:"古不以粟为谷子名,但米之有稃壳者皆称粟。"粟本为谷子籽实之专名,后来米之有稃壳者亦可称粟。

所以粟应该是指植物之籽实统称,代指粮食。正是因为这个原因,元狩四年(前119年),卫青出击匈奴,"至寘颜山(约在蒙古国杭爱山西南)赵信城,得匈奴积粟食军。军留一日而还,悉烧其城余粟以归"⑤。颜师古对这段

---

① 〔汉〕许慎著,〔清〕段玉裁注:《说文解字注》,上海古籍出版社1981年版,第322页。
② 〔西汉〕司马迁撰:《史记》卷一三〇《太史公自序》,"粝粱之食"《索隐》引,中华书局1959年版,第3291页。
③ 胡奇光、方环海撰:《尔雅译注》,上海古籍出版社2004年版,第285页。
④ 〔汉〕许慎著,〔清〕段玉裁注:《说文解字注》,第334页。
⑤ 〔西汉〕司马迁撰:《史记》卷一一五《卫将军骠骑列传》,第2935页。

话中"粟"注解为:"北方早寒,虽不宜禾稷,匈奴中亦种黍穄。"①可见粟非单一特指的粮食,而是粮食总称。

而居延汉简的记载也佐证了这一点:

简 (1) □杜狂受钱六百,出钱二百廿籴粱粟二石石百一十,出钱二百一十籴黍粟二石石百五,出钱百一十籴大麦一石石百一十,出钱百一十五籴麴五斗斗廿三,出钱六买燔石十分,出钱廿五籴豉一斗,凡出六百八十六 二一四·四(乙壹五五版)②

简文中粱粟与黍粟连用,难道粱、黍与粟的价格一样?也就是粱、黍、粟三者价格一致,这与文中所记均买"二石",分别是"石百一十"和"石百五"就已相矛盾,所以此处所谓的粱粟和黍粟应该就是粱和黍。

简 (2) 县令食马廪计:月晦日食马二斗,月二日食粟二斗,三日食二斗,四日二斗,十月廿三日食马二斗,(五八)四一四·一③

简 (3) □苏党□四用米一斗九升大马一匹用粟二斗垩一钧(五四四)④

简 (4) □□米计 出粱米五斗二升直(食)府君以下积十三囗(九八)三二六·一⑤

简 (5) 出糜二石六斗,以食候史吴偃私马一匹,五月壬戌尽甲戌十三日食。90D8:45⑥

简 (6) 粟一斗得米六升囗 一一〇·一四(乙捌叁版)⑦

粟类包含粟、粱、糜等,在简文中如果没有特指,米一般是指粟米,见简(6),"粱,好粟";"糜"《毛传》解释为:"糜,赤苗也。"《尔雅》:"赤,粱粟也。"郭璞注:"今之赤,粱粟。"⑧可见糜也应是粟的品种之一。

---

① 〔东汉〕班固撰:《汉书》卷九十四《匈奴传》,第3781页。
② 中国社会科学院考古研究所编:《居延汉简甲乙编下册》,中华书局1980年版,第142页。
③ 劳榦著:《居延汉简考释·释文之部(一、二)》,第260页。
④ 甘肃省文物考古研究所编:《敦煌汉简(全二册)》,中华书局1991年版,第240页。
⑤ 劳榦著:《居延汉简考释·释文之部(一、二)》,第268页。
⑥ 甘肃省文物考古研究所编:《敦煌汉简》,中华书局1991年版。
⑦ 中国社会科学院考古研究所编:《居延汉简甲乙编下册》,中华书局1980年版,第75页。
⑧ 胡奇光、方环海撰:《尔雅译注》,上海古籍出版社2004年版,第293页。

当时与粟一并,可作为粮食总称的还有谷。简牍也有相关记载:

简(7) 出谷卅七石七斗,其卅七石七斗麦、十石粟,以食肩水斥候骑士十九人、马十六匹、牛二九月十五日食 (一一) 三〇三二三①

谷在当时是百谷总称,《说文解字·禾部》曰:"谷,续也,百谷之总名,从禾殼声。"②

在此还需厘清为何秦汉时期要用粮食谷物饲马?可能缘起于当时马政的施行,战争的需要,导致马的珍贵,但居延的一册简文甚有意思:

简(8) 稗钱姚卿同马食口 (一五六) 二六五·二〇③

谷类饲料成了马的必需品,甚至可以说人与马共同食用同一物。粮食在马的饲料中扮演重要角色,甚至是治疗马各种疾病的良方,《齐民要术》如是记载:

治马中谷方中,取麦蘖末三升,和谷饲马,亦良。④

治马被刺脚方:用穬麦和小儿哺涂,即愈。⑤

如果没有粮食饲养,严重者导致马的"物故"(死亡),简文中就有这样记载:

简(9) 为买茭,茭长二尺,束大一韦。马毋谷气,以故多物故 (一六四)⑥

简(10) 谷气以故多病物故,今茭又尽校 (一六九)⑦

可见,秦汉时期以粟(谷)代称粮食,以粟(谷)喂马也就是用粮食喂马。秦汉时期饲马的粮食种类还有:麦、磅穆、穬麦、菽、黍、稗等。

1 麦类

简(11) 出麦廿七石五斗二升,以食斥候驿马二匹,五月尽八月 (六) 三〇二·一二⑧

---

① 劳榦著:《居延汉简考释·释文之部(一、二)》,第248页。
② 〔汉〕许慎著,〔清〕段玉裁注:《说文解字注》,第326页。
③ 劳榦著:《居延汉简考释·释文之部(一、二)》,台湾商务印书馆1949年版,第276页。
④⑤ 〔北魏〕贾思勰著,缪启愉校释:《齐民要术校释》养牛、马、驴、骡第五十六,中国农业出版社1982年版,第287页。
⑥⑦ 甘肃省文物考古研究所编:《敦煌汉简(全二册)》,中华书局1991年版,第226页。
⑧ 劳榦著:《居延汉简考释·释文之部(一、二)》,第245页。

简（12）贺私马一匹，六月食麦五石二斗二升☒。三五一①

简（13）承私马一匹，十一月食麦五石二斗二升已禀官。三五三②

简（14）临私马一匹，十一月食麦五石二斗二升 √十五日食二石七斗，十二月癸未日出。十四日食二石五斗二升，未出。三五五③

简（15）出麦七石八斗，以食吏吏私从者二人六月尽八月 三〇三·九（甲一五八七）④

简文中大、小麦统称为麦。在《广雅》前，东汉赵岐根据"古谓大为牟"认为"来牟对文，牟为大（麦），则来为小（麦）矣"。这才是把来释为小麦、牟为大麦的开端⑤，对于简文中大量用麦喂马现象，估计是与当时麦的食用方式有关，在汉代，因为饮食习惯和加工工具的因素，在居延简文中有"碓碪扇隤舂箕扬口（74.K.P.T 6：90）"记载⑥，并未见磨，因为用"舂"来加工麦子，不能去除麦麸，所以麦只能煮熟粒食，而粒食的结果是导致口感不佳和营养吸收不全。因为在食用麦之前不能去麸，麦子多数用于喂马也就不足为怪。

2　穬麦

简（16）出穬麦二石六斗以廪乘胡隧卒口☒ （五四）二五三·六⑦

简（17）百七十四 穬麦六十榖石（三九〇）三三六·二五　三三二·三九⑧

简文中未见直接用穬麦饲马的记载，但是南朝陶弘景在《本草经注》记载："穬麦，此是今马所食者，性乃言热，而云微寒，恐是作屑，与合谷异也。"南朝时期的陶弘景对穬麦习性如此熟悉，用穬麦饲马肯定有一长时间的历史，据此推测在汉时用穬麦饲马。

关于穬麦饲马，后世也有记载。《唐本草》：穬麦性寒，陶云性热，非也。

---

① ② ③ 甘肃省文物考古研究所编：《敦煌汉简（全二册）》，第233页。
④ 中国社会科学院考古研究所编：《居延汉简甲乙编下册》，第211页。
⑤ 〔清〕王念孙：《广雅疏正》，中华书局1983年版，第334页。
⑥ 甘肃省文物考古研究所编：《居延新简释粹》，兰州大学出版社1988年版，第46页。
⑦ 劳榦著：《居延汉简考释·释文之部（一、二）》，第259页。
⑧ 劳榦著：《居延汉简考释·释文之部（一、二）》，第315页。

《四声本草》：穬麦，先患冷气人即不相当。大麦之类，四川人种食之。山东、河北人正月种之，名春穬，形状与大麦相似。宋应星《天工开物·麦》："穬麦独产陕西，一名青稞，即大麦，随土而变。"吴礽骧等也认为"汉简中所称之'穬麦'，当亦指青稞"。①明徐光启《农政全书》卷二六："穬麦，此是今马食者，然则大、穬二麦，种别各异，而世人以为一物，谬矣。"

至于穬麦具体物属，笔者认为考虑地缘关系，青稞的说法较为可信。无论穬麦是何种植物，但穬麦饲马当是不争事实，直至清代仍如此。清人张宗法所著《三农纪》征引《本草图经》认为，穬麦"叶茎长大如燕麦，穗吐左右，子结枝旁芒壳包粒。……丰岁刈苗饲牛马，甚良，易肥，故俗称油麦。"②

3 稖䅣（pang huang）

简（18）候长王充粟三石三升少，十月庚申卒护取；马食稖䅣五石八斗，十月庚申卒护取。"（一九九）一二八·二③

简（19）第十六燧卒赵定 十月食稖䅣三石三斗三升少（二一〇）五八·八④

"稖䅣"，：谷名。《说文解字注·禾部》："稖，稖䅣，谷名。《广雅》曰：'稖䅣，穄也。'"穄子，似黍而不粘。《古今注》曰："禾之黏者为黍，亦谓之穄，亦曰黄米。"那么稖䅣与穄亦为同物异名，也就与黍是同属了，即民间所谓糜子，估计此说不可信。

4 菽

简（20）制曰：下大司徒、大司空，臣谨案：令曰：未央厩骑马、大厩马日食粟斗一升、叔一升。置传马粟斗一升，叔（一升）其当空道日益粟，粟斗一升。长安、新丰、郑、华阴、渭成（城）、扶风厩传马加食，匹日粟斗一

---

① 甘肃省文物考古研究所编，吴礽骧、李永良等释校：《敦煌汉简释文》，甘肃人民出版社1991年版，第295页。
② 〔清〕张宗法著，邹介正等校释：《三农纪校释》卷7《谷属·穬麦》，农业出版社1989年版，第203页。
③ 劳榦著：《居延汉简考释·释文之部（一、二）》，第286页。
④ 劳榦著：《居延汉简考释·释文之部（一、二）》，第287页。

升。车骑马,匹日用粟、叔(菽)各一升。建始元年,丞相衡、御史大夫谭。① (Ⅱ0214②∶556)

简(21)口口马日匹二斗粟、一斗叔。传马、使马、都厩马日匹叔一斗半斗。②

简(22)牛食豆四石(E.P.T44∶5)③

叔应该就是菽,也就是大豆,大豆原产中国东北,在《周逸书·王会解》中被记载为东北民族献给周成王的特产,但是居延简中的豆有人认为是胡豆,也就是蚕豆和豌豆。从物种流入地缘和时间上来看,胡豆的可能性更大一些。当然,也有可能是黑豆,所谓"黑豆",细审实物,籽粒不大,呈椭圆形或长椭圆形,当为赤豆之一种,只是外表黑色,故俗称"黑豆"。这种黑豆,因其具有耐旱,生长期短,成熟期要求干燥等特性,西北地区栽培颇多。

5 黍、稗类

简(23)黍米一斛(一五八) 四八〇·八④

简(24)廿八日,稗米七斗,粗米一石三斗。(74.E.P.T40∶201)⑤

黍是古代各地常见的谷物,俗称糜子,其籽实去壳后称为黄米。《说文》:"黍,禾属而黏者也。以大暑而种,故谓之黍";"糜,穄也。"段玉裁注:"禾属而黏者黍,禾属而不黏者。……今山西人不论黏与不黏,通呼之曰糜黍。"又云:"糜,黍之不黏者,如秫为稻之不黏者,稷为秋之不黏者也。"当然,有人也将黍与稷归于一类。

稗分为粮食和稗草两种。作为粮食,"稗"亦精米,通"粺","粺米"即精米。《诗·大雅·召旻》:"彼疏斯粺。"毛亨传:"彼宜食疏,今反食精粺。"

稗米也就是稗之米,《氾胜之书·种稗》:"稗既堪水旱,种无不熟之时。又特滋茂盛,易生,芜秽良田,亩得二三十斛,宜种之备凶年。稗中有米,熟

---

① 胡平生、张德芳编撰:《敦煌悬泉汉简释粹》,上海古籍出版社2001年版,第5页。
② 张家山二四七号汉墓竹简整理小组编著:《张家山汉墓竹简》,文物出版社2006年版,第66页。
③ 甘肃省文物考古研究所等编:《居延新简》,文物出版社1990年版。
④ 劳榦著:《居延汉简考释·释文之部(一、二)》,第277页。
⑤ 甘肃省文物考古研究所编:《居延新简释粹》,兰州大学出版社1988年版,第82页。

捣取米,炊食之不减粟米,又可酿作酒。"① 可见,稗米也是粮食之一。

考查各简文中并没有直接用黍、稗喂马的记载,但是考虑到秦汉时几乎是马与人食谱同质化的现象,所以,在此仅作一论,待新文献来证明。如果将"稗"释为精米,那么马食稗米也未尝不可。

综合来看,秦汉时期仍以粮食饲马,粮食主要包括粟类、麦类、豆类等,还包括穬麦、桦穄、黍、稗等。

二、饲草的种类及其分布

毫无疑问,马是食草类哺乳动物,饲草肯定是其主食。秦汉时期,马的饲草主要包括刍、藁、苜蓿、茭、茭豆等。

1　刍藁类

简(25)马牛当食县官者,骖以上牛日刍二钧八斤;马日二钧囗斤,食一石十六斤;囗囗藁囗。乘舆马刍二藁一。　牸、玄食之各半其马牛。仆牛日刍三钧六斤,犊半之。以冬十一月藁之,尽三月止。其有县官不得刍牧者,夏藁之如冬,各半。(二年律令·金布律)②

《说文》曰:"刍,刈草也。藁,秆也。秆,禾茎也。"刍与藁有别。"刍"即牧草,"藁"即禾秆。刍藁是马、牛的主要饲料。《韵会》曰:"禾茎为藁,去皮为秸。"张家山简文记载在不放牧的季节里,主要靠刍、藁来维持马牛的生命。对于不储存干草等,则可能导致"灭群断种","不收茭者:初冬乘秋,似如有膘,羊羔乳食其母,比至正月,母皆瘦死;羔小未能独食水草,寻亦俱死。非直不滋息,或能灭群断种矣。"③可见刍、藁的重要性,因此无论是睡虎地、张家山和先秦史料都有相关征收刍藁的记载,刍藁是封建国家重要税收物资之一。

---

① 石声汉著:《氾胜之书今释(初稿)》,科学出版社1956年版,第30页。
② 张家山二四七号汉墓竹简整理小组编著:《张家山汉墓竹简》,第66页。
③ 〔北魏〕贾思勰著,缪启愉校释:《齐民要术校释》养羊,第314页。

简 (26) 入顷刍稾，以其受田之数，无垦（垦）不垦（垦），顷入刍三石、稾二石。刍自黄龣及蘑束以上皆受之。入刍稾，相输度，可殹（也）。(田律)①

简 (27) 入顷刍稾，顷入刍三石；上郡地恶，顷入二石；稾皆二石。令各入其岁所有，毋入陈，不从令者罚黄金四两。收入刍稾，县各度一岁用刍稾，足其县用，其余令顷入五十五钱以当刍稾。刍一石当十五钱，稾一石当五钱。②

在秦汉政权的税收中，将刍稾列为专项加以征收。在征收刍稾时，本着量出为入的预算原则，余留部分以货币折算实物的方式代替。史料中也有记载：

秦之时……入刍稾，头会箕赋，输于少府。高诱注曰：入刍稾之税，以供国用。③

（萧）何为民请曰，长安地狭，上林多空地，弃；愿民得入田，毋收稾为禽兽食。师古注曰：言恣人田之，不收稾税也。④

农夫父子……已奉谷租，又出稾税⑤。

（和帝永元十四年）诏：兖、豫、荆州今年水雨淫过，多伤农功，其令被害什四以上，皆半入田租、刍稾。⑥

2 茭豆类

"茭豆"是指豆、谷和草在未老熟前收割，为牲畜越冬储藏的干饲料。《齐民要术·养羊》篇中记载了"茭豆"的制作之法，"三四月中，种大豆一顷杂谷，并草留之，不须锄治，八九月中，刈作青茭。若不种豆、谷者，初草实成时，收刈杂草，薄铺使干，勿令郁浥。〔荳豆、胡豆、蓬、藜、荆、棘为上；大小豆

---

① 睡虎地秦墓竹简整理小组编：《睡虎地秦墓竹简》，文物出版社1978年版，第28页。
② 张家山二四七号汉墓竹简整理小组编著：《张家山汉墓竹简》，第41页。
③〔汉〕刘安撰，杨有礼注：《淮南子》卷十三《氾论训》，河南大学出版社2010年版，第457页。
④〔东汉〕班固撰：《汉书》卷三十九《萧何传》，第2011页。
⑤〔东汉〕班固撰：《汉书》卷七十二《禹贡传》，第3075页。
⑥〔南朝宋〕范晔撰：《后汉书》卷四《和帝纪》，中华书局1965年版，第190页。

其次之；高丽豆萁，尤是所便；芦、荻二种则不中。凡乘秋刈草，非直为羊，然大凡悉皆倍胜。崔寔曰：'七月七日刈刍茭'也。〕既至冬寒，多饶风霜，或春初雨落，青草未生时，则须饲，不宜出放。"①大致意思是3—4月份时，将豆、谷种在一起，任杂草生其间，等到8—9月份时，也就是豆、谷还没有成熟之时就和草一起收割、晒干，留着将来冬季时给牛、羊等哺乳动物食用。《齐民要术·大豆》篇："种茭者，……九月中候近地 叶有黄落者，速刈之"，都是指的"茭豆"②。

至于为何在豆谷未熟时收割，一者是待老熟后营养价值不高，因为豆子会荚开豆出导致精华流失，而谷子老熟则使马牛不能直接食用；二者主要是为了防腐，"九月中，候近地叶有黄落者，速刈之。叶少不黄必浥郁。刈不速，逢风则叶落尽，遇雨则烂不成。"③也就是不及时收割，则会腐烂。

至于茭豆的作用，主要是保障牛羊类在冬季有饲草供给。《家政法》曰："四月伐牛茭。"四月青草，与茭豆不殊，齐俗不收，所失大也。④虽然这种茭豆在《齐民要术》中主要是为了饲养牛羊，未见用于养马，缘起于在贾思勰的时代，在普通百姓的生活中，牛羊在平民家庭的作用远大于马，所以并没有以马为例。考虑到牛、马、羊的饲料的相似性，笔者认为马吃茭豆也是情理之中。

从贾思勰所记载的"茭豆"制作工艺的成熟度来看，这一做法必定经历了长时间的试验和推广，再考虑到地缘性，笔者认为在秦汉时期，以"茭豆"或"茭谷"饲马也是可能。

3 苜蓿类

可能缘于资料的占有不足，笔者查阅了敦煌与居延相关的汉简，只在敦煌汉简中找到一则关于苜蓿的记载：

---

① 〔北魏〕贾思勰著，缪启愉校释：《齐民要术校释》养羊，第313页。
② 〔北魏〕贾思勰著，缪启愉校释：《齐民要术校释》养牛、马、驴、骡第五十六，第312页。
③ 〔北魏〕贾思勰著，缪启愉校释：《齐民要术校释》大豆第六，第80页。
④ 〔北魏〕贾思勰著，缪启愉校释：《齐民要术校释》养牛、马、驴、骡第五十六，第291页。

简（28）□□□□益□欲急去恐牛不可用今致卖目宿养之目宿大贵束三泉留久恐舍食盡今且寄广麦一石

王子春家车欲益之主不肯到完取之兼度二十余日可至亭耳市谷大贵□□□□□□□□□□□麦百三十余西未甫时贱□□□□□□□☑（二三九A）①

虽然此简残缺近不可释读，前半部分大致意思估计是：牛没有饲料担心牛不可用，打算卖苜蓿换饲料，否则苜蓿放在家中也会被耗尽。从简文前半部分大致意思中还能窥见苜蓿价格较高的端倪。

在这里还要释读几个词，目宿即是苜蓿，这在史料中可以证明。《汉书·西域传上·罽宾国》："罽宾地平，温和，有目宿，杂草奇木，檀、櫰、梓、竹、漆。种五谷、蒲陶诸果，粪治园田。地下湿，生稻，冬食生菜。"②可见秦汉时期文献与简文中"目宿"写法一致，目宿也就是后来的苜蓿。

泉是王莽时所铸货币，"王莽居摄，变汉制。以周钱有子母相权，于是更造大钱，径寸二分，重十二铢，文曰'大钱五十'"③。因为钱与繁体刘字都含金，王莽为避讳和借用周时"泉府"之意，将"钱"借用"泉"，"大钱五十"实为"大泉五十"，也就是一枚当五十枚五铢钱，另一种是"小泉直一"，也就是一枚价值等于一枚五铢钱，大泉与小泉两钱并行于世。

简文中的泉笔者认为是"大泉"而不是"小泉"，因为简文中有"目宿大贵"之字，说明苜蓿的价格应该很高。在此苜蓿的价格可以与常见的茭相比，得出苜蓿的大致价格，"照劳榦的释读……因此每束干草（茭）的价格分别为二钱、零点四钱、三钱，价格相差太大，使人感到怀疑……所以，每束干草价格零点四钱，可能是错误的"④。既然茭的价格在2—3钱之间，同时又有"目宿大贵"之字样，想必苜蓿的价格不会与常见的茭价格一样，也就是说

---

① 甘肃省文物考古研究所编：《敦煌汉简（全二册）》，第228页。
② 〔东汉〕班固撰：《汉书》卷九十六《罽宾国》，第3885页。
③ 〔东汉〕班固撰：《汉书》卷二十四《食货志》，第1177页。
④ ［日］森鹿三著，姜镇庆译：《论居延简所见的马》，《简牍研究译丛》（第一辑），中国社会科学出版社1983年版，第97页。

此处苜蓿"束三泉"的"泉"不应是"小泉",那么可以肯定的是此处的泉是"大泉五十"之泉,换言之,也就是一束苜蓿价值150钱,大概是茭的50多倍,这也就呼应"大贵"之说。简中一石麦也就值130钱。

苜蓿价格如此高,从经济规律而言是因为货物数量不多的结果。那么敦煌或居延地区,在秦汉时期到底可有大量的苜蓿存在,笔者认为答案是否定的。

首先,苜蓿是张骞出使西域时,作为"汗血"马的饲草一并被带入中原。据《史记·大宛列传》记载"马嗜苜蓿,汉使取其实来,于是天子试种苜蓿、蒲陶肥饶地。及天马多,外国使来众,则离宫别观旁尽种蒲陶、苜蓿极望。"晋代陆机《与弟书》也说"张骞使外国十八年,得苜蓿归"。《述异记》中明确指出"苜蓿本胡中菜,骞始于西国得之"。可见张骞带苜蓿回汉朝具有一定的可信度。张骞带回苜蓿籽实的目的是为了饲养"汗血"马,种植地点是皇家离宫,也就是说张骞即使带回苜蓿,也没有及时推广,而是满足皇家一家所需,所以,虽然汉代关中有苜蓿但不可能大量普遍,并且寻常人家是没有的。

其次从地理来看,如果西方的物种传播1千米/年的速度适应于中国。大宛国"去长安万二千五百五十里"①,那么即使是敦煌,从距离上而言,虽距离西域比长安近,但也有几千千米。考察敦煌郡设置于武帝元鼎六年(前111),敦煌汉简的时间大致也是从公元前100年到东汉中期(100),按照植物传播速度,即使敦煌此时有苜蓿,也是传自西域的零星试种,肯定尚未成规模。这也就能解释为何苜蓿价格过高的理由。

至于居延,此地距离敦煌或长安也是几千千米,所以几百年后,颜师古在注《汉书·西域传》时记载:"今北道诸州旧安定、北地之境,往往有苜蓿者,皆汉时所种也。"估计后世推广种植苜蓿了。

其三,是否在汉朝经营敦煌和居延之前,匈奴已经在此广泛种植苜蓿?

---

① 〔东汉〕班固撰:《汉书》卷九十六《大宛国》,第3894页。

关于这一点，从目前现有史料和考古发掘来看，尚没有发现相关的记载，也就是说匈奴先于汉朝在敦煌和居延地区种植苜蓿的可能性很小。再说，如果匈奴已经种植苜蓿，张骞不会从遥远的西域带回物种。综上，也解释了为何敦煌、居延各简中关于苜蓿记载较少的原因。

综合来看，秦汉时期，马的饲草主要包括刍藁、茭豆、苜蓿，苜蓿虽用于饲马，但从传播时间与传播距离而言，苜蓿的使用并不普遍。

三、茭类饲草饲马的考察

关于茭类，汉简中记载较多，限于篇幅，兹引几例：

简（29）用茭十二束，用谷八斗四升 五六〇·九（甲二三三八）[①]

简（30）前过北初食用茭四百九十二束，夜用三百五十束（五八）五六·二五（面）[②]

简（31）☒口长出茭卅束食传马八匹 出茭八束食牛（九五）三二·一五[③]

简（32）出茭六斤 食候长候史私马六匹十一日食（三五九）四六·七[④]

简（33）平望伐茭千五百石受步广卒九人自因平望卒四韦以上廿束为一石率千五百石奇九十六石——运积蒙☒ （一一五一）[⑤]

简（34）为买茭，茭长二尺，束大一韦。马毋谷气，以故多物故（一六四）[⑥]

简（35）☒岁一定作口 万一千六百五十束率人茭六十三束多三百八束

---

① 中国社会科学院考古研究所编：《居延汉简甲乙编下册》，第281页。
② 劳幹著：《居延汉简考释·释文之部（一、二）》，第262页。
③ 劳幹著：《居延汉简考释·释文之部（一、二）》，第267页。
④ 劳幹著：《居延汉简考释·释文之部（一、二）》，第313页。
⑤ 甘肃省文物考古研究所编：《敦煌汉简（全二册）》，第63页。
⑥ 甘肃省文物考古研究所编：《敦煌汉简（全二册）》，第262页。

为千六百一十七石二钧率人茭四石一钧转□□□□三石(816)①

秦汉时期在敦煌或居延地区的戍卒，伐茭是其日常劳作的一项内容，并且有限定的数量。陈直先生认为居延简文中的"菱"亦即"茭"。李天虹先生指出："始茭即治茭，可能指伐茭或积茭。"②而茭主要也是用于作为马的饲草。关于"茭"的种属，《史记·河渠书》注引《索隐》："茭，干草也。谓人收茭及牧畜于中也。"《汉书·赵充国传》注引师古曰："茭，干刍也。"③《说文解字》云："茭，干刍，从艸，交声。一曰牛蕲草。"④王子今先生已经对此有所总结。⑤虽然目前尚还无法确定具体作物，但是可以肯定是一种饲草或者饲草的总称。

关于茭的饲用量与价格，据日本郦学家森鹿三考证，"十匹马一天要喂十五至二十八束茭"⑥。也就是一匹马平均一天1.5—2.8束不等。至于茭的价格，"照劳幹的释读……因此每束干草 (茭) 的价格分别为二钱、零点四钱、三钱，价格相差太大，使人感到怀疑……所以，每束干草价格零点四钱，可能是错误的"⑦。关于茭的长度，简(34)指出茭长二尺，按照汉尺与今尺的比率换算，汉时"二尺"约相当于今46.2厘米。⑧

关于茭的储存，简文中也有记载。存储目的主要还是出于防止腐烂的需要，汉简中有关于茭的腐烂记录：

简 (36) □□百□□□沙□·井深七丈·茭积三·其一秒□
　　□□积三□□□　1017B⑨

近1/3的腐烂，可见茭的腐烂程度还是很严重的，为了保存茭，《齐民要

---

① 甘肃省文物考古研究所编，吴礽骧、李永良等释校：《敦煌汉简释文》，第84页。
② 李天虹著：《居延汉简簿籍分类研究》，科学出版社2003年版，第134页。
③ 〔东汉〕班固撰：《汉书》卷六十九《赵充国》，第2985页。
④ 〔汉〕许慎撰，〔清〕段玉裁注：《说文解字注》，上海古籍出版社1981年版，第44页。
⑤ 参见王子今：《汉代河西的"茭"——汉代植被史考察札记》，《甘肃社会科学》2004年第5期。
⑥ 〔日〕森鹿三著，姜镇庆译：《论居延简所见的马》，《简牍研究译丛》（第一辑），第96页。
⑦ 〔日〕森鹿三著，姜镇庆译：《论居延简所见的马》，《简牍研究译丛》（第一辑），第97页。
⑧ 丘光明编著：《中国历代度量衡考》，科学出版社1992年版，第55页。
⑨ 甘肃省文物考古研究所编，吴礽骧、李永良等释校：《敦煌汉简释文》，第104页。

术》记载了"积茭之法":

于高燥之处,竖桑、棘木作两圆栅,各五六步许。积茭著栅中,高一丈亦无嫌。任羊绕栅抽食,竟日通夜,口常不住,终冬过春,无不肥充。若不作栅,假有千车茭,掷与十口羊,亦不得饱: 群羊践蹋而已,不得一茎入口。①

《齐民要术》的"积茭之法",主要目的是防止牛羊的践踏,与仓储中茭的堆积储存要求是不一样的,仓储主要是为了便于茭等干刍的保存,因此《睡虎地秦墓竹简》等简文中的相关存储记载,或许是真正的"积茭"。

简(37) 禾、刍稾徹(撤)木、荐,辄上石数县廷。勿用,复以荐盖。②

简(38) ☑ 下茭屋枏解随 ☑ 七八·一一(乙陆玖版)③

也就是说,出于防潮的目的,在专门存放茭草的"茭屋"内,先用木头垫在地上,再在木头上铺上荐(草垫),然后将刍稾等堆积在荐(草垫)上,最后在刍稾上盖上荐(草垫),这样既能保证底层的刍稾不直接接触地面,因受潮而腐烂,又能防止顶层的刍稾腐败。

关于存、取茭等干刍时需要履行相关手续,简文也有记载:

简(39) 入禾稼、刍稾,辄为廥籍,上內史。刍稾各万石一积,咸陽二万一积,其出入、增积及效如禾。④

简(40) 囗囗,其五百囗,一人守茭,今见千九百五☑ 四九三·一(甲一八五一)⑤

简(41) 合符取茭六十束一一五二 A

合符取茭六十束一一五二 B⑥

可见在刍稾的使用上,谷物、刍稾入仓,就要记入仓的簿籍,上报内史。刍稾都以万石为一积,在咸阳以二万石为一积,其出仓、入仓、增积和核验的

---

① 〔北魏〕贾思勰著,缪启愉校释:《齐民要术校释》养羊, 第313页。
② 睡虎地秦墓竹简整理小组编:《睡虎地秦墓竹简》田律, 第28页。
③ 中国社会科学院考古研究所编:《居延汉简甲乙编下册》, 第58页。
④ 睡虎地秦墓竹简整理小组编:《睡虎地秦墓竹简》仓律, 第38页。
⑤ 中国社会科学院考古研究所编:《居延汉简甲乙编下册》, 第253页。
⑥ 甘肃省文物考古研究所编:《敦煌汉简(全二册)》, 第263页。

手续均和"仓律"中关于谷物的规定一样。这从敦煌和居延的简文中得到佐证,也就是在储存茭之时,不但要派人看守,在取茭之时,还要有取茭的专用符作为凭证。

关于茭的计量问题,各简中是不一致的。简(29)、(30)、(31)是束;简(32)是斤;简(33)、(34)是韦;简(35)是石、钧;概括可分为两大类,束、韦为一类,与长度有关;斤、石、钧为一类,与重量有关。

对于这种不一致,各家之言过于笼统。笔者认为这种计量的不统一原因可能与秦汉时期对饲草的使用和饲养习惯相关,申论如下。

(一)韦束之计

《汉书·成帝纪》:"(建始元年)十二月,作长安南北郊,罢甘泉、汾阴祠。是日大风,拔甘泉畤中大木十韦以上。"颜师古注:"'韦'与'围'同。"《庄子·人间世》:"匠石之齐,至于曲辕,见栎社树。其大蔽数千牛,絜之百围,其高临山",《释文》引李颐云:"径尺为围。"一说五寸为围,一抱也叫围。

所以,韦,〈名〉计算圆周的量词,通"围"。今人辞书是这样解释的:"计量圆周的约略单位,即两手的拇指和食指合拢的长度,亦指两臂合抱的长度。"[1]"量词,两臂合抱或两手拇指、食指相合为一韦。"[2]"束韦之计"还是以束为主。

这种计量符合日常工作的常情。农民在收割禾杆类庄稼时,按照习惯,一手持刀,一手持禾,为方便握拿和持续作业,当持禾之手握满禾稼时,便将禾稼放在地上,自然成为一束。在四川省大邑县安仁乡出土的秦汉弋射、收获画像砖,其中一个农人担着的庄稼,其形状一束一束清晰可见。[3]表明在秦汉时收割是自然成束的。

---

[1] 夏征农、陈至立主编:《辞海(第六版缩印本)》,上海辞书出版社2010年版,第1955页。
[2] 陈复华主编:《古代汉语词典》,商务印书馆2011年版,第1617页。
[3] 夏亨廉、林正同主编:《汉代农业画像砖石》,中国农业出版社1996年版,第41页。

这种收割方式的好处是省时、便于整理，运送方便。即便今天，贵州侗乡人在收割、运送、晾晒、储存糯稻时仍保留这种"成束"方式。所以，在收割荍类饲草时，一满韦为束，"束大一韦"，一束一扎，便于从收割地运送至存储地。

（二）斤钧石之计

在讨论这个问题之前，我们需要了解在饲马时，马的饲料是需要精粗搭配的。《齐民要术》中有所总结："饮食之节，食有'三刍'，饮有'三时'，何谓也？一曰'恶刍'，二曰'中刍'，三曰'善刍'。善谓饥时与恶刍；饱时与善刍，引之令食；食常饱，则无不肥。锉草粗，虽足豆谷，亦不肥充；细锉无节，簁去土而食之者，令马肥不唼。唼，苦江反。自然好矣。"①

其实早在秦汉时期，我国已经注意大牲畜喂饲方法的精细化，即要求喂饲牲口的刍稾要进行切碎加工，谓之"莝"，并和粮食等搭配在一起饲养马等大牲畜。

简（42）□苏党□四用米一斗九升大马一匹用粟二斗莝一钧（五四四）②

简（43）庚申卒六人，其五人累西门外，一人莝。(811)③

莝，《说文》解释为"斩刍"④，意即对刍稾进行切碎。《说文》又有"萩"字，释为"以谷萎（食）马置莝中"⑤，就是把精饲料（谷）掺合到切碎的草料中。《汉书·尹翁归传》记载："豪强有论罪，输掌畜官，使斫莝，责以员程，不得取代"。

《齐民要术》还记载了两种莝刍饲马的方法：

饲父马令不斗法：多有父马者，别作一坊，多置槽厩；莝刍及谷豆，各自

---

① 〔北魏〕贾思勰著、缪启愉校释：《齐民要术校释》卷六，第285页。
② 甘肃省文物考古研究所编：《敦煌汉简（全二册）》，第240页。
③ 甘肃省文物考古研究所编，吴礽骧、李永良等校释：《敦煌汉简释文》，第83页。
④⑤ 〔汉〕许慎撰，〔清〕段玉裁注：《说文解字注》，第44页。

别安。①

饲征马令硬实法：细莝乌，枕掷扬去叶，专取茎，和谷豆秣之。②

"莝"的原因有三，一是便于饲马时的精粗搭配，因为谷物、豆类等体积与饲草形状不一，假如饲草不经过"莝"，势必导致精粗无法搭配，不利于饲养。

二是能够更好地便于进行储存。"茭"等刍稾晒干后，如果采取常规的堆积储存方式，必然会出现"茭积三，其一秒"（一〇一七B，见文简36）的情况，假如通过人工将其斩断以后再储存，虽然体积有所增加，但是因为堆积在专用储存屋中，这种储存方式相对堆积存储方式无论是防腐还是保存都具有一定优势。

三是能洁净饲草，关于洁净饲草，简文中也有记载：

简（44） ☑ 除沙一人积大司农茭省第卅六隧卒使 四七九·六（乙贰陆贰版）③

"莝"能够去掉饲草中的沙子、尘土等，起到洁净饲草的目的，"细锉无节，篩去土而食之者，令马肥不呛。""呛"，《集韵》："嗽也。"与"呛"同义。"莝"使饲草干净，从而"无节"、"篩去土"，如此马在饲用时就不会被呛。

在饲草未"莝"之前，可以"束韦"来计量。但是当饲草"莝"后，此时的饲草和谷类没有多大差别，"束韦"计量方式就不再合适。但是从上文来看，刍稾等作为政府的税收，其存取有着严格的限制。那么为了方便存取时的计量，尤其是计量饲养时供给量，此时就必须对"莝"进行称重量，这样计量方式就从"韦束"转化为计重的斤、钧、石了。

综上，在边塞地区甚是普遍的茭类作为马的饲草，不仅涉及存储，也涉及计量等问题。

---

①② 〔北魏〕贾思勰著，缪启愉校释：《齐民要术校释》，第285页。
③ 中国社会科学院考古研究所编：《居延汉简甲乙编》下册，第246页。

四、简牍所见秦汉马的饲养方式与技术

关于马的饲养，首先涉及的是秦汉时期马的圈养与放牧时间。笔者在敦煌和居延的简牍中没有找到涉及这一领域的相关内容，但是在睡虎地简牍中，发现了相关记载：

简（45）马牛当食县官者，驺以上牛日匀二钧八斤；马日二钧口斤，食一石十六斤；口口槀口。乘舆马匀二槀一。牸、玄食之各半其马牛。仆牛日匀三钧六斤，犊半之。以冬十一月槀之，尽三月止。其有县官不得匀牧者，夏槀之如冬，各半之。（二年律令·金布律）①

在臧先生《张》文中提及了关于马的圈养时间。《张》文中认为是"11月到3月"，事实是否如此？我们认为需要商榷。

常理，冬季时因为自然界中可供食用的饲草减少，为了保证牛马等牲畜的生计，需要圈养并供给储存的饲草。按照颛顼历，秦时和西汉初期是以十月为一年的第一个月份，那么这个冬十一月就是冬月。关键是对"尽三月止"中三月如何解读。我们认为这里的"三月"应该是确数，也就是三个月的简省，非农历三月。

因为如果是农历三月，立春已经过去将近3个月，自然界早就草长莺飞了。而史料中的记载更能说明问题，秦汉时关中地区三月已经播种对温度要求较高的籼稻，"三月种秔稻，四月种秫稻"②，《四民月令》也有这样记载："是月也，……时雨降，可种秔稻及植禾、苴麻、胡豆、胡麻。"③再者，据《四民月令》记载："是月（三月）尽夏至，暖气将盛"，都接近夏至了，马是否仍有圈养的必要？因此"三月"只能作确数三个月解。

此处的"尽"是介词，是到…底、到…尽头的意思，可以组为尽岁、尽世、

---

① 张家山二四七号汉墓竹简整理小组编著：《张家山汉墓竹简》，第66页。
② 石声汉著：《氾胜之书今释（初稿）》，科学出版社1956年版，第21页。
③ 石声汉校注：《四民月令校注》，中华书局1965年版，第26页。

尽日等词,"尽,犹云讫也"①,那么"尽三月"也就是以三个月为限,所以"尽三月止"就是截止到第三个月满。

综上,马的圈养从11月初开始添加饲草,3个月后停止,也就是1月底结束。所以马的圈养时间是从11月初到1月底,这段时间需要人工添加干草饲养。由此推出,马的放牧时间也就是2月初到10月底。这与现在的情形基本相符。所以睡虎地简文中才有"乘马服牛廪,过二月弗廪、弗致者,皆止,勿廪、致"②之说,也就是2月以后是放牧时间,所以就不供给了。

其次是圈养的好处,按照现在常理,一般冬季时因为自然界的可供食用的饲草减少,为了保证牛马等牲畜的生长状况,是需要圈养并添加储存的干饲草的。否则如果马无法保证饲草供给,就会出现营养不良甚至病亡的状况。这一点可以从贾思勰的个人经历得到佐证。

> 余昔有羊二百口,茭豆既少,无以饲,一岁之中,饿死过半。假有在者,疥瘦羸弊,与死不殊,毛复浅短,全无润泽。余初谓家自不宜,又疑岁道疫病,乃饥饿所致,无他故也。人家八月收获之始,多无庸暇,宜卖羊雇人,所费既少,所存者大。传曰:"三折臂,知为良医。"③

马在圈养时,白天和晚上都需要喂养的。白天饲养是毫无疑问的。晚上也是同样需要饲养,在对秦陵东侧马厩坑考古发掘时,在马头前放有陶罐、陶盆,有的盆内盛有谷子和切碎的草;跽座俑面前放有陶灯、陶罐和铁镰、铁锸等陪葬品,该跽座俑应该就是专门负责饲养马的专管人员,从陶灯来看,他们在夜间也需要对马照料④,同时从谷子与切碎的草来看,马厩中配置有切草、盛水饮马、盛放饲料的工具,显然是圈养法的表现形式。

---

① 〔清〕刘琪:《助字辨略》卷三,商务印书馆1937年版,第87页。
② 睡虎地秦墓竹简整理小组编:《睡虎地秦墓竹简》田律,第29页。
③ 〔北魏〕贾思勰著,缪启愉校释:《齐民要术校释》养羊,第314页。
④ 秦俑考古队:《秦始皇陵东侧马厩坑钻探清理简报》,《考古与文物》1980年第4期。

如果这个尚还不足证明,那么居延的简牍中,明确说出了马的夜间饲养情况:简(46)前过北初食用茭四百九十二束,夜用三百五十束(五八)五六·二五(面)①

这一简文明确指出在夜间同样需要给马添加饲草,而且食用量几乎与白天相当,这应了"马无夜草不肥"的古俗语。晚上饲马主要是因为马的天性使然的。由于马是从野马驯化而来,在驯化过程中,保留了许多野马的特性,高度的警觉性就是之一。马的睡眠主要分为安静睡眠(慢波睡眠)和活动睡眠(异相睡眠),马在两种睡眠中每昼夜交替3—16次(平均9次)。即使在夜晚,71%的时间马也是醒着的,而夜晚19%的时间是在打瞌睡。所以,在夜晚马大部分时间是醒着的,此时给它们喂养饲草也是合乎情理与必需的。

关于圈养时精粗搭配饲养方法,前文已论述。

关于圈养马的饲养量,虽然上引"二年律令"的金布律简文中有所规定,但是并不是全部。敦煌的简文中也有这样规定,见简(20),但是,因为这涉及私马、传马、驿马、使马、厩马、乘舆马等因功能不同而供给量相应不同(见简12、简20、简2、1简25),限于篇幅,拟专文论述。

总之,从出土的简牍材料以及相关文献记载充分说明,秦汉时期由于马的重要地位,在马的饲养上注意饲料的精粗搭配,不但讲究饲草类的供应,而且要求粮食作物的供给。同时还注意饲养的方式与方法,重视饲草的征收、储存。这些也应该都是秦汉马政所需要关注的新内容。同时,从马的饲草供给情况亦可窥见当时种植物之一斑。

(本文原载《中国农史》2016年第4期)

---

① 劳幹著:《居延汉简考释·释文之部(一、二)》,第262页。

水利的限度：基于历史时期大别山区灌溉水利开发与环境变迁的考察

沈志富

历史时期中国南北方都曾出现了数量庞大、规模不等、类型各异的灌溉水利工程设施，它们成为中国古代发达的农业文明的显著标志。在此基础上发展起来的地域社会被国际学术界赋予中国"水利社会"的特别称谓。由此，水利始终是中国社会经济史、历史地理学及古代工程技术史等领域的研究母题，特别是"水利共同体"理论及其衍生的一系列研究范式已成为中国社会史、政治史与经济史的基本论点与核心话题之一。[①]最近二十年，随着环境史在中国学界的兴起，水利因其关乎人类活动与自然河流系统的密切联系而再次天然地成为环境史的研究主题。[②]相比较而言，水利社会史关注的是以水利为核心，包含政治治理、经济开发、风俗信仰等因素构筑而成的区域社会。与之略有不同的是，环境史更加关注人类开发水利的行为所引起的环境变化及其对人类社会进程的若干影响，同时以环境史的取向对人类水利开发行为加以认知和评判。从这个角度来说，水利在推动了广义的社会历史进程和地域社会变迁的同时，也深刻地再造了不同地貌条件下的自然地理景观，直接或间接地对生态环境产生或积极或消极的影响。

---

① 有关"水利共同体"理论最早由日本学者提出并加以完善，以木村正雄、丰岛静英、江原正昭、宫坂宏、好并隆司、森田明等为代表。其他著作可参考董晓萍、[法]蓝克利：《不灌而治——山西四社五村水利文献与民俗》，中华书局2003年版；钞晓红：《灌溉、环境与水利共同体——基于清代关中中部的分析》，《中国社会科学》2006年第4期；谢湜：《利及邻封——明清豫北的灌溉水利开发和县际关系》，《清史研究》2007年第2期等。
② 参见梅雪芹《水利、霍乱及其他——关于环境史之主题的若干思考》，《学习与探索》2007年第6期。

一、水利环境史的学术史回顾

本文使用"水利环境史"这一提法，仅是为区别"水利社会史"的研究成果而设。当然，现实研究中的很多论述及结论并不能将两者截然分开。很多时候，水利、环境、社会是相互联系的整体，只是在具体研究中往往各有侧重。因此，从"水利环境史"的视角开展分析可以更容易进入笔者拟讨论的话题。

关于水利与环境的历史论述，在环境史的大本营——美国学界颇为受关注并较早进行了研究尝试。美国环境史研究的开拓者们很早便将水利作为环境史的主题加以探讨并提出了很多现实有效的研究参照系——既包括古代东方文明的，也有现代西方社会的典型案例。例如Thorkild Jacobsen等以美索不达米亚平原的农业开发为例，探讨了众多古代水利帝国是如何在生态问题不断加剧的背景下陷入崩溃的，揭示了一个传统基础设施建设的陷阱，即人们建设日益庞大的水利系统，直到这个系统再也无法与他们所造成的生态问题并存。① Donald Worster 则以"加州的水利社会"为对象为我们展示了一个有别于传统灌溉水利管理模式的关于水利环境史的现代西方样本。②

对于中国水利环境史的考察，同样是国外学者起步较早。例如有关水利系统各种技术与生态的话题，早在二十多年前，研究中国环境史的重要先驱——澳洲学者伊懋可已经论及。他认为中国古代森林消失与水利系统过度发展之间存在着一种逆互动关系，即他所称的"技术与环境互动的锁住

---

① Thorkild Jacobsen and Robert Adams, "Salt and Silt in Ancient Mesopotamian Agriculture," *Science*, Vol. 128 (21 Nov.1958): 1254—1258.
② [美]唐纳德·沃斯特著，青山译：《在西部的天空下——美国西部的自然与历史》，商务印书馆2014年版，第59—72页。

效应(lock-in)"①。中国学界有关水利环境史的早期研究成果多零星出现在一些历史地理学著作中,如黄盛璋、史念海、赵永复、萧正洪、韩茂莉等人关于历史农业地理或历史自然地理方面的论著都不同程度涉及了兴修农田水利与环境变迁的关系。②近些年国内外学者运用环境史的理论方法研究中国历史水利事业的成果,则比较集中地收录在刘翠溶、伊懋可主编的《积渐所至——中国环境史论文集》、唐大为等编著的《中国环境史研究》以及王利华等主编的《中国环境史研究理论与探索》等系列专辑中。其中,日本学者斯波义信以唐至清时期杭州湾南岸地区为考察对象,从水利设施的进化、水利组织方式的变迁及区域开发与资源危机等层面详细论述了环境与水利的相互关系。③法国汉学家魏丕信以清代陕西重修郑白渠灌溉系统的努力为对象,讨论了渭河流域在气候与环境变迁的背景下水利灌溉系统的变动与困境。④王利华创造性地将中古时期华北地区的灌溉水利、水稻种植与盐碱治理结合起来,揭示其彼此之间的关联性,讨论了水利与环境治理的关系。⑤

此外,在专题研究中,惠富平从古代北方地区引水淤灌、南方地区陂塘水利及长江中下游圩田水利等三个层面探讨了传统水利的生态效益问题。⑥李令福在详细叙述从战国至清代关中地区水利开发与工程建设历史的基础上,对于水利开发与环境的互动关系及其相互影响进行了比较深刻的剖

---

① Mark Elvin, "Three thousand years of unsustainable growth: China's environment from archaic times to the present", *East Asian History*, 6 (December 1993): 7-46.
② 参见史念海著:《河山集(一)》,生活·读书·新知三联书店1963年版;黄盛璋著:《历史地理论集》,人民出版社1982年版;赵永复著:《鹤和集》,上海人民出版社2014年版;萧正洪著:《环境与技术选择——清代中国西部地区农业技术地理研究》,中国社会科学出版社1998年版;韩茂莉著:《中国历史农业地理》,北京大学出版社2012年版。
③ 斯波义信:《环境与水利之相互关系——由唐至清的杭州湾南岸地区》,刘翠溶、伊懋可主编:《积渐所至——中国环境史论文集》,"中研院"经济研究所2000年版,第271—294页。
④ 魏丕信:《清流与浊流——帝制后期陕西省的郑白渠灌溉系统》,刘翠溶、伊懋可主编:《积渐所至——中国环境史论文集》,"中研院"经济研究所2000年版,第435—506页。
⑤ 王利华著:《中古华北灌溉水利-水稻种植-盐碱治理关系探讨》,《徘徊在人与自然之间——中国生态环境史探索》,天津古籍出版社2012年版,第335—362页。
⑥ 惠富平著:《中国传统农业生态文化》,中国农业科学技术出版社2014年版,第182—218页。

析。①行龙研究近代山西社会环境史,从凿池而引、引河灌溉、引洪灌溉等角度论述水利开发与社会运行的关联,其中也分析了山西高原水利活动与生存环境的互动及其对生态环境的影响。②张建民以流移集聚与山区资源开发为主要对象、以秦岭—大巴山区为例,考察了明清时期长江流域山区开发过程中的农田水利建设与稻作经济环境的变化。③冯贤亮以宋代以来的浙西杭嘉湖地区为例,从环境社会史的角度探讨区域内部所存在的环境分异与不同的水利惯行以及江南太湖平原乡村社会中水环境的利用与改造问题。④陈曦则以江陵"金堤"的变迁为中心,考察宋代长江中游水利工程的发展以及江汉平原人地关系的演变。⑤

现有论述中国传统水利与环境相互关系的研究成果存在两个方面比较突出的特点:其一,在对象或样本的选择上,已有成果优先关注了中国主要平原区域以及中等以上知名河流流域,特别是江南地区太湖平原、陕西关中平原、华北平原、长江中下游地区以及渭河、汾河、汉江等江河较大支流流域。诚如论者所言,这些区域是中国历史开发较早、经济相对发达的地区,其水利事业发展进程无论是历史、规模、形态、类型以及演变的复杂性都具有一定的代表性。其二,在水利与环境相互关系的论述上,现有成果多数秉承了水利史的叙述模式,将不同区域、不同类型的水利工程与水利建设活动加以分类梳理。在此基础上,对水利兴衰与环境变迁的关系进一步展开分析。总体而言,认为环境对水利开发存在天然的制约作用,同时水利开发对地理环境、特别是农业生产环境有着显著的改善作用。显然,现有研究对传统水利开发建设的正面价值关注居多。不过其中亦有少数研究者注意到水利可能存在的负面效应,比如水利工程改变了自然河流的水文环境、改变了一些地方的微

---

① 李令福著:《关中水利开发与环境》,人民出版社2004年版,第332—343页。
② 行龙主编:《环境史视野下的近代山西社会》,山西人民出版社2007年版,第45—188页。
③ 张建民著:《明清长江流域山区资源开发与环境演变》,武汉大学出版社2007年版,第323—375页。
④ 冯贤亮著:《近世浙西的环境、水利与社会》,中国社会科学出版社2010年版。
⑤ 陈曦著:《水利·信仰·族群——宋代长江中游的环境与社会研究:以水利、民间信仰、族群为中心》,科学出版社2015年版。

地貌①,特别是伊懋可等人提出的水利过度开发问题②。这些为我们拓展水利问题的研究地域和领域,进一步更新视角考察传统中国数量庞大的水利体系的区域差异性与环境价值限度都提供了重要的基础和有益的启示。

在中国广袤的土地上,除了诸如黄淮平原、关中平原、江汉平原、太湖平原等适合发展大中型水利设施的河湖区域外,占据中国最大地貌形态的丘陵、山地区域也是传统水利建设与农业开发的重要梯队和直接参与者。对于山区灌溉水利的探究,张建民等人的研究做了很好的示范。③不过类似于秦巴山地这样的西部地区,其开发进程普遍较晚,水利化开发模式主要是在明清时期完成的。而相对地域辽阔的南方山地来说,不同地区的发展过程往往存在着各自的特点,它们既和平原河湖区域不完全相同,也与其他地区的山地存在差异,这种丰富多彩的地形地势与地缘环境造就了千差万别的农业经济面貌,包括水利。总体而言,山区水利在宋代以后兴起并呈现出小型化、微型化的推进趋势,虽然山地区域发展与社会管理也离不开对水的协作与治理,但山区聚落、土地与生产的高度分散性决定了山地社会未必演进了"水利共同体"的历史进程并适用于"水利社会"的一些基本论述。④相反,在平原与大河流域主要表现为优势价值的农业水利经济模式,在经由山地边缘低地、丘陵并继续深入山区腹地的过程中,其价值劣势表现得愈加明显,这也是明代以后山区水利一度陷入困境的直接原因。水利的这种劣势正是自然环境与生态系统相互作用于水利自身的限度所决定的。具体而言,表现在两个

---

① 李令福著:《关中水利开发与环境》,第340—342页。
② 这一点在他的另一部著作《大象的退却——一部中国环境史》(伊懋可著,梅雪芹等译,江苏人民出版社2014年版)中有着更深入的讨论,他指出:水利系统与自然环境并不总是和谐共生的关系。作者认为,为了灌溉,中国大力修建水利系统,从工程学角度看,包括都江堰在内的水利工程,都是世上罕见的伟大工程。但是修建和维护水利工程,付出的是环境代价。作者的核心观点是,人工水利系统或多或少具有内在不稳定性,而且总是与外部破坏性的环境因素相互作用。水利系统是社会、经济与自然环境的遭遇之所,它们之间的关系并不总是和谐共生的。
③ 参见张建民:《明清长江中游山区的灌溉水利》,《中国农史》1993年第2期;张芳:《明清东南山区的灌溉水利》,《中国农史》1996年第1期;梁诸英:《明清时期徽州地区灌溉水利的发展》,《南京农业大学学报》(社会科学版)2006年第1期。
④ 王铭铭:《"水利社会"的类型》,《读书》2004年第11期。

方面：一方面是山区的特殊地理环境限制了水利工程的规模及其扩展；另一方面是以水利为基础的生产方式和经济生活带来的水生态变化与人口增殖对于山地生态环境造成的越来越多的消极影响。尤其在山区腹地的开发进程中，灌溉水利活动参与程度越深，其所引发的环境负面效应也越显著。

大别山区是南方山地的重要代表，横亘江淮之间，为长江、淮河两大水系的天然分水岭。在中国南方众多山地丘陵中，大别山无论是地形地貌还是地缘区位都有着一定的特殊性。论地形地貌，大别山西接桐柏山，东延为霍山、张八岭，呈西北—东南走向，山地主体为典型的褶皱构造。东南侧山麓线挺直，为明显的断崖层，坡向多变坡度大，多深谷陡坡。[1]南北两侧水系发育，潢河、史河、灌河、淠河等注入淮河，巴水、蕲水、浠水、倒水、举水、皖水等流入长江。山间谷地则有河漫滩和小型平坦阶地，普遍存在着数量可观的灌溉水利设施。山地南北两麓由低山丘陵逐渐过渡为宽广的江淮平原地带，这些地区则历来为发达的水利型农业区。论地缘区位，大别山位于鄂豫皖三省交界，其外延区域开发较早，地近中州、荆楚和吴越，是中原、江汉与江南三大文化区的地理意义上的核心。作为南北、东西交通孔道，受到多种文化因素共同影响。这直接关系到大别山地的开发进程和社会面貌。与南方其他主要山地区域的水利开发进程相比，大别山区的历史水利开发序列非常完整，在中国水利史上占有一席之地。因而，对于观察不同尺度、不同规模的水利行为在不同历史时期、不同山地环境下的适应性及其限度问题而言，大别山区是一个很好的样本。

二、先秦至唐宋大别山外围平原水利的创设与生态环境

历来大致的情形，一个区域内县治的疏密及新县的析置可视为一地开发程度的标志。谭其骧先生指出："一地方至于创建县治，大致即可以表示

---

[1] 尤联元、杨景春主编：《中国地貌》，科学出版社2013年版，第59—65页。

该地开发已臻成熟。"①大别山区域的开发起自北麓周边丘陵及沿淮平原,这从先秦秦汉时期的郡县设置形势上可作观察。

春秋时期,大别山区山地主体尚处于未开发状态,人烟稀少。其东段及其周边主要为群舒活动区域,分布着龙舒、舒蓼、舒庸、舒鸠、英氏等方国。北麓沿淮平原及发源于大别山地的淮河支流沿岸,由于地近中原殷商故地以及率先发展起来的各大诸侯国,比较密集地分布着一些小国,如六、蓼、蒋、黄、弦等。随着楚国实力的上升,为北上争霸、问鼎中原,自春秋至战国初期,沿淮诸国陆续为楚所灭。楚在蓼国故地置县湖阳,蒋国故地置县期思,居巢故地置巢县,又置西阳、雩娄、寿春、六、灊等邑,整个大别山及其周边地带自西向东、自北向南陆续成为楚的属邑。②

楚国对新辟疆土实施了大规模有效的治理建设,使之成为其重要的经济来源和粮食基地,这为后来楚都东迁奠定了基础。特别是新置郡县分布比较集中的大别山北麓几条淮河主要支流地区,首当其冲得到开发,其自西向东依次是黄水(今潢河)、浍水(今灌河)、决水(今史河)、泚水(今淠河)等流域。这几条河流均发源于大别山,向北注入淮河。河流地貌形态经历了山地、丘陵向平原的过渡,有着发展农业水利的天然便利条件。这一时期在这片区域产生了至少两处规模较大且对后世产生深远影响的灌溉工程,即以引水灌溉为主体的期思陂和以蓄水灌溉为主体的芍陂。从史书记载来看,这两处工程皆为楚相孙叔敖主持兴办。孙叔敖,期思(今河南淮滨县,旧属固始县)人,春秋楚庄王时官拜令尹,主持修建过多个水利工程。

先秦时期的"期思之水",即今天的史灌河流域。《淮南子·人间训》:"孙叔敖决期思之水而灌雩娄之野。""雩娄之野"所在今河南固始地区,因为绵延百余里的期思之水灌溉工程系统的建设,形成了一处被民间誉为

---

① 谭其骧著:《浙江省历代行政区域——兼论浙江各地区的开发进程》,《长水集(上)》,人民出版社1987年版,第404页。
② 参考周振鹤、李晓杰著:《中国行政区划通史·先秦卷》部分章节,复旦大学出版社2009年版,第254—267、303—304页。

"百里不求天"的期思—雩娄灌区。先秦秦汉史料中对于期思陂没有详细记载，但从后世的追述中大致可以还原当时的景观。固始地势南高北低，西高东低，自西南向东北倾斜，县境流域面积在100平方公里以上的河道有淮、史、灌、白露、泉、石槽、急流、羊行等17条，除淮河干流流经县域北部外，其余河流基本上都源自南部大别山区。① 史、灌、白露、泉等河下游皆为岗地、冲积平原和洼地地形，适合灌溉农业的发展。民间所称"百里不求天灌区"的期思陂，明代亦称"清河灌区"，解放后属"梅山灌区"，位于史河与泉河之间的狭长地带。其引水渠系有二：一在史河东岸由丘陵进入平原的转折处附近石嘴头，筑闸引水向北，即明清时期的均济闸等十一闸，这段称为清河；一在其下游筑闸开渠向东引水，即明清时期的均利闸等七闸，这段称为堪河。两条河渠灌溉史、泉之间的百余里土地，"灌区内有渠有陂，灌溉用水由河入渠，由渠入陂，由陂入田，形成一种渠塘结合、'长藤结瓜'的灌区布局"②。期思陂的建设对于地势低洼、常受凶猛山洪与淮水倒灌侵蚀的史河下游平原来说，兼具防洪、排涝与灌溉之利，变所谓"山涧之湍波"为"沃壤之美泽"③，使当时的楚国得以"收九泽之利，以殷润国家，家富人喜，优游乐业"④。此后东汉庐江郡守王景、扬州刺史刘馥、曹魏时期的邓艾等接续重修，这一水利系统的经济社会价值延续千余年，直到宋代仍发挥着显著的灌溉效益。

大别山区另一处著名水利工程是西汉时分封舒县的羹颉侯刘信所筑之七门堰，位于今舒城县杭埠河（古称龙舒水、前河、南溪河）中段七门岭。舒城地势西南多山，东北低平，境内两条主要水系杭埠河、桃溪河（古称后河、界河）均发源于西南大别山区，汇入巢湖。两条水系主要支流均为季节性山河，特殊的地形决定了山区易发山洪，平原易涝，丘岗易旱。刘信考察舒城

---

① 康建明、董本忠：《流水欢歌唱新天——固始水利发展史略》，《固始文史资料》（第4辑），1999年，第46—47页。
② 黄霁：《固始县古"百里不求天灌区"》，《固始文史资料》（第1辑），1986年，第108—109页。
③ 杨汝楫撰：《固始水利图说》，乾隆《光州志》卷二十四《沟洫志》，信阳地区地方史志总编辑室、潢川县地方志编纂办公室1985年点校重印本，第149页。
④ 《孙叔敖碑》，转引自马骕撰：《绎史》（二）卷五十七《楚庄王争霸》，上海古籍出版社1993年影印本，第243页。

山川水文特点，择其地形，置七门、乌羊、槽牍三堰，分治为陂、为荡、为塘、为沟凡一百余所，浇灌邑田两千余顷。自七门堰修筑，舒城水旱灾害得到有效控制，至明初这些水利设施仍能发挥灌溉之利，明人杨循吉称舒城"尤多美田山泉之利，号称膏腴"①，正是七门三堰价值的体现。清人从舒城特殊地形地貌出发总结舒邑水利兴修史，亦特别赞许七门三堰的功绩，称："舒城西南多山，而东北近湖……蓄泄得宜，可以杀患而兴利。统观地势，大要有三：山冈之地，最宜蓄水，因高就下，可塘可堰，渟潴灌溉，利饶耕作，其要一也；沙湾之地，厥宜泄水，泉脉夜润，小旱不枯，厥土坟垆，不任积潦，多开支渠，潢污易去，其要二也；滨河之地，维宜障水，势既污下，水复湍急，骤雨连日，堤多溃漫，增多培厚，与水争地，其要三也。综是三要，尤以蓄水为最。蓄水之利，昔称三堰，今以七门为最"②。

总的来说，大别山外围一系列历史水利工程的兴建及其作用的发挥，既得益于主持兴建者的远见卓识与有效的日常维护，也和这些水利设施对环境的适度改造及其环境适应性密切相关。隋唐以前，大别山区腹地总体上人口稀薄，开发较为有限，耐旱耐瘠的美洲高产作物亦尚未传入中国，水利型农耕经济在山区没有大规模扩展，河流上游的山区生态环境总体上处于优良状态，这在很大程度上保证了平原地带水利设施经济效益与环境效益的相得益彰。

三、明清时期大别山区小型水利的扩张与生态环境

宋代以后，大别山区开发进程加速，大量移民逐渐从山地边缘向腹心推进。同样观察这一时期的政区形势可以发现，大别山区域及其周边县级政区数量显著增加，从秦汉时期的十几个一路增长到明清时期的二十多个。

---

① 光绪《续修庐州府志》卷十三《水利》，《中国地方志集成·安徽府县志辑》，江苏古籍出版社1998年影印本，第179页。
② 光绪《续修舒城县志》卷十一《沟渠志·水利》，《中国地方志集成·安徽府县志辑》，江苏古籍出版社1998年影印本，第486页。

随着宋代以后中国人口的加速增殖，平原地区人地矛盾显现以及躲避战乱的影响，山区开发的转折时刻到来。根据该区域的谱牒资料和移民史的研究，元明之际是大别山区外来人口的重要输入期。最初从平原丘陵进入山地的移民，在生产生活方式上没有明显的转变，基本上延续了水利型稻作经济形态，只是在水利类型上因地制宜地作出了调整和改变。特别是小型和微型水利设施在山地区域呈现井喷式增长。这些小型水利的经济效益在建设之初应是较为显著的，否则无法支撑进入山区的移民持续生存下去。一些自然条件稍微优越的河流谷地对于灌溉水利的扩展较为有利，较大的居民点和宗族在这些新辟土地周围得到发展。但是条件相对恶劣的山河沿岸冲田及塝田的增辟，带来的更多是开发成本与产出之间的不相称。

现有研究对于明清以后山区生态环境的恶化，多归因于过度垦殖、滥砍滥伐以及美洲作物传入中国的影响。实际上，山区水利的无序开发和过度建设，其负面影响也不容忽视。在兴水利、除水害的问题上，周魁一指出"水利建设对自然环境的作用所引起的自然的反作用，长期以来不为人们所重视"[1]，并以宋代对鉴湖的围垦为例证明"过度围垦湖泊使洪水灾害增长"来作为自然反作用于人类社会的典型例证。但在山区水利的问题上，这一点同样应该引起重视。

（一）"废兴无时"：山区水利扩张与山田稻作规模及灌溉效益的局限性

明清方志涉及山川、水利、沟洫的专题中记载了大量陂塘堰坝信息。仍以本区域水利事业较为典型的固始、商城及舒城地区为例。固始、商城在明中叶以前的大部分时间皆属一邑，和舒城一样，两地县境同为山地、丘陵、平原三级过渡地形，平均海拔高差达 1 000—1 500 米左右，河流比降落差大。其丘陵平原区在宋代以前皆为著名历史水利区，宋代以后县域的深山地带

---

[1] 周魁一著：《中国科学技术史·水利卷》，科学出版社2002年版，第19—20页。

渐次遍布较为简陋的小微水利设施。据清代方志记载，商城县有"尚堪潴蓄"的较大陂塘16口，有灌溉功能的较大渠堰6座[①]；舒城旧有"三堰十塘九陂，溉田数万顷"，明清时期"西南山濒河土人仿效前规，凿为小堰数十"[②]，陂塘数十，其灌溉面积不等（见表1）。实际上在这些记录以外，还有众多规模更小、灌溉面积也极小的无名渠堰陂塘没有记录在案。[③]

表1　清代舒城部分陂塘堰坝溉田面积一览

陂塘名称	方位	溉田面积	备注
七门堰	前河七门岭东	上三荡灌田数千石、下十荡一万七千余石	东北平原丘陵区
槽牍堰	西关外	南支五千余石、北支三千七百余石	东北平原丘陵区
乌羊堰	新河口东	数千石	东北平原丘陵区
赤土岗堰	二十里铺	二石八斗五升	西南山区
沙牛堰	界河	四石九斗五升二合	西南山区
老鸦墩堰	白莲坟	一石一斗八升八合	西南山区
枫香堰	方家岗	五斗一升九勺	西南山区
马家堰	尖山坟	二斗五升	西南山区
陈山塘	春秋山	十六石六升三合	西南山区
春秋塘	石山脊	二十五石九斗五升	西南山区
山陂塘	松林冈	三斗七升五合	西南山区
卧牛陂	长关	六斗六升四合	西南山区
十丈陂	板山	四十八石四斗三升四勺	西南山区

资料来源：嘉庆《舒城县志》卷十三《水利》，《中国地方志集成·安徽府县志辑》，江苏古籍出版社1998年影印本，第78—81页。

[①] 嘉庆《商城县志》卷一《山川·附塘 附堰》，《中国地方志集成·河南府县志辑》，上海书店出版社2013年影印本，第34—38页。
[②] 嘉庆《舒城县志》卷十三《水利》，《中国地方志集成·安徽府县志辑》，江苏古籍出版社1998年影印本，第78页。
[③] 乾隆《英山县志》卷四《山川·水利》在"撮其大概"列举英山县主要堰、塘、坝之外，即称"各堰兴废不常，而沿溪河小堰不可枚举"，大别山区各地情形当仿似。

从上表舒城不同区域水利设施灌溉面积对比来看，东北平原丘陵区与西南山区有着显著差异，历史悠久的七门三堰位于杭埠河中下游，溉田达到数千以至万余石，而山区堰塘一般仅数石至数十石，有的甚至不及一石，灌溉规模十分有限。同时，小型山区水利的灌溉效益也受到限制。商城错处山冲，故"因泽为塘，沿溪为堰"①，沿山河筑堰引水以资灌溉，且此类堰坝数量极多，往往遍布溪流上下，间隔数里至里许，"废兴无时"；山塘则依山冲低洼处修建，一般以山泉水或沥山水为水源，因易受山洪侵袭，"若遇山水陡落则冲去埂堤"②，颇不稳定；城北地势稍微平坦，明清时人凿湖积水以溉田，但是"山水陡涨陡落，易有冲决之患，故修筑之勤，较倍他邑也"③。

山区水利设施兴筑与维护的成本、难度往往高于平原丘陵地带，水利设施使用寿命和利用价值始终受限，这也限制了灌溉效益的发挥。固始境内史灌河上游及其支流多属山河，其特点是河道弯曲，集水流程短，每逢暴雨时节，洪水突如其来，"汹涌不可视"。像急流涧、羊行河等蜿蜒于险峻山间、河床上布满乱石激流的小河，明代以来也渐次修筑了一批小型堰坝。元明时期山民在急流涧丁家庙段筑坝，名为"千工堰"，每次修筑都耗费巨量工时物料，但是"筑之艰，崩之易"，"急水陡发，坝为屡决，且频年修筑，民亦罢于兴作"④。

此外，山河水量变化幅度大，"雨涝则流自去，旱久则流即断"⑤，也让山区水利设施的保障能力大打折扣。商城在明代修建了千工堰、紫江湖、百水堰等水利工程，清代到民国几乎没有上马新的较大水利工程，且这些塘堰湖

---

① 乾隆《光州志》卷二十四《沟洫志》，信阳地区地方史志总编辑室、潢川县地方志编纂办公室1985年点校重印本，第144页。
② 嘉庆《商城县志》卷一《山川·附塘 附堰》，《中国地方志集成·河南府县志辑》，第34页。
③ 乾隆《光州志》卷二十四《沟洫志》，信阳地区地方史志总编辑室、潢川县地方志编纂办公室1985年点校重印本，第144页。
④ 杨汝楫撰：《固始水利图说》，乾隆《光州志》卷二十四《沟洫志》，第149页。
⑤ 嘉庆《商城县志》卷一《山川·附塘 附堰》，《中国地方志集成·河南府县志辑》，第35页。

坝蓄水量小，以人力提灌为主，农田保灌面积小，每遇大旱，则塘堰干涸。①

（二）"不共其利"：山区水利过度开发与平原丘陵水利设施的荒废

清康熙年间，杨汝楫治固始水利，一方面称"无水不可以益民"，另一方面也认为"天下利之所在，即为弊之所伏"②。明清时期，尽管在文献中不断出现一些有抱负、有担当的地方循吏在导民治水方面取得实际成效，但是整体的情形是宋元以后中国南方的水利环境呈现恶化态势。特别是山区水利的扩张在带来短暂经济效益的同时，也系统性地加剧了全流域水利环境的退化，形成了水利不为利反为害的悖论局面。

固始史河诸闸在光州所领四县中冠于全郡水利之首，但在杨汝楫全面整治之前，明清固始水利已经长时间处于尴尬的运转状态。据《光州志》载，以往十二渠分流安闸，以次受水，散注于二百余处陂塘沟港堰坝。但在元明至清初三百多年间，这个庞大的灌溉系统却因河道湮淤时常停摆，固始的农业用水基本上只能依靠各乡沿冈官塘之水和自然降水，以致"昔日沃壤，半为莱芜"③。固始的历任知县如明天顺知县薛良、嘉靖知县李凤来、吴周、张梯等都尽力疏浚重修，力图恢复往日盛世，但因工大费繁，效果皆不理想。

明代商城有规模较大塘堰湖坝32处，其中面积最大的紫江湖占地660余亩。清代微型塘堰渐多，但是到民国时期这些堰塘多数已残缺不全，无法蓄灌，紫江湖竟淤成小塘，旱不能灌，涝不能排。④特别是这些小型塘堰主要分散在南部山区狭窄的河谷两岸，水流湍急。在雨水较少的季节，这些小型塘堰截取大量河水，灌溉面积和产量均十分有限的冲田，直接约束了下游主要依靠渠系引灌的大中型水利工程的水量规模和灌溉效益的发挥。且一至

---

① 《商城县志》卷二十《水利》，中州古籍出版社1991年版，第403页。
② 康熙《固始县志》卷三《食货志》。
③ 乾隆《光州志》卷二十四《沟洫志》，信阳地区地方志总编辑室、潢川县地方志编纂办公室1985年点校重印本，第144页。
④ 《商城县志》卷二十《水利》，中州古籍出版社1991年版，第405页。

雨季，河水暴涨，山洪突发，小型塘堰基本无节制洪水的能力，随水冲决，砂石俱下。商城北部及固始丘陵平原横亘，地势低平，河道宽缓，长期遭泥沙裹挟、洪水漫溢，河床逐渐淤高，极易泛滥成灾。因此，在上下游山区与平原水利同时兴作的背景下，往往呈现南部山区田地难御大旱、北部平原河渠淫雨为患的不利局面。

舒城在明代之前最主要的水利工程即前揭"七门三堰"。明代以后，在三堰灌区的基础上又兴筑了为数甚多的陂、垱、塘、堰，至清末已有"三十一塘、九陂、三十九堰、四十垱"之说。① 雍正七年陈守仁主持复开艚牍堰时称，该堰自羹颉侯草创，一修于汉魏刘馥，再修于明季刘显，至清初已呈"名存实废"的境地②。明宣德知县刘显主持对七门堰等渠道进行大规模疏浚，但不出百余年，"陵谷变迁，河势渐下，有陂塘为道路者，有塘堰为沙堤者，有汹涌激湍而沦没故址者"，从"民赖其利"一落而为"民之病者不可数计。"③ 万历时知县姚时邻重修七门岭至十丈陂水利，至清初也已是"河道淤塞，田多患旱"④，林泉美田的景象很难再见。明中叶以来，杭埠河上游居民日多，开发加剧，小型灌溉水利工程层级而设，截断溪流，旱涝更形无常。据统计，明清两朝舒城县自然灾害发生频率比较高，以水旱灾害为主，其中水灾67次，损失较大的洪涝灾害48次，旱灾61次⑤，总体趋势是清代多于明代，后期多于前期。关于舒城水旱灾害的原因分析，有学者即认为除了气候和地理环境因素外，"过度开垦山岭、无序修筑水坝、圩堰造成严重的水土流失、河道淤塞也是重要方面"⑥。

---

① 光绪《续修庐州府志》卷十三《水利》，《中国地方志集成·安徽府县志辑》，江苏古籍出版社1998年影印本，第175—177页。
② 陈守仁：《复开艚牍堰详稿》，光绪《续修庐州府志》卷十三《水利》，《中国地方志集成·安徽府县志辑》，第171页。
③ 盛汝谦：《舒城县重修水利记》，乾隆《重修江南通志》卷六十六《河渠志·水利治绩》，京华书局1967年影印本，第1139页。
④ 雍正《浙江通志》卷一六七《人物三·循吏一》，《中国地方志集成·省志辑·浙江》（6），凤凰出版社2010年版，第513页。
⑤ 《舒城县志》，黄山书社1995年版，第64—69页。
⑥ 顾宏义：《明清时期舒城地区水旱灾害及其成因》，《河南科技大学学报（社会科学版）》2006年第2期。

（三）得失之间：山区河流上游垦殖与小流域生态功能的衰退

关于明清时期山区水土流失加剧问题的探讨，学界一直认为其主要原因是山地开发加快特别是毁林开荒种粮、破坏森林植被等造成的，当然玉米、番薯等外来作物的加入也起到了助推作用。但是之所以进入山区的移民或流民要选择通过毁林的方式来解决生存问题，其终极动因还是中国传统水利型农耕经济形态下以粮食种植为核心的生产生活方式决定的。对于南方山地来说，水稻种植始终是粮食作物的大宗。在这里，"向河滩要田地"与"向山林要粮食"在本质上并没有任何区别，其过度盲目地毁林开荒、占塘为田与过度攫取自然河水以求灌溉所造成的后果同样是全流域生态功能的减退。

以杭埠河为例。历史上，自汉初开七门堰始，杭埠河水即"北折而至龙王荡，环绕县治，……清流如带，商贾舟楫倚郭门者、泊者无算"，"连艫巨舰，直抵城闉，无往来输挽之苦，民称便焉。"① 后因洪水泛滥，故道淤塞，河道"转徙无常"，自明万历至清雍正年间，杭埠河中游即发生过三次改道②，对中下游河流生态、水利设施及农业生产环境造成了极大的破坏。在此之后至民国年间，尽管历任舒城邑令力图整治，皆未扭转局面。民国十一年（1922），舒城县知事鲍庚经实地考察撰写《舒城县大概情形》上报省政府，直陈水土流失、河道淤高之严重情形："民国三年，梅河街道……该镇河埠石级，十年前为三十二级，今则仅存八级耳，每级四寸有半，似十年来，河身已高涨一丈零八寸；七里河身，较三十年前，亦高至十五尺。"③ 河道变迁、河道淤塞，除了农业生产环境的恶化之外，与之相伴随的还有内河航运的整体衰退。原来商贾往来不绝的县河口码头，因明万历间河道南徙七里河，舟楫

---

① 光绪《续修舒城县志》卷五《舆地志·山川》《中国地方志集成·安徽府县志辑》，江苏古籍出版社1998年影印本。
② 《舒城县志》，第46页。
③ 鲍庚：《舒城县大概情形》，《舒城县志》，第652页。

不通。清康熙知县蒋鹤鸣见河道淤为陆地,为"救绕城之遂涸,舟楫不通之荒","遂赈饥募疏瀹,自龙王荡至县河口,水还其故",但"十余年后复塞",经乾隆中期的疏浚,"水势复归七里河"①,原来这段河道成为名副其实的"干汊河",几经反复,河道通航能力大为减弱。

以自给自足的小农生产为基本经济形态的南方山地,在尚未进入农业商品化之前,其维持生计的唯一手段就是开山种粮。"以粮为纲"成为中国传统社会经济条件下不可避免的基本诉求。在此思想指导下,无节制、无指导、无规划的山区开发注定会形成这样的循环路径:

1. 废滩为田——种植水稻(作堰引水)——截流来水、河流径流衰减——水土流失(水旱加剧、下游河床抬高、河道淤塞)——粮食减产或绝收——为求生计,进一步占滩为田

2. 毁林为地——旱地作物("靠天收")——植被破坏、河流径流衰减——水土流失(加剧山洪和干旱、下游河道淤塞)——粮食低产或绝收——为求生计,进一步毁林开荒

这一恶性循环正是上述杭埠河流域生态衰退的起点,大量山河渠堰的砌筑和盲目砍伐山林的行为交互叠加,使得流域上下皆受其害,尤其是对下游粮食主产区的危害更大。溪流河道上层级而设的陂坝使得径流流速减慢,沙泥停蓄,下游来水减少,加剧旱情。而河床渐高又使河水极易漫溢,加剧了水土流失和生态恶化。鲍庚在民国初年的调查指出:"开垦一事,在他邑为利,在舒则为害。……上游诸山树木不存,泥沙无所附丽,一遇暴雨,则奔腾下行。年来米价奇昂,西南山中,民生尤困苦。为谋利计,为维持生活计,不但已伐之木,不愿补种,则未伐者,亦亟思锄去之。彼等亦非不知树木之利也。十年之期,遥遥难俟,目前生计,无以支撑。多开一亩山,则一人

---

① 光绪《续修舒城县志》卷五《舆地志·山川》,《中国地方志集成·安徽府县志辑》,第464—465页。

一岁之资足矣；开三、五亩山，一家一岁之用又足矣。山田愈多，山木愈稀，河身愈高，河堤愈危。合全邑统计之山田，所获之利者一，而圩田所损失者百。"①可谓中肯之言。

四、结　语

  农田水利向来是古人眼中的民生之本，也是从政者胸中治民之"急务"②。不可否认，水利是农业的命脉。但是在有着悠久农业文明史的中国，亦存在着对水利之价值过度神圣化的推崇与解读。实际上，从生态环境的视角来看，水利既非万能的三农良药，而且有其自身的利用限度。从大别山区两千多年的农田水利与环境变迁史的分析约略可以发现：在整体流域观背景下，兼顾上下游平衡，选择适宜的自然条件，因地制宜地适度修建水利设施，如此才可以收到水利效益的最大化。这是先秦至唐宋时期的历史事实可资证明的。反之，从明清时期的水利开发进程来看，在山区—平原型流域性小尺度政区范畴内，上下游竞相无序扩展灌溉水利设施，既无形中催生了河流上下游之间的隐性用水之争（而非仅仅是多数研究者所关注的渠堰内部的分水之争），也加剧了河流整体生态环境的危机。所谓"开不毛之土，而病有谷之田"③，非但得不偿失，更像是一场零和博弈。因此，大别山区历史水利开发进程中的经验和教训对于当代山区生态文明建设是有着启示意义的。

（本文原载《中国农史》2017年第3期）

---

① 鲍庚：《舒城县大概情形》，《舒城县志》，第653页。
② 光绪《续修庐州府志》卷十三《水利》，《中国地方志集成·安徽府县志辑》，第171页。
③ 梅曾亮：《柏枧山房诗文集》卷十《记》，上海古籍出版社2005年版，第226页。

清代中晚期山地广种玉米之动因

张祥稳 惠富平

玉米在16世纪初传入我国之后,起初主要是在少数平原地区种植;由于与当时传统的粮食作物相比,玉米"最耗地力"①,且没有单产优势,所以总的来说,在明代后期和清代前期的200多年时间里,它的传播范围较小,种植规模不大②。但从18世纪中期始,玉米在我国长城以南、青藏高原以东广大范围内海拔较高、不宜"五谷"的山地,获得普遍推广和大面积种植,这一过程大约延续百年之久。③为什么会在18世纪中期至19世纪中期出现这一情况呢?学界在解释其原因时,往往把目光投向清代乾隆、嘉庆、道光时期巨大的人口压力。如:张研的《清代经济简史》,将玉米自清代乾隆中期始于我国"极大的范围内(山地)掀起了种植高潮"的原因,归结为"由于巨大人口压力"④。张芳、王思明的《中国农业科技史》,认为玉米在我国平原、山区扩展的主要原因是"人口的不断增加"⑤。龚胜生在《清代两湖农业地理》中关于这方面的相关结论是:清代嘉道年间,我国两湖地区山地广泛种植玉米的原因在于这一地区的"人口压力日甚"⑥。等等。本文试图从新的角度,探讨清代乾嘉道时期玉米种植扩展的主要因素。

---

① 道光《乌程县志》卷三十五,清道光刻本,第147页。
② 参见万国鼎著:《中国种玉米小史》,王思明等编:《万国鼎文集》。中国农业科学技术出版社2005年版,第195、196、197页。
③ 18、19世纪玉米在我国高海拔山地种植具体情况,参见张祥稳、惠富平:《清代中晚期山地种植玉米引发的水土流失及其遏止措施》,《中国农史》2006年第3期,第14、15、16页。本文中的包谷、苞谷、苞芦、玉蜀黍和玉麦等,皆为这一时期有关地区对玉米的称呼,恕不一一注明。
④ 张研著:《清代经济简史》,中州古籍出版社1998年版,第345页。
⑤ 张芳、王思明主编:《中国农业科技史》,中国农业科技出版社2001年版,第355—356页。
⑥ 龚胜生著:《清代两湖农业地理》,华中师范大学出版社1996年版,第133页。

一、玉米的生物属性适合山地的水土、气候条件

玉米传入我国之后，经过两个多世纪的种植，人们逐渐认识了其特有的耐旱、耐寒、喜沙质土壤等生物学属性，并注意因地制宜，在生产过程中加以利用。在我国面积广大的山地丘陵区，农业生产环境并不优越，但其水利、土壤和气候条件却比较适合种植玉米，这是18、19世纪玉米在我国山地得以大规模推广和种植的重要原因。

1. 特有的生物属性之一——耐旱

在种植玉米之前，我国面积广大的山地之所以无法有效地实施农业开发，土地利用价值很低，主要原因就是山地水土条件的困扰：一方面，高海拔的山地难以拥有人工灌溉水源，在那里进行农业生产，一般只能依靠天时恩赐，如在四川、贵州一带山区，山田常常被称为"靠天收"[1]、"望天田"。[2] 另一方面，山地坡度大，雨水降落地面以后，滞留地表时间极短，不易渗入土壤，而是顺坡流失，即使有部分雨水被土壤吸收，也因山地多沙质土壤，表土质地疏松，水分往往渗入深层土壤，致使根系较短的传统粮食作物难以吸收水分，种植受限，如麦类作物根系短，"性喜湿，必须土壮脉厚长发有力，故于洼处为宜"[3]。因为上述原因，在玉米种植普及以前，在山地进行农业生产比较艰难。如陕南山区，"该处多系山坡沙地，（雨水——作者注）随落随渗"[4]，"向来夏秋之交，患旱而不患涝"[5]。两楚山地的传统作物，"雨多之年

---

[1] 中国科学院地理科学与资源研究所、中国第一历史档案馆编：《清代奏折汇编——农业·环境》，商务印书馆2005年版，第141页。
[2] 中国科学院地理科学与资源研究所、中国第一历史档案馆编：《清代奏折汇编——农业·环境》，第18页。
[3] 中国科学院地理科学与资源研究所、中国第一历史档案馆编：《清代奏折汇编——农业·环境》，第149页。
[4] 水利电力部水管司水管司、科技司，水利水电科学研究院编：《清代长江流域西南国际河流洪涝档案史料》，中华书局1991年版，第532页。
[5] 水利电力部水管司水管司、科技司，水利水电科学研究院编：《清代黄河流域洪涝档案史料》，中华书局1993年版，第632页。

仅有薄收，稍旱即致失望"①；在皖南、浙西山地，"水高湍急，潴蓄易枯。十日不雨，则仰天而呼"②。

在山地种植玉米，则使因旱情导致作物歉收的可能性大大降低。人们在生产实践中发现：与我国传统的旱地粮食作物相比，"包谷最耐旱"③；嘉庆、道光时期的著名学者、有着实际生产经验的包世臣在《齐民四术》中也这样记载：玉米"尤耐旱"。④玉米耐旱并不是说它需水较少，实际上，它在生长过程中需水量大，单株玉米在生长旺季一天就可吸收2—2.5升的水。但玉米植株生有大量发达的次生根和支持根，根系入土极深，一般在1米左右，在水平方向上约伸展50—60厘米，可从较大范围和深层土壤吸收水分，以满足其生长发育的需要。⑤这一点使在缺水的山地种植玉米成为可能，正所谓"高坡旱地，惟此以宜"⑥。

18世纪中期以后山地大规模种植玉米的实践也证明，玉米确能适应那里的干旱条件，且喜晴惧涝。在山地多晴少雨之年，它通常收成丰稔，我们很难发现这一结论的反面证据；但在其生长期内雨水较多的年份，玉米常常减产甚至绝收。不论是在气候较为干旱的陕西、山西、河南，还是在温湿的四川、云南、贵州、安徽和浙江等均有这样的例证。如1811年，由于川陕楚交界之"老林一带……九月内连雨十余日"，结果大范围内玉米"颗粒未能饱满，秽谷多空"⑦。1904年，云南鹤庆州4、5、6月内因雨水过多，导致"四山包谷亦多坏烂"⑧。等等。

---

① 彭雨新编：《清代土地开垦史资料汇编》，武汉大学出版社1992年版，第166页。
② 许承尧撰，李明回等校点：《歙事闲谭》，黄山书社2001年版，第604页。
③ 戴鞍钢、黄苇主编：《中国地方志经济史资料汇编》，汉语大词典出版社1999年版，第82页。
④ 包世臣撰，潘竟翰点校：《齐民四术》，中华书局2001年版，第6页。
⑤ 参见柴兰高编著：《玉米、甘薯、谷子施肥技术》，金盾出版社2000年版，第6—8页。
⑥ 《中国地方志经济史资料汇编》，第82页。
⑦ 水利电力部水管司水管司、科技司，水利水电科学研究院编：《清代长江流域西南国际河流洪涝档案史料》，第591页。
⑧ 水利电力部水管司水管司、科技司，水利水电科学研究院编：《清代长江流域西南国际河流洪涝档案史料》，第1158页。

2. 特有的生物属性之二——耐寒

一般情况下,海拔每升高1 000米,气温下降6℃。就是说,海拔较高的山地气温要低于同一时间里同纬度的平原或平坝地区。18世纪中期前,我国未能进行农业开发的山地,海拔绝大部分在1 000米以上。海拔过高使日平均气温较低、积温较少,农作物生长发育无法正常进行;即使有的山地可勉强种植粟、麦、稻等,产量也很低,故时人有"山高土冷"不宜农事之说。①

人们在生产实践中也渐渐了解到:玉米具有较强的耐寒性。在海拔较高的山地,它的播种期可迟于平原或平坝地区,并且其生长期也随着海拔的增加而延长,单产却基本上不受影响;在既可种植玉米又可种植"五谷"的高海拔山地,前者的单产优势明显。如在南巴老林地区,"五谷限时树艺",而玉米"自2月至4月皆可种,……种平原山沟者,6月底可摘食,低山熟以8、9月,高山之熟则在10月"②。正是因为玉米有着较强的耐寒特性,使这一时期人们得以在广袤的高海拔山区,或"开辟山地,遍种苞谷"③,或以玉米替代山地上原有的粮食作物。如四川的一些高海拔山地气候寒冷,"惟玉蜀黍可种"④;在湖南的大部分深山穷谷,地气较迟,农业生产主要就是种植玉米;在南巴山区,19世纪前,"山内秋收以粟谷为大庄",但由于粟谷在高海拔山地的单产不敌玉米,即"利不及苞谷"⑤,所以到19世纪初,遍山漫谷皆种玉米;在云南,山民发现一些原先种植水稻的山田,改种玉米,玉米"产量超过于稻",后来"凡寒温热谷地段,俱普遍种植"玉米⑥;在浙江、皖南山地,玉

---

① 中国科学院地理科学与资源研究所、中国第一历史档案馆编:《清代奏折汇编——农业·环境》,第305页。
② 贺长龄、魏源编:《清经世文编》,中华书局1992年版,第2015页。
③ 南京农业大学中华农业文明研究院辑:《方志分类资料》第十二分册《杂粮、马铃薯、甘薯、粮食综合(一)》,南京农业大学藏抄本,第106页。
④ 戴鞍钢、黄苇主编:《中国地方志经济史资料汇编》,第1199页。
⑤ 南京农业大学中华农业文明研究院辑:《方志分类资料》第十二分册《杂粮、马铃薯、甘薯、粮食综合(一)》,第79页。
⑥ 南京农业大学中华农业文明研究院辑:《方志分类资料》第十二分册《杂粮、马铃薯、甘薯、粮食综合(一)》,第101页。

米也在种类繁多的旱地粮食作物中脱颖而出,后来居上。当然,这并不是说玉米是我国当时最耐寒的粮食作物,如在大巴山区,人们就发现:一些地势"高出重霄"海拔过高的山地,种植燕麦和苦荞可有薄收,但玉米却"不能种"。①

玉米的耐寒特性还表现在它成熟之后:"包谷既熟,其穗倒垂",不畏霜雪,且"其穗一经历霜雪,粒更坚实"②,不易从植株上脱落和霉烂。这一点也是我国所有的传统粮食作物以及从美洲引进的薯类等所无法比拟的。

3. 特有的生物属性之三——喜沙质土壤

山地在种植玉米之前农业利用价值不大,还有一个重要的原因就是:山地和近山之地大部分为沙质土壤,不宜耕种。如直隶一带,"近山之地沙土参半,遇雨方可耕种,稍旱即成赤土"③;砂壤土更是不宜种植麦、粟等传统旱地粮食作物,正如包世臣所说:"山多赤土,杂以沙砾,二麦根弱,难为滋茂";④植株外形与玉米相似的高粱也不适应在山地种植,如在陕南山区,人们认识到:那里"土多砂性,不宜高粱"⑤。但砂质山土"最宜包谷"⑥,原因何在?现代农业科学研究表明,尽管玉米对不同的土壤适应性较强,但不同质地的土壤对玉米的产量有较大影响。在质地疏松、通气、保肥、保水的砂壤土上,玉米籽大根粗苗壮,下种后容易出苗,前期生长快,根系发达,后期生长健壮、不早衰,穗大粒重。在板结粘湿的土壤上,情况正好相反,因为玉米根系的呼吸作用受到阻碍,降低了其对氮肥的吸收能力⑦。

在18、19世纪,人们虽然不懂得上述的科学道理,但在生产实践中对玉

---

① 卢坤:《秦疆治略·西乡县》,清刻本,第54页。
② 贺长龄、魏源编:《清经世文编》,第2015页。
③ 贺长龄、魏源编:《清经世文编》,第687页。
④ 包世臣:《齐民四术》,第13页。
⑤ 中国科学院地理科学与资源研究所、中国第一历史档案馆编:《清代奏折汇编——农业·环境》,第216页。
⑥ 中国科学院地理科学与资源研究所、中国第一历史档案馆编:《清代奏折汇编——农业·环境》,第247页。
⑦ 柴兰高编著:《玉米、甘薯、谷子施肥技术》,第15—19页。

米喜砂壤的特性已有认识,并在生产过程中加以利用。如江西武陵县民众认为,在砂壤土山地,"土疏而种植(玉米——作者注)十倍"①;在湖南兴宁县,垦山耕种者发现,土质疏松、多石的山地,"不宜黍麦",但宜玉米②;在皖南歙县南乡山区,由于"土性坚凝",无人种植玉米,但在北乡山地,"石多土薄"而"兴种苞芦"③;在云南麻栗坡,"此处多石山……只产玉麦"④;在南巴山区,多系山坡沙地,到18世纪中后期,漫山遍野被玉米所覆盖,并成为我国当时山地种植玉米规模最大的地区;等等。

二、乾、嘉、道时期垦荒政策的刺激作用

玉米特有的三大生物学属性,使我国第一次有了适宜在高海拔山地种植的旱地粮食作物品种,但这只是为在山地大规模种植提供了可能。山地开垦是在山区进行玉米生产的基础,正是清代乾隆、嘉庆和道光时期允许民人"免税"开垦荒山的一系列政策,奠定了这一生产基础,使玉米在山地广泛推广种植最终成为现实。

清定鼎中原以后,顺治、康熙和雍正三朝先后掀起了四次垦荒高潮,到乾隆时期开垦已达饱和状态。凡是可以种植"五谷"的平地坡田均被开垦殆尽,剩下的绝大部分即是高海拔山地了。这些山地在玉米到来之后相当长的时间里之所以仍为待耕的"处女地",一个重要的原因即清廷新垦土地的赋役政策,使得百姓不可能也不敢大规模地开垦山地种植包谷。如:清初顺治时期,新垦耕地的起科时间,经历了3年—6年—3年的变化;康熙朝这方面的政策更为优惠,由4年到5年再到6年,最终定为10年起科;雍正朝则基本上是新垦水田6年、旱地10年起科。三朝新垦土地起科时间的变

---

① 道光《武宁县志》,道光十八年刻本,第43页。
② 戴鞍钢、黄苇主编:《中国地方志经济史资料汇编》,第1195页。
③ 许承尧撰,李明回等校点:《歙事闲谭》,第604页。
④ 南京农业大学中华农业文明研究院辑:《方志分类资料》第十二分册《杂粮、马铃薯、甘薯、粮食综合(一)》,第105页。

化,不外乎是鼓励民人垦荒,但这些政策对开山种植玉米的行为来说,不可能产生多大刺激效果。理由是:当时,在山地开垦过程中,基本上没有任何保持山地水土的措施,且山地的坡度一般多在25°以上,超过了可垦地的坡度极限;再者,玉米植株最易于将山地"沙土掀松",会无一例外地造成严重的水土流失。①结果,正如雍、乾时期的法敏所言:"至于山田,则有泥面而石骨者,……且山形高峻之处,骤雨瀑流,竟有将田中浮土一旦冲去、仅存石骨者。"②几年之后,"所垦之地已枯为石田",无法继续耕种,但此时新垦地免税期已满,而"所报之粮一定而不可动,始而包赔,继而逃亡,累有司之参罚,责里长之摊赔,所以小民视开垦为畏途,宁听其荒芜而莫之顾也"③。

雍正以后的乾、嘉、道三朝,这方面的情况则截然不同。乾隆认为:要使"民食益裕",必须"野无旷土"④。他在即位之初,面对人口迅速增长、平陆可垦之地几已尽垦的现实,鼓励民众开垦山地,并制定了相关政策:不成坵段的地土免税垦辟,山区坡土自由开发。虽然在这一过程中,各直省的具体规定不尽相同,如:江西、江苏、湖南、湖北、浙江、陕西、甘肃、四川和河南等省,对新垦山地基本上是"永免升科";直隶、山东、山西、安徽、福建、广西等省,则是一定面积以下免予交税;云南、贵州等地,"不能引水灌溉"之山地一律"永免升科"⑤,但产生的结果却基本上相同:大部分省区纷纷掀起了规模不等的开垦山地、种植玉米热潮。

嘉庆朝基本上延续乾隆时期的垦山政策,尽管乾隆时期开垦山地种植玉米已造成严重的水土流失。事实上,情况正如时人严如熠所说:面对迁移不定、浩浩荡荡的垦山大军,政府也"势难禁其入山开垦"了⑥。所以,嘉庆对此干脆持放任自流甚至纵容态度。嘉庆四年,他就曾谕军机大臣等,

---

① 参见张祥稳、富惠平:《清代中晚期山地种植玉米引发的水土流失及遏止措施》,《中国农史》2006年第3期,第17页。
② 彭雨新编:《清代土地开垦史资料汇编》,第135页。
③ 贺长龄、魏源编:《清经世文编》,第687页。
④ 彭雨新编:《清代土地开垦史资料汇编》,第165页。
⑤ 彭雨新编:《清代土地开垦史资料汇编》,第169页。
⑥ 严如熠撰:《三省山内风土杂识》,关中丛书本,第39页。

"朕意南山内既有可耕之地,莫若将山区老林量加砍伐",如此则既有地亩可给民人耕种,又可利用木材,岂不一举两得?①所以这一时期山地种玉米的热潮并没有退去。道光时期继续奉行开垦"零星地土……永免升科"的政策。②其中,河南、山东、云南、贵州、广东等省,所有新垦山地一概免其升科,其他直省则是分别规定每块新垦山地若干面积以下给予免税,因而使开垦山地、种植玉米的行为仍在继续,但规模已大不如乾、嘉时期,因为此时除了边远省份以外,凡是能够开垦种植玉米的山地已所剩无几;再者,在一些地区,政府和民间为了应对山地开垦后出现的严重水土流失问题,纷纷采取多种措施,禁止开垦山地、种植玉米了③。

乾、嘉、道时期百姓在开垦山地、种植玉米的同时,他们大概不会忽视另外两个重要的政策性因素:一是我国当时有大面积的山地属于国有,它们对百姓开垦来说是绝对开放的,即使有的山地名义上被政府封禁,实际上也是徒有虚名,任人垦种。二是在土地所有权上,清政府对开垦者承认其"永准为业"是一如既往、始终贯彻的,也就是说,谁开垦了无主山地,谁就永久拥有这块土地的所有权。

三、山区外来人口对山地所有者的利益诱惑

乾、嘉、道时期政府的垦荒政策,使得百姓可以无偿开垦国有山地,但同一时期,大片属于私人所有的荒山林地,也未逃脱被垦的厄运。本来,这些山地有的已被林木覆盖,如在秦岭、大巴山一带,"古木丛篁,遮天蔽日,长林深谷,往往跨越两三省"④。政府也鼓励人们在山上植树,如乾隆时规定,

---

① 《清仁宗实录》卷五三,中华书局1968年版,第648页。
② 彭雨新编:《清代土地开垦史资料汇编》,第169页。
③ 参见张祥稳、惠富平:《清代中晚期山地种植玉米引发的水土流失及遏止措施》,《中国农史》2006年第3期,第18、19页。
④ 严如熤撰:《三省边防备览》,第20页。

在湖南,山地"不成坵段之处,亦听民栽树种蔬,并免升科"①。但对私人山地的所有者来说,"十年种树,其利不在目前"②,所以他们往往对植树造林兴趣不大;再者,在栽种玉米之前,山主的很大一部分山地实际上难以利用,任其闲置。所以,当有外来人口希望租赁山地耕种的时候,山主也很自然地愿意以极低的租价,将山场若干年的土地使用权一次性出卖。如在皖南徽州一带,"荒山百亩,所值无多,而棚户可出千金、数百金租种,……或10年、或15年、或20年至30年"③;在川、陕、楚交界,"老林之中,其地辽阔,……山川险阻,地土硗瘠,故徭、粮极微,客民给地主钱数千,即可租种数沟数岭"④;在浙江山区,"山价之高下,各视土之厚薄为衡,……山之粮税,约较田税十分之一",客民"初至时以重金啖土人,……乡民贪目前之小利",将山场廉价出租⑤;在云、贵、川交界的大娄山地区,汉人向彝族土司租赁山地,"土司及夷人出佃之时,不过稍得山价"⑥,租金极低;在湘鄂西山区,"附近川黔两楚民人,或贪其土旷粮轻,携资置产",来此垦荒⑦;等等。而客民租山的主要目的便是垦种玉米,所谓"熙熙攘攘,皆为苞谷而来"⑧。

外来民人在租赁私人山场时,基本上是一次性交清承包期租金。这样做一使山主不会有拖欠或拒交租金之虞,更愿意出租土地;二是一次性交纳数目可观的租金,对山主有很大诱惑力。租赁关系普遍以契约的形式确定,如在大巴山区,"山内垦荒之户,写字耕种",或"立约给其垦种"⑨;

---

① 彭雨新编:《清代土地开垦史资料汇编》,第167页。
② 道光《石泉县志》,道光二十九年刻本,第66页。
③ 道光《徽州府志》,道光刻本,第132页。
④ 贺长龄、魏源编:《清经世文编》,第2022页。
⑤ 道光《乌程县志》卷三十五,清道光刻本,第43页。
⑥ 胡庆均著:《明清彝族社会史论丛》,上海人民出版社1981年版,第184页。
⑦ 赵冈著:《中国历史上生态环境之变迁》,中国环境科学出版社1996年版,第58页。
⑧ 南京农业大学中华农业文明研究院辑:《方志分类资料》第十二分册《杂粮、马铃薯、甘薯、粮食综合(一)》,第76页。
⑨ 严如熤:《三省边防备览》,第17页。

在皖南徽州,客民与山主必须"写立批约"①;浙江棚民租山时也是"立券招租"②;等等。也有赁山者采取主佃分成制,将所获之玉米与山主均分,但这种形式存在极少。契约可以有效保护山场承包者的利益,使他们免除了山主悔约之忧,因为这类契约在当时是受国家法律承认和保护的。所以,当后来垦山种植玉米对当地生态环境带来了严重危害时,山主对租赁者束手无策,政府在一些地方驱逐垦山棚民、禁种玉米,也只能以"契约为断"③。

对于外来垦山者来说,或无偿开垦国有山地,或廉价而安全地租赁私人山场,一旦"垦地成熟后,布种苞芦,获利倍蓰,是以趋之若鹜"④。因而自乾隆朝始,随着时间的推移,垦山人数愈来愈众。如在川、陕、楚老林地区,开垦山地种植玉米约始于乾隆中期,到嘉庆时,已达数百万人之多;在浙江山地,棚民"开种苞谷,引类呼朋,蔓延日众"⑤,至道光时期已有人满为患之虞,政府不得不采取多种措施驱赶其返回原籍。在其他直省的山区,情形亦大致相同。

如果把这一时期玉米能够在山地大规模种植之功,仅仅归属于山区的外来人口,则是有失公允的。实际上,在很多地方,当土著们亲眼目睹了垦山种植玉米确实投资少、见效快、获利丰厚之后,便立即与外来垦山者融为一体,成为乾、嘉、道时期山地玉米生产大军的重要组成部分。如在陕南深山老林,尽管"土著人少,所种不过一二"⑥,但当地居民已参与其中是确凿无疑的了;在湖北宜昌等府,"土人多开山种植包谷"⑦;在皖南徽州等地,当地百姓对开山种植玉米,"始惑于利,既则效尤"⑧;等等。

---

① 《嘉庆朝安徽浙江棚民史料》,《历史档案》1993年第1期,第25页。
②③ 刘秀生:《清代闽浙赣皖的棚民经济》,《中国社会经济史研究》,1988年第1期,第58页。
④ 道光《徽州府志》,第32页。
⑤ 刘秀生:《清代闽浙赣皖的棚民经济》,《中国社会经济史研究》,1988年第1期,第54页。
⑥ 严如熤:《三省风土杂识》,第27页。
⑦ 南京农业大学中华农业文明研究院辑:《方志分类资料》第十二分册《杂粮、马铃薯、甘薯、粮食综合(一)》,第103页。
⑧ 许承尧撰,李明回校点:《歙事闲谭》,第604页。

四、市场对玉米的认可和在玉米价格对生产的刺激

18世纪中期至19世纪中期,玉米之所以能够在我国山地广泛推广和种植,除了上述三大因素之外,市场对玉米这一新的粮食品种的认可和在价格上对玉米生产的刺激,也起了不可忽视的作用。

随着玉米在我国种植范围的扩大和总产量的提高,其中的一部分逐渐由劳动产品转变成商品,进入流通领域,并取得市场认可。如早在乾隆时期,湖北一些州县的常平仓、社仓中已有了玉米的贮藏[①],说明当时玉米已进入赈贷借粜环节,在粮食市场,消费者已把它与"五谷"一视同仁了。在19世纪末的陕西商州,丰稔之年,山民把玉米"驮运咸宁引驾卫销售,或易盐入山"[②]。嘉庆时期,在云、贵、川交界的大娄山等边远地区,彝族民人"每逢场期",将玉米等"背负出与汉人易换布匹针线等物"[③]。在清末的广州府,还有将玉米"制入罐头贩外洋者"[④],玉米已进入海外商品市场。

在粮食市场上,玉米的价格也非常可观,使种植者更加有利可图。如18世纪中期,在湖南桑植,虽然玉米"每石价不足当粟米之半"[⑤],但按照当时通行的稻米换算率,玉米的价格与稻谷已不相上下了;前文已述,即使在一些高海拔山地可以种植水稻,但玉米的单产往往超过于稻,且"大米不及苞谷耐饥"[⑥]。所以,通过单产、价格和使用价值的比较,山地种植玉米显然较水稻有利;在18世纪中后期的南巴林区,每石玉米约值"4、5百钱",为米价之半,但到了19世纪初,若遇歉收之岁,每石约值银7、8两,即使在丰

---

① 参见龚胜生著:《清代两湖农业地理》,华中师范大学出版社1996年版,第132页。
② 戴鞍钢、黄苇主编:《中国地方志经济史资料汇编》,第81页。
③ 胡庆均著:《明清彝族社会史论丛》,第189页。
④ 戴鞍钢、黄苇主编:《中国地方志经济史资料汇编》,第83页。
⑤ 王思明等编:《万国鼎文集》,第198页。
⑥ 南京农业大学中华农业文明研究院辑:《方志分类资料》第十二分册《杂粮、马铃薯、甘薯、粮食综合(一)》,第103页。

收之年,"亦需2两上下",与大米之价已大体相当了。①道光时期,在四川中江县,玉米的价格要大大高于大麦、高粱,接近大米和小麦,到清末仍是如此②;19世纪七、八十年代,在四川南溪县,玉米、大麦、小麦的价格基本持平,但到了19世纪末20世纪初,玉米的价格反而超过了大麦、小麦③。

这样看来,开垦山地种植玉米,一方面可以为垦山者提供其生活所必需的食粮,另一方面,市场对玉米的准入且它不菲的价格,也刺激人们进行或扩大玉米生产。市场这只"看不见的手",必然会进一步引导人们从事这一低成本、高收益的开山种玉米活动,扩大玉米在山地的种植范围和规模,提高玉米总产量。

综上所述,在18世纪中期—19世纪中期,在人地矛盾本来尖锐的情况下,人们没有理由不选择在高海拔山地从事玉米生产,玉米在山地得以大规模种植势在必然。对于这一行为的前景,时人曾有过梦幻般的遐想:玉米"青梗如竹,绿叶如茅,不惟裨益农田,抑可点染山色,令兹土者实有后望焉"④。不可否认,大规模的开垦山地,种植"价值与谷相等,贮之于仓能历数岁,其梗叶可以代薪、糠秕可以饲猪"⑤的玉米,对当时我国经济社会的发展确实起到了一定的积极作用;但与此同时,它对我国原本脆弱的生态环境造成了严重破坏且影响深远。令人遗憾的是,尽管当时官方和民间都渐渐认识到这一问题,一些地区也采取了相关的遏制措施,但收效甚微,而且这一行为至今仍在一些山区延续。

(本文原载《史学月刊》2007年第5期)

---

① 贺长龄、魏源编:《清经世文编》,第2019页。
② 戴鞍钢、黄苇主编:《中国地方志经济史资料汇编》,第831页。
③ 戴鞍钢、黄苇主编:《中国地方志经济史资料汇编》,第832页。
④ 南京农业大学中华农业文明研究院辑:《方志分类资料》第十二分册《杂粮、马铃薯、甘薯、粮食综合(一)》,第62页。
⑤ 中国科学院地理科学与资源研究所、中国第一历史档案馆编:《清代奏折汇编——农业·环境》,第111页。

清代乾隆朝中央政府赈济灾民政策落实情况研究

——以乾隆十一年江苏邳州、宿迁、桃源三州县水灾赈济为例[①]

张祥稳

清代乾隆朝是我国历史上的王朝盛世，也是自然灾害的多发期之一，所谓"天灾流行，国家代有"[②]，"盛世不免"[③]。面对频繁的自然灾害，乾隆帝命令大小官员不得讳灾、匿灾，"无论灾之大小悉令奏闻"[④]，一旦踏勘"成灾"（收成因灾减少50%以上），政府即按成灾分数给予灾民以规定或"破格"的财物救济——赈济，一般灾停赈止。政府真正对灾民实施赈济的主要形式有三：抚恤、加赈和展赈。乾隆四年、五年和七年，清廷分别首次确定了应赈灾民日给米的数量标准、成灾分数与能否享受加赈的关系和赈济期限。[⑤]（见表1）从此以后，灾民的赈济始有章可循，实行"俱按被灾分数"和贫困等级给赈的原则，但同时要求特殊情况要特殊对待，"不得拘泥于常例"[⑥]。为了使灾后赈济工作更加积极有序有效开展，乾隆朝在总结前代有关理论和政策的基础上，在十年左右的时间里，逐步形成一套完整、固定的赈济程序，并使之走上经常化、制度化和法定化轨道。对地方官"赈济不周者，即行严参；倘不实心办理"，必将之"从重治罪"[⑦]。笔者研究认为：乾隆

[①] 引文及数字除注明外，均来自清代佚名所辑之《赈案示稿》，中国科学院图书馆藏抄本。
[②] 〔清〕万维翰著：《荒政琐言·序》，清乾隆癸未年重刻本。
[③] 〔清〕劳潼辑：《救荒备览》卷之一，《录王汝南〈赈恤纂要〉》，清道光三十年重刻本。
[④] 陈振汉、熊政等著：《清实录经济史资料——农业编》（第二册），第三章：《农业生产》，第五节：《生产情况》，北京大学出版社1989年10月版。下同。
[⑤] 〔清〕彭元瑞等纂修：《孚惠全书》卷二十七《偏隅赈济一》，上海辞书出版社图书馆藏本。下同。
[⑥] 参见同治《户部则例》卷八十四；《清朝文献通考》卷四十六《国用八》；〔清〕姚碧辑：《荒政辑要》卷一《灾赈章程》。
[⑦] 从《清高宗实录》、《孚惠全书·偏隅赈济》等文献可见，乾隆在赈济问题上一再要求如此。

时期中央政府的赈济政策是我国古代最全面、最完备、最宽大的时期。但对灾民来说,政策的落实是关键。各被灾州县在实际赈济过程中,究竟有没有使政策兑现,又兑现到什么程度?本文试着就这一问题,对乾隆十一年江苏邳州、宿迁、桃源3州县的灾后赈济进行比较研究,管窥乾隆朝中央政府灾民赈济政策的落实情况。

邳、宿、桃3州县是当时全国自然灾害多发区之一,特别是水灾,在乾隆年间至少分别发生过41、31和33次[①],"每年春夏之交,栽种甫毕,横流随至,渺弥一片"[②]。乾隆十一年六月上、中旬就发生了严重的洪涝灾害,境内运河伏汛水位达到清定鼎以来的最高值[③],成灾人口共85万左右,水毁房屋达27 282间。于是,从当年六月至次年麦收之前,政府投入了大量的人、财、物力,对以农民为主体的灾民开展了多方位的赈济,并特地委派一位道员担任督赈官,专门对3州县的赈济工作进行全过程、全方位的指导和监督。

一、勘灾和审户——确定赈济对象和给赈标准

政府要对灾民进行赈济,首先涉及一个关键问题:对什么样的灾民施以什么程度的赈济,即第一步必须明确赈济对象及其所享受的赈济等级。这一基础性工作必须通过"履勘分数及查报饥口"来实现。唯有如此,才能使政府掌握田亩的受灾程度和灾民的艰窘状况,使"有地之家与无田之户,均在分别等级,酌量周恤之内"[④]。

履勘分数——勘灾,即官员对每块被灾田亩进行踏勘,确定其收成减少的百分比。勘灾对灾民来说显然是至关重要的,因为成灾的重轻与将来所得

---

① 根据《清代淮河流域洪涝档案史料》、《徐州府志》、《宿迁县志》、《重修桃源县志》等资料统计。
② 胡蛟龄:《海州请筑圩岸疏》,《清经世文编》卷一一一《工赈十七》,中华书局1992年版。下同。
③ "6月24日署理江南河道总督顾琮奏。"《清代淮河流域洪涝档案史料》(乾隆十一年),中华书局1988年版。下同。
④ [清]吴元炜:《赈略》卷上《摘例》,天津图书馆藏抄本。下同。

表1　乾隆时期成灾、贫困等级与给赈（加赈、抚恤）规定一览表

成灾等级	10分灾		9分灾		8分灾		7分灾		6分灾	
贫困等级	极贫	次贫	极贫	次贫	极贫	次贫	极贫	次贫	极贫	次贫
给赈月数	4	3	3	2	2	1	2	1	1	无
开始给赈	10月	11月	11月	12月	12月	腊月	12月	腊月	腊月	\
抚恤	"实在乏食贫民"，均给1个月口粮，遇小建一般不扣；房塌人亡给银抚恤									
日给标准	大口米5合，小口减半；除抚恤1个月口粮外，遇小建扣除									

说明：1.资料来源：〔清〕汪志伊：《荒政辑要》卷四《散赈》。
2. 6、7、8、9、10分灾即收成分别减少60%、70%、80%、90%和100%。
3. 6分之极贫和7、8分之次贫也可于次年正月给发。
4. 坍塌房屋和身毙抚恤银，发放标准存在省际差异；大小口年龄界限也存在地区差异。

赈济额是成正比的；对于踏勘官员来说，它也确是一项非常棘手的工作：在一定期限内，不但要"查勘获实"，还"必须周详迅速"；既要贯彻朝廷一再强调恪守的"宁宽勿刻"原则，又不允许有过宽、过滥现象。① 另外，灾种不同，踏勘难度也不一样。清人万维翰有言："水灾难勘。旱灾则一望而知。"② 邳、宿、桃3州县在此次在勘灾定等过程中，按照中央政府的有关政策、"成例"和督抚、督赈官的要求，印委各官采取"分片包干"的形式，分头"亲赴被水各村庄履亩查勘"。到八月中旬左右，各勘灾官员基本上都按时完成了勘灾工作，只有宿迁县存在极少数对成灾区漏勘、勘灾迟缓的现象。

查报饥口——审户，即以户为基本单位，对灾发地每一户的殷实或艰窘情况进行综合审察，根据其"有力无力"来确定极、次贫。审户是整个赈济过程中最繁琐、最困难的一项程序。明代的林希元认为，"救荒有二难"，其中之

---

① 从《清高宗实录》、《孚惠全书·偏隅赈济》等文献可见，乾隆在赈济问题上一再要求如此。
② 〔清〕万维翰：《荒政琐言》之《查灾》。

一就是"审户难"①。因为成灾地区的每一户总是想方设法给审户官员们一个家境"无力"的印象,力争被纳入极贫。对官员来说,申户难就难在一方面朝廷对此有严格的规定期限,另一方面它所要考虑的因素弹性较大,难于把握,确定极次贫尺度掌握既不能过刻又不能过松。3州县的申户与勘灾基本上是在同一过程中进行的。两江总督尹继善和江苏巡抚陈大受等一再强调:"查造饥口,最关紧要",总体上仍要遵循"宁宽勿刻"的原则。在审户中,各州县也是按照中央有关政策和督抚、督赈官的要求,几乎与勘灾同时如期完成了此项工作。督赈道员在亲自审查、委员抽查和派人密查后,所得出的结论是:桃源县完成情况较好,其他两州县由于审户官员或百姓自身等原因,出现了一些问题,问题最严重的是宿迁县,"极贫户口多有遗漏"、"减报口数甚多"。

在此有必要对勘灾和审户过程中确定灾贫等级的结果予以分析,即在中央政策的统一指导下,在同一督抚和督赈官的指导和监督下,3州县确定灾贫等级尺度宽严的掌握情况会有多少差别。

表2 3州县极次贫情况、次贫计划给赈额(加赈)及塌房数一览表

类别 州县	赈济总人数	十分极贫	次贫大口	次贫小口	次贫计划赈额	塌房间数
邳州	348 746	*18.54%	175 131	108 952	55 951.8	3 124
宿迁	265 750	*23.41%	156 323	47 206	67 257.75	5 995
桃源	219 894	*28.37%	106 388	51 111	*51 906.4	*18 163

说明:1. 资料来源:〔清〕佚名:《赈案示稿》,中国科学院图书馆藏抄本。下同。
2. 带*数字为笔者根据有关政策和数据计算得出,下表同。桃源县次贫给赈额是于次贫计划赈济数中扣除抚恤额后所得(该县在上报中只笼统称之为"共需赈米",笔者认为应包括抚恤一月口粮数额);给赈额、人均给赈单位为两银或石米。
3. 各项数字截止时间为乾隆十一年八月二十八日,后来补入不计在内。
4. "十分极贫"项下的百分数为十分极贫占所有赈济人口比例。"次贫"是指所有成灾等级之次贫。

① 〔清〕陆曾禹著:《钦定康济录》卷四《摘要备观》之《明代林希元〈荒政丛言·疏〉》。日本纪藩含章堂藏刻本。下同。

这次3州县水灾，据身临灾区的泰州学正周仲霈禀报：邳州"被灾情形较桃、宿尤重，坍房甚多，在城居民稀少，无异乡村"。根据上述及表2至少可以得出4点结论：一是邳、宿、桃3州县应赈人口总数是依此递减的，但"十分极贫"人口占赈济总人口的比例却是递增的，说明在勘灾和审户过程中，邳州在确定10分灾之极贫人口时所掌握的尺度是最严的，宿迁县次之，桃源县最为宽松。实际上3州县极贫人口所占的比例应该大致相同才较为合理。即使按照督抚的要求，把房屋坍塌之次贫户当极贫对待，也对这一比值影响不大。二是尽管3州县在上报的次贫大小口中，没有明确指出某一等级次贫若干，但将表1所列的给赈标准和3州县的次贫申请赈济银粮数结合起来考察，桃源县的次贫几乎全是10分之次贫人口，因为按这样计算，在扣除3个小建之后①，该县实际所需银粮与申请银粮额基本持平；邳、宿二州县则与桃源县大相径庭，其次贫灾民如按10分次贫标准给予赈济的话，将分别缺米22 000石和银15 000多两。邳州和宿迁县已确定次贫最少给赈分别为1和2个月，这样，按照定例，宿迁对灾民最次是按9分之次贫对待的，邳州的次贫灾民则必然有相当一部分是按7、8和9分之次贫对待的。可见，邳、宿2州县在确定次贫灾民时，所把握的尺度与桃源县相比，也显得过紧。三是邳州75 000多次贫户中，大约有10万左右的小口没有被纳入赈济对象。宿、桃2县成灾户中平均每户约3.7人，邳州之极贫每户也有3.72人，各灾贫等级小口的比例皆大于大口，只有邳州次贫大、小口出现了16∶1这一不可思议的比例，邳州为"全灾"，所有大小口均应是赈济对象，那么只能解释为有近一半的次贫小口被"忽略不计"了，它是不可能把小口作为大口对待的，因为其次贫又出现了每户只有2.47人的反常现象；也绝不可能把10万次贫小口纳入极贫的，邳州的极贫大小口总共只有6万多。四是督、抚、道等官员在确定灾民被灾等级的问题上，也的确希望各州县能够贯彻乾隆帝"宁滥无遗"的宗旨，反对过刻行为，"宁宽勿刻"并未仅仅停留在口头

---

① 郑鹤声编：《近世中西史日对照表》，中华书局1981年版。

上。如桃源县由于政策从宽,民情"安贴",没有灾民外出,受到了督抚的肯定和督赈道员的表扬,而邳州和宿迁县的官员却受到批评,尤其是宿迁县令,督赈道员在向督抚的汇报中,说他"为人拘泥固执,办理灾务,未免区别过紧"。显然,该道员对宿迁地方官灾贫尺度把握过严的做法颇为不满。

二、给赈时间的及时性和有效性

对灾民们来说,赈济的落实是最关键的。在赈济对象确定之后,接下来便是最关键的一道程序——给赈。给赈的时间极其重要,即赈济银粮只有及时发放到灾民手中,才能收到较好的救济效果。明人周孔教说,"极贫之民宜赈济"①,他所说的"极贫"即是等米下锅、非赈济无以维持生存之灾民。所以,给赈时间如果不当,"俾民食得资接济"、"毋致失所"的目标②就无法实现,赈济也就发挥不了它应有的作用。

抚恤。首先必须说明的是,乾隆时期的灾民抚恤既不是现代意义上的抚恤,也不是单纯对家破人亡户施以经济上的救济③,其主要内容是政府在灾后最早实施的、给予所有"实在乏食贫民"1个月口粮的赈济行为,遇小建不扣除,也称为急赈、先赈等。抚恤的对象是那些朝不保夕的极贫灾民,按照乾隆二年规定,"凡遇猝被水灾,"地方官要立即对生计没有着落的灾民予以抚恤,可一面办理,一面奏闻,否则"惟该督抚是问"④。

此次3州县由于"猝被水患,淹没田禾,冲坍房屋,一切口粮什物漂淌一空",加上天气炎热等因素,一部分灾民的可以说是命悬一线。乾隆在得到灾情报告后,向大小臣工惊呼:"仓粟库帑尔莫惜,沟壑待救难蹉跎。"⑤从六月中下旬始,抚恤工作便迅速有序地开展起来。按例于八月内发放的1个

---

① 〔清〕陆曾禹著:《钦定康济录》卷四,《摘要备观·明代周孔教〈抚苏事宜〉》。
② 从《清高宗实录》、《孚惠全书·偏隅赈济》等文献可见,乾隆在赈济问题上一再要求如此。
③ 参见李向军:《清代荒政研究》第三章之《清代的救荒措施》,中国农业出版社1995年版。
④ 〔清〕彭元瑞等纂修:《孚惠全书》卷二十七《偏隅赈济一》,上海辞书出版社图书馆藏本。下同。
⑤ 《孚惠全书》卷四十八《截拨裕食二》。

月抚恤口粮也提前发放给灾民；由于灾民房屋大量坍塌，邳州在抚恤过程中首先对搭棚栖止之民，"按户先行抚恤"，这一部分灾民在10天左右的时间里得到了一个月的抚恤口粮；极贫之户的一个月口粮抚恤要稍微滞后，基本上是在成灾分数确定之后，"随查随给"，发到灾民手中的都是"抚恤银封"，八月上、中旬这项工作已接近尾声；调查坍塌房屋间数是从七月下旬开始的，发放修复补助资金则要进行得晚一些。桃源县的情况也大体如此。到九月初，邳、桃的抚恤工作才宣告结束。我们认为，按这样的顺序进行抚恤是较为合理的，它正是遵循了急赈的及时性和有效性原则。宿迁县确定抚恤对象是与其他两县按统一标准同步进行的，但时至8月6日，"抚恤银封"尚未发放到灾民手中。县令钱朝模的解释是："民情安贴，毋庸先行抚恤"，"抚恤太早，愚民必至花销，待至寒冬，转致饥寒交迫"。他竟不知"未有应抚恤者而可从缓"这一基本道理；再者，当地民情也并不"安贴"，8月初县城就发生了百姓"闹赈"事件。① 这一迟缓行为在督赈道员给以严厉批评后才开始纠正。

加赈。亦称大赈，即对所有灾民按被灾分数和贫窭等级分别给赈。它是抚恤之后规模更大的政府赈济行为。对不同灾贫等级灾民的第一次给赈时间从表1可知，大体遵循"循序递给，总于腊月赈周"，一般情况下每次发放1个月口粮，日给标准与抚恤相同。此次3州县加赈时的给赈时间，"系照五年定例办理"，分4次发放。第一关赈粮于九月底十月初发放，第二、第三关依次推迟1个月，最后一关于腊月底"俱可放完"，这样就比"定例"提前了一段时间。这一结果与当时淮安知府的努力有直接关系，他认为所有极贫和塌房户已得到1个月的抚恤口粮，而水灾发生3个月之后，次贫与极贫灾民的困窭情形已相差无几，也急需救济，所以发放不能过于迟缓；总督尹继善对此举的批示是："权其缓急，勿过拘泥"，可视情况权宜办理。结果，加赈在发放时间上没有固守成例，使灾歉地区的饥民较为及时地得到了赈

---

① 《康雍乾时期城乡人民反抗斗争资料》下册，中华书局1979年版，第564—565页。

济。由于次贫灾民占赈济人口绝大部分,这样做对防止灾民大量漂泊流移、稳定社会秩序起到了重要作用。

展赈。若加赈之后,灾民次年开春之际仍然"非赈无以糊口",即对之再次予以赈济。加赈之后的再赈即展赈。"新正加恩"展赈是乾隆朝的一贯方针。[①] 展赈每次领赈额和日给标准与加赈相同,给发月份多少和开赈时间根据实际受灾情况而定,没有成规,灾退赈止。邳、宿、桃3州县一年收成全靠麦子,此次水灾使当年"秋成"损失惨重,积水直至次年仍未全部消退;加赈结束之后,"遥计四月麦收之期尚远",展赈已成必然之势。乾隆帝就曾注意到:"若照常加赈,恐冬末春初,赈期已满,小民仍不免于困苦",于是下令对江苏邳、宿、桃等10州县实行展赈。[②] 结果,3州县9、10分极贫灾民给赈3个月,次贫和7、8分灾极次贫给2个月,6分极贫给1个月;给赈3个月的正月底起放,2个月的2月底给放,1个月的3月底给放,仍是"循序递给"。从理论上说,在加赈之后,正处青黄不接之际,这样的展赈发放时间应是合理、切实的。因为它保证了对灾民赈济时间和钱粮供给上的连续性,可以在一定程度上为所有灾民提供最基本的生存条件。

三、灾民的给赈数量问题

坍塌房屋抚恤。按乾隆时定例,下江水灾坍塌房屋,政府对无力之家每间给银4钱5分,瓦房每间7钱,灾情严重也有加给的可能。但乾隆时期该抚恤标准存在地区差异,且在执行过程中有愈来愈严的倾向。如对坍塌房屋的有力之家不与银两,有正房与披房之别,根据人口而不是按照塌房实际间数限给等。[③] 笔者根据3州县八月底上报的材料,对此次赈济中的政策性数字与实际发放数字进行了统计分析。虽然材料中没有显示邳州和桃源

---

① 从《孚惠全书》之卷二七至四六《偏隅赈济》一至二十中可见,乾隆朝几乎每年都有此举。
② 《孚惠全书》之卷二九《偏隅赈济》三。
③ 参见〔清〕汪志伊:《荒政辑要》卷四之《坍房修费》。

坍塌瓦、草房屋的准确数字，但通过计算发现3州县共塌房27 282间，其中仅桃源县有3间瓦房，其他全为草房。所有坍塌房屋在开始抚恤时均是按上述标准给发修复银两的，此项开销共耗银12 277.65两。后因该地区灾情较重，乾隆为了使灾民"及时缮葺，早得宁居"，准其照10年之例每间加银2钱。①这样一来，塌房修复银又增加5 456.4两。3州县此项支出共银17 734.05两。由于此次因灾死亡人数极少，仅桃源县有3人，所以对此项抚恤材料没有涉及，但也应该是按江苏省大口8钱、小口4钱的成例给以棺殓银的。②

抚恤1个月口粮、加赈、展赈，无论是哪一种形式的赈济，当时都是大口日给本色米5合或折色银5厘，小口减半，每米1石准折银1两（展赈1两2钱），一般扣除小建。通过对有关材料的分析和计算，笔者得出了3州县的相关数字。

表3　乾隆十一年3州县极次贫民、急赈、加赈数统计表

类别 州县	抚恤1个月 口粮总额	极贫口数 （10分灾）	6—10分灾 次贫口数	加赈总额	极次贫人 均加赈额	次贫人均 赈额
邳州	7 682.175	64 663	284 083	86 680	0.248 5	*0.196 95
宿迁县	7 967.85	62 221	205 025	99 117.75	0.370 8	*0.330 45
桃源县	7 712.025	63 295	157 870	90 466.5	0.411 4	0.378 53

说明：1. 资料来源：《赈案示稿》。
　　　2. 米每石本色合折色银1两，加赈额单位均为石米或两银，当时大部分情况下银米兼施。
　　　3. 贫生赈济数额，材料中只有桃源县在加赈中显示为大小口3 181，需赈银1 193.85两，其他两州县缺，故未列入表3。

笔者发现，表3中所列的极贫人口在加赈中都是作为十分灾之相应等级对待的，3州县极贫人口与之前的急赈人数是基本相同的。只宿迁县出现了其他两州县没有过的现象，即加赈中的极贫比原先抚恤时减少了24人。桃源县贫生（贫乏生员）的给赈标准要比"齐民"苛刻一些，其极贫大小口

---

① 《孚惠全书》之卷二九《偏隅赈济》三。
② 参见〔清〕汪志伊：《荒政辑要》卷四之《坍房修费》。

没有达到"齐民"28.37%的比例,人均给赈前者也比后者少银0.031两。在加赈中,邳州的人均赈济额只有宿迁和桃源的67%和60%,次贫灾民的平均赈济额也只有宿迁、桃源的59.6%和52%。这就再一次证明了前文的推断,即邳州和宿迁县次贫灾民在加赈中,相当一部分没有按十分灾次贫对待,只得到了1个月或两个月的赈粮。显然,这对邳州和宿迁县的灾民来说是不公平的,实际上3州县的灾情相差无几,邳州略重,对此前文已经述及。这种情况在后来的春正加赈中表现得不太明显,因为展赈中没有"再照成灾分数逐层区别"。当时的徐州知府曾对这样的做法予以解释:所有灾民,"次贫延至岁外,几与极贫相似"。乾隆本人也有这样的考虑,他在12年正月曾主动提到这一地区"被灾9分者应否照10分之例加赈"的问题。① 那么,此次赈济,3州县的给赈数量到底有没有问题呢?

表4 乾隆十一年3州县水灾展赈、坍塌房屋、席棚银、赈济总额一览表

州县\类别	展赈				坍塌房屋抚恤银	席棚银	各项赈济总额	人均共给赈额
	总额	人均赈额	极贫人均赈额	次贫人均赈额				
邳州	96 537	0.276 8	0.427 7	0.291	2 030.6	925.716	193 856	0.555 8
宿迁县	83 008	0.310 6	0.460 8	0.318	3 896.75	*1 778.17	195 769	0.732 5
桃源县	67 510	0.305 2	0.438 6	0.302	11 806.7	*5 387.3	184 076	0.832 3

说明:1. 资料来源于《赈案示稿》。
2. 由郑鹤声编之《近世中西史日对照表》可见,展赈中只3月份遇小建,计算展赈额时笔者将之忽略不计。
2. 展赈各项数字均为笔者根据有关政策及成灾人口综合考察后所得之约数。
3. 表中所有数值的单位是石(米)或两(银)。

对照表3、表4,可以看出这样一些情况:一是邳州展赈总额比加赈总额上升了约11%,而宿迁县和桃源县却分别下降了16%和25%,展赈中3州县各项人均赈额不像加赈中那样差距过大。这是由于展赈时的给赈政策是

---

① 《孚惠全书》卷三十《偏隅赈济》四。

向次贫倾斜的,次贫与极贫的给赈月份多少没有拉开距离,邳州灾民人口基数较大,且次贫灾民所占灾民总数的比例,比宿迁和桃源分别高出5和10个左右百分点。二是表3、表4中所列出的各项灾民平均赈济额中,邳州灾民的每一项数值都是最低的,这就用事实证明了"履勘分数和查报饥口"对灾民能否得到赈济和得到多少赈额来说是何等重要。督赈道员对宿迁县令钱朝模在赈济过程中"过刻"的批评是恰如其分的,但该督赈官在履行监督职责方面也存在较严重的失职。因为邳州以韩州牧为首的印委官员们在勘灾、审户中的苛刻行为,自始至终没有受到申饬和纠正。三是3州县只对10分之极贫给予抚恤1个月口粮,而其他灾民却与抚恤无缘,其实这并不符合"成例",这个问题非常值得注意。在此之前,全国已有很多被灾州县特别是水灾地区,在抚恤1个月口粮时,其对象是所有"实在乏食贫民",至少被灾10分之灾民是不分极次贫的。次贫群体被督抚等高级官员们遗忘,也许他们当时还不知道有这样的"成例"可以援引。如果按成例办理的话,仅桃源县次贫灾民就可多得抚恤银19 818两,这笔赈银对不少次贫灾民来说可能是关乎生死存亡的。虽然乾隆一再表白,如赈济所需,"即于常例之外,多用帑金,朕亦无吝惜"①,但督抚们还是在这一点上表现出了"无知"。

四、赈给本、折及粮食来源问题

给发本折:自古以来,政府对灾民赈济,主要发给米粮(本色)以救燃眉之急,"米不足,或散钱(折色)与之",或银米兼施。②乾隆一贯主张尽可能给灾民以本色,他即位之初专门为此下了一道谕旨,明确指出:"米石出入,上司亦易于稽查",如给银两,"贪官滑吏浮冒侵蚀,更弊端百出矣";要求地方官详细调查当地的实际情况,若邻近地区米多易运,即给以本色,"若粮少

---

① 〔清〕姚碧辑:《荒政辑要》卷一《灾赈章程》,清乾隆三十年刻本。下同。
② 〔清〕陆曾禹著:《钦定康济录》卷四,《〔宋〕董煟〈救荒全法〉》。

难运,著暂行银米兼赈,酌定价值",给以折色。① 官方所定基本折价是每石米麦折银1两以上,谷则减半。我们应该关注的是,赈济中给银或发粮对灾民是否有异曲同工之效。

3州县在乾隆十一—十二年的赈济中,以发银为主,给粮为辅。抚恤一月口粮和给发房屋修复费用,各州县都是给发银两,而没有本色。加赈之际,由于赈济所需的粮银数额较大,省、府官员们在对救灾是施银还是给粮的问题存在有不同意见,并进行了一番争论,最后确定其总的原则是:各属"不必拘定月分,酌量仓储情形,通融本折兼放"。实际情况和效果见以下分析。

表5　3州县加赈给发灾民银米情况(八月廿八日之前)

类别 州县	本地仓储	协赈米	人均米（麦）	已拨库银	需续拨库银	本色比重
邳州	2 400	16 000	5升2合	31 986.26	36 293.74	21.22%
宿迁县	0	14 000	5升2合	49 335.15	35 782.60	14.12%
桃源县	2 118	14 000	7升3合	22 324.25	52 024.28	17.81%

说明:1. 资料来源:《赈案示稿》。
　　2. 仓储均为米和麦,1石米与1石麦在赈济时是等量齐观的。
　　3. 米麦单位除注明外均为石,库银单位为两。

从上表可以看出,3州县在加赈开始前拥有的本色极少,因为是"积歉之区",加上本地灾前没有及时买补,致使"仓储多缺"。虽然各州县都得到了省内一些州县的协赈米,但现有的米粮仍极其有限。每一州县在请示报告中,都明言不敷的是加赈"米粮"而不是赈银。从3州县的禀报材料显示,有关加赈已有、所需的粮银数字,从七月十六日至开赈在即的八月底,手中掌握的本色、折色比没有丝毫变化。这样一来,灾民在加赈中得到的本色只有邳州达到总赈济量的21%左右,宿、宿2县分别只有14%和18%左右。展赈时米麦所占的比重更小,因为督抚等声称,江苏所截漕粮"久已派

---

① 《孚惠全书》卷二七《偏隅赈济》一。

定","灾属已无可拨之处",江苏需要展赈的邳州等10个州县,只能从省内上元等12州县得到协赈米72 060余石,而仅邳、宿、桃3州县就需要赈济米麦近25万石。在这种情况下,有人建议再奏请截漕10万石,尹继善的答复是"不便复为无厌之请"。这样,在展赈中给粮发银问题上,唯一的选择只能是"多赈折色,撙节本色"。当然,就本地仓储而言,灾民们尚有条件多得一点本色,因为邳、宿、桃3州县在加赈后仍分别有米麦3 400石、6 000余石和谷6 854.544石,但督抚等下令不准动用,留作"来岁平粜之需"。

笔者之所以在本折问题上斤斤计较,是因为它直关灾民在赈济中的实际所得。灾民们希望得到的是本色而不是折色,乾隆也认为赈济中以银代米只是米粮不足时的权宜之计,"殊非周济民食之本意"。因为灾后粮价上涨,可以说是古代中国一个永恒不变的市场规律。就乾隆时期的江苏来说,灾后米价上涨比比皆是,有时竟达每石钱5、6千文。[①] 政府在对灾民给发折色时,应该要考虑到这一重要因素,否则百姓就不可能得到政策所规定的赈济标准,折色所占的比重越大,灾民从赈济中实际所得也就越少。3州县抚恤时全部给银,加赈和展赈中折色的比重占绝对优势,展赈时尽管每米一石比加赈增折价银2钱,但应赈灾民不可能达到大口每日米5合、小口2合5勺的"法定"数额。因为就在与3州县毗邻且水灾较轻的海州,"今冬米价,据报中米价银2两,糙米价银1两8钱",3州县与海州之间的粮价是不可能存在多大差异的,否则市场会主动进行调节。对灾区来说,乾隆时期州县、省内甚至全国的粮食市场是自由、开放的,也就是说,在当时的3州县,灾民用1两或1两2钱白银是不可能买到1石大米的。折色给价的问题也应值得关注:3州县在抚恤1个月口粮和加赈中,每米1石折银1两,展赈时每石增银2钱。其实,对积歉之区的3州县灾民来说,这是督抚等地方官员对他们享受应有赈济权的一种剥夺。因为赈济中石米银1两的折色价已大大低于其他被灾州县的标准,就是后来展赈时每石折银1两2钱,也早已成为

---

① 参见〔清〕杨开第修,姚光发等纂:《重修华亭县志》卷二三"杂志上","风俗",清光绪五年刻本;〔清〕金福曾等修,张文虎等纂:《南汇县志》卷二十"风俗志","风俗",清光绪五年刻本。

乾隆时期发放折色的"起步价"。如直隶省在乾隆三年石米折色银已达1两5钱①，至乾隆十一年，这一成例已被多个州县援引，有的地区甚至还高于这一标准。如果抚恤和加赈时3州县折色每米1石增加5钱的话，近百万之众的灾后生活必将是另一番情景。另外，我们还应重视赈济中的发米、给麦问题，它长期为相当一部分清代荒政研究者所忽略。乾隆时期，"定例每米一石，即算一石，小麦豆子粟米亦然"②。实际上，对嗷嗷待哺的灾民来说，如果米麦斤两相等的话，他们希望得到的是米粮而不是麦粮。因为二者的"使用价值"是不同的，即食用麦子不如等量大米那样耐饥。乾隆十一年邳州和桃源县本地仓储本色中就有小麦，桃源县的小麦甚至占本色的82%。在给赈中将米麦等量齐观，必然使灾民"法定"的日赈米标准再次被打了折扣。宿迁县灾民在这方面似乎是"幸运"的，因为当地只有协赈米而没有存仓麦。

乾隆时期政府赈济的粮食来源，主要是常平仓粮、漕粮和地区间的协拨赈粮。在此次赈济中，3州县赈粮主要来自本州县常平仓米麦和省内江都等州县的协赈米；另外，3州县有可能从当年为江苏赈济截留的20万石漕粮、浙江永济仓和扬州盐义仓中获得了本色③，只是从各州县的赈粮来源汇报材料中没有发现这方面的证据。如果我们对赈济的粮食来源进行追踪的话，就可发现：3州县的灾民是完全有可能通过上述几个粮食来源渠道得到更多本色的。因为乾隆时期一如既往地允许、鼓励和支持丰歉地区间的粮食多渠道流通和调剂，不论它是政府还是个人行为，规模不等的"调粟济民"成为家常便饭。④而且，当时还存在一个非常有利的形势：本省当年只有淮、扬、徐、海所属20州县被水成灾，其他地方只有1个州县发生霜灾，毗邻之安徽、山东、河南成灾也较少，余粮大省湖北、四川几乎没有发生灾

---

① 参见方观承：《赈纪》卷二《核赈·会议办赈十四条》。清乾隆十九年刻本。
② 参见〔清〕汪志伊：《荒政辑要》卷三，《查勘·查赈事宜》。
③ 《孚惠全书》之卷四八记载，乾隆十一年曾下旨截漕20万石，从浙江永济仓等处调粮为江苏淮、扬、徐、海被水灾区赈济。
④ 参见《孚惠全书》卷四七至五三，《截拨裕食》一至七。

害。① 乾隆在水灾当年的7月底也曾下令江苏徐淮海灾区"于丰收之处采买谷麦"②。另外,当年全国供漕省份总体收成良好,全国只有直隶被灾范围稍大③,根本不存在"粮少运难"的问题。尹继善也应该接受下属再请截漕的建议,一旦奏请,被恩准的可能性极大。虽然乾隆曾告诫过大小臣工不能"动以截漕为请"④,但实际上在这方面他是极其慷慨的,大灾之后的截漕奏请可以说是有求必应。可惜督抚等大小官员再一次因"无知"而没有进行这些努力,对他们而言,给以折色至少简便易行,说不定会有异曲同工甚至"更好"的效果。

从以上的分析阐述中,我们不难发现:在"连年告灾,十室九空,公私困竭"的邳、宿、桃3州县⑤,灾民们从中央赈济政策和"成例"的落实中得到了某种程度的救济,但赈济过程中也存在不少问题,而且很多至关重要的问题常被地方大小官员们所漠视。督抚等高级官员们并没有切实履行乾隆"拯灾恤困乃国家第一要务"的宗旨,在许多关键的赈济问题上,没有"因时就事、熟筹妥办"⑥,"视百姓之饥寒如己身之疾苦"⑦,而是以尽可能省事为能事。即使在同一督抚和督赈道员的具体领导和监督下,3州县在赈济政策落实过程中也存在较大差异。主要表现为确定灾、贫等级中标准宽严不一,邳州次贫户中有10万左右的小口自始至终没有赈济,各州县灾民的实际赈济所得大相径庭,以至"法定"的赈济标准大打折扣,"草根荐为盘上蔬"的灾后生活惨景也不会产生多大改观。⑧ 其实,这些现象在乾隆时期的全国

---

① 此结论为笔者从《清代长江流域、西南国际河流流域洪涝档案史料》、《清代淮河流域洪涝档案史料》、《清代黄河流域洪涝档案史料》、《清代珠江、韩江洪涝档案史料》、《中国地震资料年表》和《清实录经济史资料——农业编》第二、三分册等资料中统计所得。
② 《孚惠全书》卷四八,《截拨裕食》二。
③ 此结论为笔者从《清代长江流域、西南国际河流流域洪涝档案史料》、《清代淮河流域洪涝档案史料》、《清代黄河流域洪涝档案史料》、《清代珠江、韩江洪涝档案史料》、《中国地震资料年表》和《清实录经济史资料——农业编》第二、三分册等资料中统计所得。
④ 《孚惠全书》卷四八,《截拨裕食》二。
⑤ 《清经世文编》卷一一一,《工赈十七》之顾琮《请广淮北水利疏》。
⑥ 参见方观承:《赈纪》卷四《展赈》。
⑦ 《清实录经济史资料——农业编》第二分册第三章:农业生产。
⑧ 《孚惠全书》卷四八,《截拨裕食》二。

是普遍存在的。我们可以把它归结于当时赈济政策本身的缺陷，如制度弹性过大，官员责权不够明了，政策执行中的透明度不够，监督机制不健全等。只是我们今天不应该对200多年前的赈济政策本身求全责备，事实上，乾隆对灾民赈济上的所作所为已难能可贵，他对灾民也确有某种程度上的"如伤在抱，惟恐一夫失所"的情怀。[①]在当时的社会背景下，怎样才能尽可能地把乾隆朝的赈济政策落到实处呢？清人姚碧的一句话中似乎点出了问题的要害：赈济之事，"不在法而在人，不在才而在心……（即使——笔者注）君有惠心，尤在受任者之实心作事"[②]。期望乾隆朝的赈灾政策及其落实情况能给我们今天一些有益的借鉴和启示。

（本文原载《清史研究》2007年第1期）

[①] 《清实录经济史资料——农业编》第二分册第三章：农业生产。
[②] 〔清〕姚碧辑：《荒政辑要》之《荒政辑要序》。

何之元仕宦考略

金仁义

何之元（？—593年），庐江灊人，历仕南朝梁陈，撰有《梁典》三十卷。梁陈时代，朝廷用人推重文史之才①，何之元正是兼擅文史。何之元所著《梁典》虽为南朝编年体史著的殿军之作，而其中所见文章"情性之风标"②亦为明显，刘知幾对《梁典》书写诸多诟病即为反证③。宋人集《文苑英华》，收录《梁典·总论》于其中。唐人所修《陈书》与《南史》，也均将何之元收录在"文学传"中。是以学界治中古史学和治中古文学者，对何之元皆多有关注。④

何之元一生仕路较长，不少学者在发掘何之元学术成就时，试图对其生平仕宦进行整理。20世纪，郑振铎、谭正璧、曹道衡与沈玉成等程度不同地考察过何之元行年仕宦。⑤21世纪以来，邱敏的《六朝史学》与唐燮军《何

---

① 〔唐〕姚思廉撰：《梁书》卷十四《江淹任昉传》后论云："陈吏部尚书姚察曰：观夫二汉求贤，率先经术；近世取人，多由文史。"
② 〔唐〕李延寿撰：《南史》卷七十三《文学传》后论，第1792页。
③ 刘知幾于《史通》卷五《载文》曰："若乃历选众作，求其秽累……裴子野、何之元，抑其次也。"又于卷十八《杂说下》说："自梁室云季，雕虫道长。平头上尾，尤忌于时；对语俪辞，盛行于俗。始自江外，被于洛中。而史之载言，亦同于此。"其下自注云："何之元《梁典》称议纳侯景，高祖曰：'文叔得尹遵之降而隗嚣灭，安世用羊祜之言而孙皓平。'夫汉、晋之君，事殊僭盗，梁主必不舍其谥号，呼之以字名，此由须对语俪辞故也。"刘知幾这些对何之元文风的批判，恰从侧面反映了何之元文章之学所具的时代特色。见《史通通释》，第117、478页。
④ 参见金毓黻《中国史学史》、蒙文通《中国史学史》、李宗侗《中国史学史》、王树民《中国史学史纲要》、尹达《中国史学发展史》、瞿林东《中国史学史纲》、雷家骥《中国史学观念史》、周一良《魏晋南北朝史学著作的几个问题》、郝润华《六朝史籍与史学》、邱敏《六朝史学》、谭正璧与曹道衡等各撰《中国文学家大辞典》等著述，以及郑振铎《中国文学者生卒年考》、陈光崇《刘璠、何之元各撰〈梁典〉》、王中《何之元和〈梁典〉》、马艳辉《晋、宋、梁三朝总论评析》与唐燮军《何之元〈梁典〉述论》等论文。
⑤ 郑振铎：《中国文学者生卒年考》，《小说月报》，1924年第4期。谭正璧编：《中国文学家大辞典》，上海书店1981年版，第300页。曹道衡、沈玉成编撰：《中国文学家辞典·魏晋南北朝卷》，中华书局1996年版，第204页。

之元〈梁典〉述论》再次关注何之元宦迹。① 尤其是唐文,将何之元的仕途经历与其《梁典》创作心路历程联系起来,使何之元仕宦考察更富学术意义。综合现有研究,诸家对何之元生平仕宦的考察,或失之疏略,或失之欠慎,尚无一个清晰而完整勾勒,一些疑窦也有待发覆澄清,需要进一步推进。何之元一生仕途坎坷,浮沉宦海六十余年但无显职,主要周旋于诸王权贵幕府之中,幕主分别为萧梁时期的萧宏、袁昂、萧纪、王琳和陈朝始兴王叔陵。本文即拟以史传为主,参考其他材料,对何之元生平履历作以梳理与考释,愿就教于方家。

一

何之元起家入仕,是从入幕萧梁临川王萧宏扬州刺史府开始的。《陈书》本传载:

> 之元幼好学,有才思,居丧过礼,为梁司空袁昂所重。天监末,昂表荐之,因得召见。解褐太尉临川王扬州议曹从事史,寻转主簿。②

史家书法,一般是先叙传主人名,继而表其字。但无论《陈书》还是《南史》,均无何之元表字。明人毛宪等修《毗陵人品记》云:"何之元,字世伯,庐江人。父法胜,以行业闻,卜居晋陵。"③ 言何之元字为世伯,未详所据。何之元释褐之年,学界多以为在天监之末④,曹道衡试图将其时间具体化,他

---

① 参见邱敏著:《六朝史学》,南京出版社2003年版,第143页;唐燮军:《何之元〈梁典〉述论》,《古籍整理研究学刊》2007年第3期。
② 〔唐〕姚思廉撰:《陈书》卷三十四《何之元传》,第465页。《南史》卷七十二《何之元传》所载当源于《陈书》,用语大同小异,表意并无二致。
③ 毛宪撰:《毗陵人品记》卷二,《续修四库全书》第○五四一册《史部·传记类》,第106页。
④ 严可均校辑:《全上古三代秦汉三国六朝文·全陈文》卷五何之元传略,中华书局1958年版,第3428页;姚振宗著:《隋书经籍志考证》卷十二,《二十五史补编》,中华书局1955年版,第5266页。

在《中国文学家大辞典》中言其时间约在518年即天监十七年左右[①]，后来又在《中古文学史料丛考》中设在519年[②]。唐燮军则依萧宏晋升太尉并兼扬州刺史时间在普通元年（520），而将其定在此年或翌年。[③]萧宏为梁武帝六弟，梁武帝即位之日便受封为临川王，所受恩宠非同寻常，一直在朝廷中居任要职。普通元年不是萧宏首次居官太尉，也不是他首次就任扬州刺史之时。据万斯同《梁将相大臣年表》，萧宏于天监元年四月首任扬州刺史，天监六年迁骠骑将军离任，复又于天监八年四月再任扬州刺史。天监十一年正月拜任太尉并刺史如故，这是萧宏首任太尉时间，此后其扬州刺史任持续到天监十七年五月方免，改由萧昺接任。普通元年正月，萧昺出任郢州刺史，萧宏于同月迁太尉并兼领扬州刺史。[④]萧宏首次兼任太尉、扬州刺史，是在天监十一年，这时何之元尚未进京受见，单就此而言，唐燮军所断似为的论。但综合前后之文，则其中疑窦犹存。《陈书》称何之元为"梁司空袁昂所重"，而袁昂受封司空，迟在中大通四年即532年正月，可知此处明显乃史家追记之书法。倘若考量史家亦以此书法来记萧宏太尉之事，则何之元释褐之年犹难断定。

何之元释褐事涉两个问题：一、何之元行年；二、何之元门品。史书明言何之元"隋开皇十三年，卒于家"[⑤]，可知其卒年在593年，至于其生年，诸史均未明载。是以郑振铎《中国文学者生卒年考》直陈其生年未详[⑥]，曹道衡、沈玉成疑其生于500年[⑦]，王仲则言其约生在502年[⑧]。严可均未具体推测其生年，但言及其年九十余。[⑨]这些推测当都与何之元释褐之年有

---

① 曹道衡、沈玉成编撰：《中国文学家辞典·魏晋南北朝卷》，第204页。
② 曹道衡、沈玉成著：《中古文学史料丛考》卷四"何之元行年"条，中华书局2003年版，第660页。
③ 唐燮军：《何之元〈梁典〉述论》，《古籍整理研究学刊》2007年第3期。
④ 〔清〕万斯同：《梁将相大臣年表》，《二十五史补编》，中华书局1955年版，第4349—4352页。
⑤ 并见于《陈书》卷三十四《何之元传》与《南史》卷七十二《何之元传》中。
⑥ 郑振铎：《中国文学者生卒年考》，《小说月报》，1924年第4期。
⑦ 曹道衡、沈玉成编撰：《中国文学家辞典·魏晋南北朝卷》，第204页。
⑧ 王仲：《何之元和〈梁典〉》，《安徽史学》，1992年第2期。
⑨ 〔清〕严可均校辑：《全上古三代秦汉三国六朝文·全陈文》卷五何之元传略，第3428页。

关。梁代士人一般入仕年纪偏高,《隋书·百官志上》称:"陈依梁制,年未满三十者,不得入仕。唯经学生策试得第,诸州光迎主簿,西曹左奏及经为挽郎得仕。"① 不过,梁初未必如是。《梁书·朱异传》载:"旧制,年二十五方得释褐。时异适二十一,特敕擢为扬州议曹从事史。"② 若是比照此旧制,何之元得在二十五岁时方能释褐。倘若与朱异一样为特例的话,也当在二十以后。这样,如果将何之元释褐定在普通元年前后,那么何之元更大的可能出生于500年之前。何之元生时,庐江何氏以何敬容最为显贵。何敬容与东晋司空何充、刘宋司空何尚之为一系,但何之元为其疏宗,祖僧达仕至齐南台治书御史,官及六品;父法胜更是宦迹无载,仅以行业闻名于世。何之元可谓为华宗衰支,其门品无法与何敬容系相颉颃。何之元和朱异释褐之官都是扬州议曹从事史。朱异出身吴郡钱塘,其外祖为吴郡顾欢,众所周知,顾、陆、朱、张向为吴姓士族高门,朱异出身不俗,又因才华出众,受"特敕"而方擢为"扬州议曹从事史"。这说明就起家官而言,何之元得辟扬州议曹从事史亦为不易。天监七年(508),梁武帝进行官制改革,令徐勉定十八班,以班多者为贵。扬州议曹从事史列为一班,在"二品士流"之内。据此来看,何之元门品也在士流之列,并非寒族。何之元起家后"寻转主簿",扬州主簿则为二班,表明何之元在萧宏幕府中起初也受到重视,升迁快捷。何之元之起家及旋得升迁,不仅说明其门品尚可,也说明他仕途起步还是较为顺利的。

二

普通三年(522)后,何之元转入袁昂丹阳尹府。《陈书》本传载:

> 及昂为丹阳尹,辟为丹阳五官掾,总户曹事。寻除信义令。③

---

① 〔唐〕魏徵等撰:《隋书》卷二十六《百官志上》,第748页。
② 〔唐〕姚思廉撰:《梁书》卷三十八《朱异传》,第537页。
③ 〔唐〕姚思廉撰:《陈书》卷三十四《何之元传》,第465页。

袁昂为梁武帝信臣,梁台建后,向受梁武帝重用。天监十五年(516),袁昂迁左仆射,寻转尚书令、宣惠将军。袁昂举荐何之元该在其尚书令任上。何之元仕途真正领路人,并非其释褐之时的幕主萧宏,而正是袁昂。袁昂知晓并看重何之元,原因可能有二:一、袁昂于天监八年出为吴郡太守,至十一年方入为五兵尚书,居间3年有余。据前引《毗陵人品记》,何法胜渡江后卜居于晋陵,这恐怕也是何之元晚年移居晋陵的原因。① 晋陵地近吴郡,东汉至孙吴时一度还隶属吴郡。这样,何法胜以行业声名远播,何之元少而好学、有才思、居丧过礼,父子并为袁昂知晓就有了可能。二、袁昂和何之元操守相同,都守孝至纯。袁昂本人幼以孝名,其父袁抃为宋雍州刺史,举兵奉晋安王子勋,兵败诛死,传首京师,藏于武库,当时袁昂年仅五岁,十年后,袁昂还京师,见之"号恸呕血,绝而复苏"。齐永明年间,"丁内忧,哀毁过礼。服未除而从兄象卒。昂幼孤,为象所养,乃制期服。"后为豫章太守时,"丁所生母忧去职。以丧还,江路风浪暴骇,昂乃缚衣著柩,誓同沉溺。及风止,余船皆没,唯昂所乘船获全,咸谓精诚所至"②。也因此,何之元"居丧过礼",才格外为袁昂看重。天监末年,经袁昂表荐,何之元得以入京觐见梁武帝。但入京受见,并不意味着即会入仕。还以前引朱异为例,朱异二十岁诣都,经尚书令沈约面试并受到赞许勉励,但翌年方才释褐。这个时间差的存在,正是学界对何之元释褐之年产生歧见的重要原因。

东晋南朝时期,丹阳尹在诸郡中地位特重。西晋武帝时丹阳郡郡治移至建康,东晋元帝太兴元年改郡守为尹。因东晋立都建康,丹阳尹事关中枢,成为京师要职。袁昂于普通三年,"为中书监、丹阳尹"③,即兼掌中书与地方。转至袁昂丹阳尹府,对于何之元来说是利好事件。萧宏才疏学浅,并无能耐,何之元若欲恃才晋升,机会并不大,他在萧宏幕府为主簿后也未见

---

① 〔唐〕姚思廉撰:《陈书》称:"祯明三年,京城陷,乃移居常州之晋陵县。隋开皇十三年,卒于家。"见卷三十四《何之元传》,第468页。
② 〔唐〕姚思廉撰:《梁书》卷三十一《袁昂传》,第451、452页。
③ 〔唐〕姚思廉撰:《梁书》卷三十一《袁昂传》,第455页。

再有迁转。袁昂对何之元有知遇之恩，任职袁昂幕府，自是何之元幸事。何之元为丹阳尹府五官掾，总户曹事，主民户、祠祀与农桑等事。五官掾为两汉至南北朝时期郡守最重要的属吏之一，由五官掾而平步青云事例，史籍并非罕见。可惜的是，袁昂居丹阳尹为时不长，史称："其年进号中卫将军，复为尚书令，即本号开府仪同三司，给鼓吹，未拜，又领国子祭酒。"①袁昂复为尚书令实际上是在次年即普通四年（523）十月②。专司中枢后，袁昂未再将何之元携带身边，而当是在此前后，将其外放为信义令。③若论晋制，"不经宰县，不得入为台郎"④。这样，何之元主政地方，成为一县之令的实权人物，也获得进一步晋升的资历。

梁代信义县属小县，县令品秩并不高。天监六年（507），梁分吴郡立信义郡（治今江苏常熟市），分娄县设信义县（治今江苏昆山市正仪镇），隶属信义郡，户口数不详。隋平陈后，废信义郡及所辖海阳、前京、信义、海虞、兴国等五县入常熟县，隶属吴郡。据《隋书·地理志》，隋大业五年前后，吴郡统辖五县，总户数一万八千三百七十七。⑤若按郡户摊比约估，此时常熟县户数在3 680户上下，原信义县户数当又在常熟县户二成左右。众所周知，大业五年乃隋代社会发展的最高峰。而梁代信义县又本由娄义县析置。故前后所综，梁时信义县户数断不可能在5 000以上。复案《隋书·百官上》：梁时"县制七班"，但详设不知；陈时"不满五千户已下县令、相，六百石……品并第九"⑥。陈承梁制，故可知梁代信义令当在九品二班。由萧宏幕府扬州主簿到离开袁昂幕府外任信义令，何之元虽然实权有所加重，但品秩未见更进。

---

① 〔唐〕姚思廉撰：《梁书》卷三十一《袁昂传》，第455页。
② 〔唐〕姚思廉撰：《梁书》卷三《武帝纪下》，第67页。
③ 邱敏在《六朝史学》中称何之元"梁天监末，任信义令"，明显是受本传误导而未尽细致考察。见邱氏著：《六朝史学》，第143页。
④ 〔唐〕杜佑撰：《通典》卷三十三《职官十五》，中华书局1988年版，第918页。
⑤ 〔唐〕魏徵等撰：《隋书》卷三十一《地理志下》，第877页。
⑥ 〔唐〕魏徵等撰：《隋书》卷二十六《百官上》，第736、746页。

三

大同三年（537）闰九月后，何之元转入武陵王萧纪安西将军府。《陈书》本传载：

> 会安西武陵王为益州刺史，以之元为安西刑狱参军。侯景之乱，武陵王以太尉承制，授南梁州刺史、北巴西太守。武陵王自成都举兵东下，之元与蜀中民庶抗表请无行，王以为沮众，囚之元于舰中。①

武陵王萧纪由扬州刺史转任安西将军、益州刺史，时在大同三年闰九月甲子日。②安西将军府刑狱参军，掌盗贼刑狱，官在四班。自为信义令后直至大同三年西上前，何之元迁转与否，史籍不明。若按士族正常仕历来说，何之元不当在信义令上累任过长。何之元历时近二十年，未能入朝，由腹地而至边疆，官仅四班，其晋升之滞缓可以想见。

《陈书》和《南史》本传在叙及何之元除信义令后，都提到他与何敬容交往事。《陈书》语云："之元宗人敬容者，势位隆重，频相顾访，之元终不造焉。或问其故，之元曰：'昔楚人得宠于观起，有马者皆亡。夫德薄任隆，必近覆败，吾恐不获其利而招其祸。'识者以是称之。"③这在一定程度上解释了何之元缘何十余年来仕途多舛。何敬容天监年间累迁散骑常侍、侍中。普通二年复为侍中，领本州大中正，守吏部尚书。这样，从本州地方到中央官吏的铨选之责，都掌控在何敬容手中。此后，何敬容久处台阁，参掌选事。何之元要入为台郎，从他冷对何敬容来看，可能性就微乎其微了。《梁书·何敬

---

① 〔唐〕姚思廉撰：《陈书》卷三十四《何之元传》，第466页。唐燮军以为《南史·何之元传》误为"南梁州刺史"，当是南梁州长史。其实恰恰相反，中华书局版《陈书》对此辨之甚明，《陈书·何之元传》"校勘记"明言："按州无长史。"据《南史》而确认为南梁州刺史。见《陈书》，第475页。
② 〔唐〕姚思廉撰：《梁书》卷三《武帝纪下》，第82页。
③ 〔唐〕姚思廉撰：《陈书》卷三十四《何之元传》，第465页。

容传》还叙及一事，大同十一年（545），何敬容坐妾弟事为河东王告发而遭免职，史书于此之后载云："初，天监中，有沙门释宝志者，尝遇敬容，谓曰：'君后必贵，然终是何败何耳。'及敬容为宰相，谓何姓当为其祸，故抑没宗族，无仕进者，至是竟为河东所败。"① 由此看来，何敬容的刻意压抑，恐怕才是何之元长期未得迁转的根本原因。

萧纪是梁武帝第八子，文武兼备，在萧衍诸子中佼佼不群。梁武帝也相当器重萧纪，特为亲爱，屡加培养。自东晋立国江左以来，益州据形胜之地，为上游之屏障，地位非常重要。大同三年稍前，益州空虚萧条，内部矛盾丛生，梁武帝决心派萧纪入蜀，令其为都督、益州刺史。萧纪入蜀后，果然不负厚望，司马光深为赞许，说他"在蜀十七年，南开宁州、越巂，西通资陵、吐谷浑，内修耕桑盐铁之政，外通商贾远方之利，故能殖其财用，器甲殷积"②。实际上，萧纪经营有方，数年便有所成，因"开建宁、越巂，贡献方物，十倍前人"③，大同九年（543）冬十一月，梁武帝嘉其绩，进其安西将军为征西将军，并加开府仪同三司④。萧纪安定益州，绥抚蜀僚，当少不了何之元安西刑狱参军的贡献。萧纪安西将军府改为征西将军府后，何之元职衔变动，史籍不明。

萧纪以太尉承制事，时当在太清三年（549）六月后。《南史》本传中记云："及侯景陷台城，上甲侯韶西上至硖，出武帝密敕，加纪侍中、假黄钺、都督征讨诸军事、骠骑大将军、太尉、承制。"⑤ 萧韶西上，司马光据其所撰《太清纪》定于太清三年六月。萧纪以何之元为南梁州刺史、北巴西太守。南梁州北近西魏，中大通年间，梁南梁州刺史阴子春还一度煽惑边陲，引诱北魏巴州刺史严始欣南叛。侯景乱梁后，梁与东、西魏边境都处于紧张之中。

---

① 〔唐〕姚思廉撰：《梁书》卷三十七《何敬容传》，第532页。
② 〔宋〕司马光编著：《资治通鉴》卷一百六十四《梁纪二十·元帝承圣元年》，第5181页。
③ 〔唐〕李延寿撰：《南史》卷五十三《梁武帝诸子传》，第1328页。
④ 〔唐〕姚思廉撰：《梁书》卷三《武帝纪下》，第88页。《梁书》卷五十五《武陵王纪传》则云："大同十一年，授散骑常侍、征西大将军、开府仪同三司。"第826页。
⑤ 〔唐〕姚思廉撰：《南史》卷五十三《梁武帝诸子传》，第1328页。

所以，此时萧纪委命何之元为南梁州刺史，当是寄予重任。

何之元刺南梁州为时不长。梁武帝一死，萧梁宗室强藩多生异心，萧绎与萧纪先后称帝，互相厮杀。何之元对这种兄弟阋墙局面深感痛心，上表谏阻未果而反被囚禁于萧纪战舰中。

四

绍泰元年（555）二月前后，何之元转入王琳湘州刺史府中。《陈书》本传载：

> 及武陵兵败，之元从邵陵太守刘恭之郡。俄而江陵陷，刘恭卒，王琳召为记室参军。梁敬帝册琳为司空，之元除司空府谘议参军，领记室。①

萧纪称帝不足两年，553年七月为梁元帝部将樊猛俘杀于硖口。上引邵陵太守刘恭，实为刘棻。②刘棻原为梁元帝麾下宣猛将军，与役硖口之战。是以何之元脱身后，得以追从刘棻。承圣三年（554）冬，江陵被西魏围困，刘棻将兵进援江陵。绍泰元年正月，刘棻"至三百里滩，部曲宋文彻杀之，帅其众还据邵陵"③。刘棻进援江陵时，梁元帝所置湘州刺史王琳也北上江陵。约在刘棻被杀同时，王琳兵至蒸城，听闻梁元帝已经死、西魏立萧詧为帝建后梁，王琳遣别将侯平攻后梁。次月，"侯平攻后梁巴、武二州，故刘棻主帅赵朗杀宋文彻，以邵陵归于王琳。"④这样，经王琳召募，何之元又转而投入其幕府中，成为王琳的记室参军。这年十月，

---

① 〔唐〕姚思廉撰：《陈书》卷三十四《何之元传》，第466页。
② 邵陵太守刘恭，《陈书》本传校勘记据《南史》和《资治通鉴》，意谓当为刘棻。见《陈书》卷三十四《何之元传》，第475页。
③ 〔宋〕司马光编著：《资治通鉴》卷一百六十六《梁纪二十二》，第5223页。
④ 〔宋〕司马光编著：《资治通鉴》卷一百六十六《梁纪二十二》，第5226页。

陈霸先拥立萧方智为梁敬帝。上引称梁敬帝册封王琳为司空，但敬帝年间司空先后由陈霸先和侯瑱居任，《梁书·敬帝纪》称绍泰元年冬十月："壬子，以司空陈霸先为尚书令、都督中外诸军事、车骑将军、扬南徐州刺史，司空如故。……癸丑，……以镇南将军王琳为车骑将军、开府仪同三司。"①敬帝太平元年（556）十一月，为削弱王琳军权，陈霸先以敬帝名义内征王琳为侍中、司空，为王琳拒绝。所以敬帝年间王琳并无开司空府一说。但此间前后，何之元一直在王琳幕府中绝无问题。梁敬帝册封王琳后，何之元也随即晋升转入其开府之中，居任谘议参军，领记室。谘议参军，也称谘议参军事，掌顾问谏议事，梁代三司府谘议参军官在八班。

王琳骁勇善战，平定侯景之乱中屡建军功，与杜龛并称第一。敬帝年间，王琳一直周旋于各方势力之间。陈霸先废梁建陈后，王琳与陈霸先彻底决裂。558年二月，在北齐扶植下，王琳拥戴梁元帝长孙永嘉王萧庄为帝，年号天启。萧庄任命王琳为侍中、使持节、大将军、中书监，何之元也在此时被萧庄署为中书侍郎，继续为中书监王琳的下属和助手。梁时中书侍郎官在九班。

北齐天保十年（559）十月，文宣帝高洋暴亡，王琳遣何之元前往赴吊。何之元北上期间，王琳正在长江流域与陈军鏖战。及至何之元南返寿春时，王琳兵败芜湖，与萧庄一起逃至北齐。但旋即王琳又被北齐孝昭帝高演指派南下纠集旧部，并授予骠骑大将军、开府仪同三司、扬州刺史，镇守寿阳。何之元也被北齐委命为扬州别驾，仍在王琳幕府为辅佐，寄居寿阳。梁时扬州为京畿所在，扬州别驾官在十班，但北齐扬州显然没有如此重要，其扬州别驾品秩当略低于梁。

---

① 〔唐〕姚思廉撰：《梁书》卷六《敬帝纪》，第144页。

五

陈太建五年(573)十月后,何之元转入陈始兴王叔陵幕府之中。《陈书》本传载:

> 及众军北伐,得淮南地,湘州刺史始兴王叔陵遣功曹史柳咸赍书召之元。之元始与朝庭有隙,及书至,大惶恐,读书至"孔璋无罪,左车见用",之元仰而叹息曰:"辞旨若此,岂欺我哉?"太建八年,除中卫府功曹参军事,寻迁谘议参军。①

太建五年三月,陈宣帝以吴明彻都督征讨诸军事,领兵十万北击北齐。同年十月,吴明彻攻入寿阳城,王琳战败被杀,已是七十余岁何之元再次面临人生抉择。"孔璋无罪",指陈琳为袁绍幕僚时作檄文痛斥曹操,后归附曹操,曹操爱其才而不咎,委以重用。"左车见用",指楚汉之际赵国谋臣李左车,他和赵国统帅成安君合力抵御韩信,兵败被俘后,韩信以师礼待之。何之元为召书所感化,转而投入陈叔陵麾下。

陈叔陵为陈宣帝次子,少而机辩,长而彪勇,太建元年受封为始兴王,时年十六岁但政自己出。太建四年(572),陈叔陵迁为湘州刺史。揆之诸史,陈叔陵并未随吴明彻北伐,何以会遗书征召何之元?《陈书》历载陈叔陵数事,给我们理解其征召何之元提供了隐情。

《陈书》卷二十八《长沙王叔坚传》载:

> 初,叔坚与始兴王叔陵并招聚宾客,各争权宠,甚不平。②

---

① 〔唐〕姚思廉撰:《陈书》卷三十四《何之元传》,第466页。
② 〔唐〕姚思廉撰:《陈书》卷二十八《长沙王叔坚传》,第366页。

卷三十二《谢贞传》载：

及始兴王叔陵为扬州刺史，引祠部侍郎阮卓为记室，辟贞为主簿，贞不得已乃行。①

卷三十六《始兴王叔陵传》载：

（韦）谅，京兆人，梁侍中、护军将军粲之子也，以学业为叔陵所引。②

综上数条，可以看出，陈叔陵素有养士蓄客之习。何之元长期追随王琳，与陈朝交恶近二十年，乍逢陈始兴王弃恶示好，便自然在走投无路又不明就里中选择其为新的幕主。太建八年（576），陈叔陵进号镇南将军，给鼓吹一部，迁中卫将军。何之元也当在这时除中卫府功曹参军事，不久又迁为谘议参军。陈时，皇弟、皇子府谘议参军官为五品。此时，何之元已是年近八旬了。太建十四年（582），陈叔陵叛乱未果被杀，八十余岁的何之元也就此结束仕途生涯，再无宦情。祯明三年（589），陈亡后，何之元移居常州晋陵。隋开皇十三年（593），卒于家。

何之元仕途的终点，是他撰著《梁典》的起点。何之元史志早在其受命北上吊唁高洋时即已萌生，但因史料蒐集等原因而中辍，"及叔陵诛，之元乃屏绝人事，锐精著述。以为梁氏肇自武皇，终于敬帝，其兴亡之运，盛衰之迹，足以垂鉴戒，定褒贬。究其始终，起齐永元元年，迄于王琳遇获，七十五年行事，草创为三十卷，号为《梁典》。"③何之元生历齐、梁、陈、隋，大半生都生活在兵荒马乱之中，尤其是太清以后，屡经兵燹，数度困厄，最后能以九十多岁高龄于家中终年辞世。这在整个魏晋南北朝，也可谓是个传奇。何之

---

① 〔唐〕姚思廉撰：《陈书》卷三十二《谢贞传》，第427页。
② 〔唐〕姚思廉撰：《陈书》卷三十六《始兴王叔陵传》，第497页。
③ 〔唐〕姚思廉撰：《陈书》卷三十四《何之元传》，第466页。

元浮沉宦海六十余年,多是职守文书幕僚之事。长期的寄寓人下、浪迹东西南北,百姓的生灵涂炭,自己的仕途艰险,都在很大程度上决定了何之元对政治和社会思考的深度。而从史籍文献所载来看,这一切,也深刻影响了何之元的历史编纂和史学思想,值得我们予以探讨。

(本文原载《安徽史学》2018年第4期)

门阀士族与东晋南朝杂传和谱系撰述的发展

金仁义

一、问题的提出

众所周知,士族兴起与史学繁荣是魏晋南北朝时期两个突出的时代特征。学界关于士族研究与史学研究两方面的各自成果均是十分丰富,不胜枚举,但门阀士族与史学的关系似乎一向未得到应有的重视[①]。这同门阀士族与史学在魏晋南北朝时期的特殊地位,同士族与史学长时期、多层次、多范围的互动都极不相称。门阀士族有着鲜明的文化属性,积极参与这一时期的史学建设,成为当时史学撰述的主力军,并在史学撰述中深深烙上自身的印记,推动了魏晋南北朝史学独特发展道路的形成。门阀士族与史学发展的关系,对治士族或治魏晋南北朝史学来说,都不应小觑。

杂传和谱系,实际上均非是魏晋南北朝时期新出的史学撰述类别,但在这一时期都出现前所未有的兴盛。《隋书·经籍志》(以下简称《隋志》)著录杂传撰述有217部,合亡书计219部,部数列史部13类之首。谱系撰述见录于《隋志》的有41部,合亡书计53部,在史部13类中也居于中流。这些杂传与谱系撰述绝大多数属魏晋南北朝时期的史学成就。作为时代记忆的史学,无法回避其所处时代的影响。杂传与谱学撰述的兴盛,都不纯粹是一种学术自身的变动。有意者也往往将杂传、谱牒撰述视为探讨士族与史学关系的接笋之处,其观点可以瞿林东为代表,即认为"家史、谱牒和别传的

---

① 统合二者进行专门研究仅有刘隆有的《士族门阀制度与魏晋南北朝史学》(《齐鲁学刊》1986年第2期)与庞天佑《门阀士族与魏晋南北朝时期的史学》(《湛江师范学院学报》1994年第2期)等单篇论文。

发展,都是门阀的政治要求和意识形态在史学上的表现形式"①。有学者认为杂传和谱系撰述在东晋南朝呈衰兴相替这一有趣态势,谓"撰写杂传最盛行的阶段是东汉到东晋","进入南朝,由于皇权的加强,由于门阀士族制度的凝固,士人不再热衷于人物品评,与此相适应,杂传的撰写明显减少,代之而起的则是谱牒之书日渐增多"。又谓:"晋宋以后的基本趋势是杂传减少,谱牒日盛。"②这个结论,无疑也注意到了东晋南朝史学发展与士族旨趣存在着密切联系。那么,东晋南朝史学发展中是否真的存在杂传与谱系撰述交相兴盛的状况?换言之,南朝时期杂传撰述是否确乎已经衰落?东晋谱系撰述成就是否真的远逊色于南朝?门阀士族与东晋南朝杂传和谱系撰述的关系又究竟具体如何?对这些问题进行重新思考和全面审视,正是本文的主旨所在。

二、东晋南朝杂传撰述及其与门阀士族的多重联系

1. 东晋南朝时期杂传撰述的持续繁荣

对于《隋志》著录的杂传,逯耀东经过研究认为:"不论在著作的数量,或对于杂传形成的概念方面,都显示出杂传是魏晋时代新兴而又非常流行的历史著作形式。"③这个结论有其合理性,但似乎也有尚待商榷之处。同样是《隋志》,其"杂传"小序详考杂传之源流,曾明白说道:"又汉时,阮仓作《列仙图》,刘向典校经籍,始作《列仙》、《列士》、《列女》之传,皆因其志尚,率尔而作,不在正史。后汉光武,始诏南阳,撰作风俗,故沛、三辅有耆

---

① 瞿林东著:《中国史学史纲》,北京出版社1999年版,第273—274页。此中所言的家史与别传,实皆属《隋书·经籍志》史部"杂传"类范畴。
② 胡宝国著:《汉唐间的史学发展》,商务印书馆2003年版,第132、156页。这一观点实际上是对逯耀东观点的继承和发展。逯耀东在《魏晋别传的时代性格》一文中指出:"别传在汉魏之际出现,经过魏晋之间的发展,到东晋以后发展至高峰,但是东晋以后就突然消逝。"(见氏著:《魏晋史学的思想与社会基础》,中华书局2006年版,第75页)逯耀东的观点是以杂传中的别传类为支点,胡宝国则将其延伸扩大到整个杂传类别。
③ 逯耀东:《〈隋书·经籍志·史部〉及其〈杂传类〉的分析》,《魏晋史学的思想与社会基础》,第70页。

旧节士之序,鲁、庐江有名德先贤之赞。郡国之书,由是而作。"又言:"鲁、沛、三辅,序赞并亡,后之作者,亦多零失。今取其见存,部而类之,谓之杂传。"① 由此可见,至少是在两汉之际,杂传撰述即已出现,后来也是有一些继作问世的。若只是因为这些作品亡佚便否认其存在,断言杂传为魏晋时期新出的史学撰述形式,这种说法似乎有些勉强。另外,就杂传写作形式来说,也显然不可能与正史传记人物方式有太多的出入,何况逯先生自己也承认杂传实是正史发展所出的一个旁支。② 不过,从《隋志》著录唐初可见的杂传撰述来看,这些杂传撰述大部分出自魏晋南北朝史家之手。据章宗源和姚振宗考证,《隋志》尚未著录的魏晋南北朝时杂传不在少数。又,逯耀东曾考证刘孝标所注《世说新语》,也发现其中所征引仅别传一项就有89种是《隋志》所未著录的③,沈家本则考证刘孝标共引魏晋时代杂传143种,而其中有91种不存于《隋志》④,这些都进一步说明了这一时期杂传撰述之盛。杂传在魏晋时代相当流行,这个结论是没有问题的。近年来学界对魏晋杂传的持续关注⑤,也是对此的充分肯定。

如前所揭,由于逯耀东以为杂传主要是在魏晋之时盛行,南朝以降则走向衰落,所以他的研究也以魏晋杂传为重点,这一观点和研究视角得到了一些学者的呼应。⑥ 那么,在综合考察东晋南朝杂传撰述与门阀士族关系之前,对南朝各时期杂传撰述发展情况进行简单梳理,显然是有必要的。南朝各断代王朝正史中未见的经籍志,今均已有学者整理补辑,弥补了古人之缺

---

① 《隋书》卷三三《经籍志二》,中华书局1973年版。
② 逯耀东:《〈隋书·经籍志·史部〉及其〈杂传类〉的分析》,《魏晋史学的思想与社会基础》,第61页。
③ 逯耀东:《〈世说新语〉与魏晋史学》,《魏晋史学的思想与社会基础》,第123页。
④ 沈家本:《古书目四种》,《沈寄簃先生遗书》,归安沈氏刻本。
⑤ 如张承宗:《六朝道教杂传人物述要》,《苏州大学学报》1998年第1期;胡宝国:《杂传与人物品评》,《汉唐间史学的发展》;张新科:《〈三国志注〉所引杂传述略》,《陕西师范大学学报》2003年第5期;刘湘兰:《两晋史官制度与杂传的兴盛》,《史学史研究》2005年第2期;仇鹿鸣:《略论魏晋时期的杂传》,《史学史研究》2006年第1期;史卉:《魏晋南北朝杂传之儒家思想倾向》,《求索》2011年第1期;等等。
⑥ 除前述胡宝国外,刘湘兰也持这一主张。参见刘湘兰:《两晋的史官制度与杂传的兴盛》,《史学史研究》2005年第2期。

憾，也给南朝杂传撰述考察带来了极大的方便。仅就撰述部数而言，聂崇歧《补宋书艺文志》所见刘宋时期杂传撰述有22部，在刘宋史学各门类中部数居第二①；陈述《补南齐书艺文志》所见萧齐时期杂传撰述共有8部，在萧齐史学各门类中部数居第三②；李云光《补梁书艺文志》所见萧梁时期杂传撰述达49部，在萧梁史学各门类中部数居首③；杨寿彭《补陈书艺文志》中所见陈时杂传撰述有6部，在陈朝史学各门类中部数居第四④。由此看来，整体而言，杂传撰述在南朝史学撰述中仍然占有相当比重，杂传撰述并未显现衰落之态。邱敏对东晋、宋、齐、梁、陈的杂传撰述有较为细致的考察⑤，就其所录来看，南朝杂传撰述与东晋时期大体相当。如果将南朝各时期杂传与谱系撰述进行比较，更是值得寻味，自上述南朝各艺文补志来看，刘宋时期谱系撰述2部，萧齐时有8部，萧梁时有7部，陈时有2部，除萧齐时谱系部数与杂传相当外，其他各时期谱系撰述均逊于杂传撰述，梁时杂传部数甚至达到谱系撰述的七倍。即便考虑诸家辑补时阙误存在的可能，若说南朝时期谱系撰述代替杂传撰述而兴盛，似乎也是有进一步斟酌之必要。由上所述可见，我们是否可以认为，自东晋至南朝，杂传撰述实际上是保持着持续繁荣之态势。

  需要指出的是，"杂传"在东晋南朝本非专指一种史学撰述部类。《隋志》史部"杂传"类中还列有任昉撰《杂传》36卷、贺纵撰《杂传》40卷、陆澄撰《杂传》19卷及佚名撰《杂传》11卷等4部史著。其中陆澄为南朝萧齐时人，可见萧梁阮孝绪在《七录》中设"杂传"为一史书部类前，作为书名的杂传是另有其特定含义的，可惜《隋志》所著录4部《杂传》已不可详考，难以追寻其"杂传"的具体内涵。阮孝绪所指的"杂传"与《隋志》之"杂传"当都是多种形式史学撰述的统称。检寻《隋志》，杂传实包括郡书、高士

---

① 参见聂崇岐撰：《补宋书艺文志》，《二十五史补编》，开明书局1936年版。
② 参见陈述撰：《补南齐书艺文志》，《二十五史补编》，开明书局1936年版。
③ 参见李云光：《补梁书艺文志》，《台湾省立师大国文研究所集刊创刊号》，1956年。
④ 参见杨寿彭：《补陈书艺文志》，《台湾省立师大国文研究所集刊创刊号》，1956年。
⑤ 邱敏著：《六朝史学》，第161—165页。

传、高隐传、僧道传、止足传、孝子传、忠臣传、良吏传、名士传、家传、童子传、列女传、神仙传、祥瑞记等多种撰述类别。逯耀东将杂传如此纷繁类别分合为郡书、家史、类传、别传、佛道与志异六种，于集中分析杂传的性质颇有裨益。逯耀东的分类是以各类杂传撰述内容为基本依据，所以他认为"杂传"之"杂"当与《隋志·子部·杂家类》所谓"杂者兼儒墨之道，通众家之意"意义相近。这样，他就将杂传由具体撰述部类上升到思想层面进行解读，发现杂传最能表现出魏晋史学脱离儒学羁绊这一特色[①]，从而为探讨杂传与士族门阀意识的关系搭建了桥梁。

2. 东晋南朝杂传撰述与门阀士族的多重联系

杂传与门阀士族的密切关系在多方面多层次上都有充分表现。首先，门阀士族广泛参与了杂传的撰述。《隋志》史部杂传类著录人名且可考之史家并不很多，其中可见东晋南朝时期士族撰述之作的有彭城刘义庆的《徐州先贤传》、《江左名士传》、《宣验记》、《幽明录》，清河崔慰祖的《海岱志》，济阳江敞的《陈留志》，会稽虞豫的《会稽典录》，太原孙绰的《至人高士传赞》、《列仙传赞》，陈留阮孝绪的《高隐传》，会稽虞孝敬的《高僧传》，汝南周弘让的《续高士传》，琅邪王韶之的《孝子传赞》，荥阳郑缉之的《孝子传》，兰陵萧绎的《孝德传》、《忠臣传》、《丹阳尹传》、《怀旧志》、《全德志》、《同姓名录》、《研神记》，颍川钟岏的《良吏传》，顺阳范晏的《阴德传》，吴郡陆澄的《杂传》，谯国曹毗的《曹氏家传》，顺阳范汪的《范氏家传》，丹阳纪友的《纪氏家传》，济阳江祚的《江氏家传》，河东裴松之的《裴氏家传》，平原明粲的《明氏世录》，琅邪王巾的《法师传》，河东裴子野的《众僧传》，会稽虞通之的《妒记》，平原刘昭的《幼童传》，会稽孔稚珪的《陆先生传》，彭城刘敬叔的《异苑》，南阳刘之遴的《神录》，范阳祖冲之的《述异记》，范阳祖台之的《志怪》，北地傅亮的《应验记》，太原王琰《冥祥记》，吴郡陆琼的《嘉瑞记》，高阳许善心的《符瑞记》等。由士族撰述而

---

① 逯耀东：《魏晋史学的思想与社会基础·导言》，第3页。

《隋志》未著录的杂传，也应不在少数。《隋志》著录杂传撰述并不全面，但在反映当时士族参与杂传撰述、成为杂传撰述主要群体之一的这一基本情况上，还是可以参考的。士族史家广泛参与并撰述众多杂传之作，当然会在东晋南朝杂传撰述上烙上自身的印记。

其次，杂传以士族为中心直接记录门阀士族的相关史迹。杂传对门阀士族的专门记载有两种形式：一是为士族个别人员作传，二是为某个士族整个家族作传。《晋书·职官志》云："著作郎始到职，必撰名臣传一人。"刘湘兰认为这是从制度层面上保证了两晋时期杂传制度的兴盛。① 但《隋志》杂传类专记一人之传仅见有《东方朔传》、《毋丘俭传》与《管辂传》，难以看出两晋著作（佐）郎的撰述成果。章宗源钩隐抉沉，补辑了184家别传。这些别传除《陆机云别传》为兄弟合传，其他均是一人独传，可见有琅邪王导、王敦、王献之、王胡之、王彪之，颍川庾亮、庾翼，谯国桓彝、桓温、桓豁、桓冲、桓石秀，陈郡谢鲲，太原王述、王恭，高平郗鉴、郗超，范阳祖逖、祖约，顺阳范宣、范汪，吴郡陆玩、顾和等侨吴士族②，他们都是对东晋历史进程有着一定影响的名臣，疑诸人之别传多是当时著作制度影响下而产生的杂传撰述。另从章氏辑补别传来看，传主几乎都是南朝以前的贤士名臣。《宋书·百官志下》云："晋制：著作佐郎始到职，必撰名臣传一人。宋氏初，国朝始建，未有合撰者，此制遂替矣。"明白道出著作佐郎职责要求自东晋至南朝有着明显变化，这恰可与上述考察这一时期名臣传情况相参佐。

门阀士族全家或阖族为传的称为"家传"，《隋志》杂传类自《李氏家传》起至《何氏家传》止共收录了25部《家传》。胡宝国将杂见于这些《家传》中的《明氏家训》、《明氏世录》、《陆史》与《新旧传》等异名之作也归于家传。从《隋志》收录各《家传》撰者情况来看，除《周、齐王家传》为姚氏撰、《尔朱荣家传》为王氏撰两部例外，其他著录撰者均出自传主家族。

---

① 参见刘湘兰：《两晋史官制度与杂传的兴盛》，《史学史研究》2005年第2期。
② 参见章宗源：《〈隋书·经籍志〉考证》，见二十五史刊集委员会：《二十五史补编》，开明书店1936年版，第5029—5030页。

刘知幾《史通·杂述》曾说："高门华胄,奕世载德,才子承家,思显父母。由是纪其先烈,贻厥后来。"① 他称此类撰述为家史,可见家传正是家史,突出反映了士族自矜门阀之心态。除《隋志》所录29余种家传外,章宗源《〈隋书·经籍志〉考证》又补充了21种家传。综合《隋志》与章宗源的辑补,琅邪王氏、颖川庾氏、谯国桓氏、陈郡谢氏、太原王氏、颖川荀氏、陈郡袁氏、陈郡殷氏、济阳江氏、阳翟褚氏、庐江何氏、顺阳范氏、太原孙氏、吴郡陆氏、吴兴沈氏、吴郡顾氏等一些活跃于江左的侨吴士族均有家传撰述,显示出东晋南朝时期杂传撰述与门阀士族的关系尤为紧密。另外汤球辑佚《晋诸公别传》中突破了别传以记个人的限制,也收录了《荀氏家传》、《裴氏家传》、《陶氏家传》、《华峤谱叙》、《庾氏谱》、《温氏谱序》、《袁氏谱》、《袁氏世纪》、《虞氏家记》、《王氏世家》、《嵇氏世家》等记家族群体的家传与家谱。综上来看,杂传中无论是写个人的别传还是以士族家族群体为单位的家传,多以士族为撰述对象,集中反映出杂传与门阀士族的独特关系。

再次,杂传还在思想上充分地表现出士族重名、尚人物、强调门第的意识形态和价值追求。马端临在《文献通考》中曾解释"杂传"说:"杂传者,列传之属也,所纪者一人之事。然固有名为一人之事,而实关系一代一时之事者,又有参差互见者。"② 逯耀东以为这个概念与《隋志》的杂传范畴相去甚远③。不可否认,马端临所说杂传与《隋志》确实有些不同,但在认识杂传传述人物这一本质上,是与《隋志》一致的。《隋志》所见杂传诸书,从郡书到佛道,甚至大部分志异撰述,也几乎都是以单个人物或群体人物为中心。钱穆对章宗源《〈隋书·经籍志〉考证》辑录诸多别传曾给予评析:"然当时所谓一人专传之数量,已几与杂传一门之全部卷帙之总数相埒,此事尤堪关注。凡此皆见此时代人重视人物,实为此一时代之特殊精神所在。"④ 逯

---

① 〔唐〕刘知幾撰,浦起龙释:《史通通释》,上海古籍出版社1978年版,第274页。
② 〔宋〕马端临:《文献通考》卷一九五《经籍二十二》,中华书局1986年版,第1647页。
③ 逯耀东:《〈隋书·经籍志·史部〉及其〈杂传类〉的分析》,《魏晋史学的思想与社会基础》,第70页。
④ 钱穆:《略论魏晋南北朝学术文化与当时门第之关系》,《中国学术思想史论丛》(三),台北东大图书公司1981年版,第143页。

耀东认为其原因即在于个人意识的觉醒，并且认为杂传最能反映这一时代特质。①钱穆与逯耀东都站在时代精神的高度来审视杂传撰述。作为这个时代文化的领军群体，士族的史学活动也同样充分地反映了这一时代独特精神风貌。他们不仅撰述了大量杂传，而且也使杂传撰述对象走向更为广阔的社会。从司马迁的《史记》到班固的《汉书》，在入史人物上都有严格的遴选标准，致使许多历史人物难以在史册上留下印迹。个人意识的觉醒，则使昔日入史的严格标准开始松动。留名于史成为一般士人的普遍价值追求，有别于正史的杂传恰好给这些士人提供了载入史册的历史空间。东晋南朝许多所谓的名士、高士实际上一生并无业绩可书，但亦得以写入杂传。这种情况在家传中表现为一种典型，刘孝标注《世说新语》曾引《荀氏家传》云：

> 隐祖昕，乐安太守。父岳，中书郎。隐与陆云在张华坐语，互相反覆，陆连受屈。隐辞皆美丽，张公称善。云世有此书，寻之未得。历太子舍人、廷尉平，早卒。②

荀昕与荀岳，并无特别事迹可书，即便是荀隐，此中所见除清谈见长外，也无所称道。这一类人在魏晋以前的史书中并不多见，而在魏晋杂传中则极为常见。从另一方面来说，荀昕与荀岳得以入史，显然是与荀隐有关。门阀观念是士族的核心价值理念之一，论者往往只注意到士族子弟因父祖门荫而得势留名，而对这种因子孙出色反使平庸之父祖得以留名入史现象则颇是疏忽，其实这在士族此起彼伏、升降不休的历史浪潮中是常见的。

杂传的风行，对正史的撰述也产生了潜在的影响和有力的渗透，西晋陈寿作《三国志》已注意对传主家世的交代，南朝诸史之中类似于上述荀氏家传的写法不难找到更是明证。又如范晔在《后汉书》中《文苑》、《独行》、

---

① 逯耀东：《魏晋史学的时代特质》，《魏晋史学及其他》，台北东大图书公司1999年版，第6页。
② 杨勇校笺：《世说新语校笺》（第三册），中华书局2006年版，第707—708页。

《方术》、《逸民》、《列女》等列传的取材特色，也不完全是"范晔个人卓越的创见"，而实与当时杂传撰述风行及其特色有关①，反映出当时门阀士族思想观念对正史撰述的影响。

三、东晋南朝谱系撰述的发展及其对门阀士族利益的维护

1. 东晋南朝谱系撰述的平稳发展

《隋志》史部"谱系"类收录史著有41部，360卷。其中除《竹谱》、《钱谱》与《钱图》三种属实物类图谱外，其他均与家族群体相关。所以《隋志》将此类撰述统称为"氏姓之书"。氏姓之书，或称谱书、谱牒，与杂传一般，实际上也是一种古老的史部撰述类型。②谱系原出于"周家小史定系世，辩昭穆"③的需要，最初之作多是帝王侯伯之家，发展相对缓慢。汉魏以降，世家大族开始兴起，百家谱系撰述规模日盛，逐渐形成专门之学即谱学。其中，最负盛名的又莫过于贾氏谱学和王氏谱学。东晋南朝谱系撰述发展的历史地位，也因贾、王谱学而确立。

贾氏谱学兴起于东晋孝武帝年间，由平原贾弼之创立。贾弼之谱系之作，诸家晋书艺文补志中均有见录，丁国钧《补晋书艺文志》有贾弼《晋姓氏簿状》；文廷式的《补晋书艺文志》有贾弼《十八州士族谱》712卷，其自注云贾弼撰《姓氏簿状》712卷；吴士鉴《补晋书经籍志》收录有贾弼《姓氏簿状》712卷；黄逢元《补晋书艺文志》有贾弼之《百姓族谱》

---

① 逯耀东：《魏晋对历史人物评价标准的转变》，《魏晋史学的思想与社会基础》，第99页。
② 罗香林说"中国谱牒之学，肇始于周"（《中国族谱研究》，香港中国学社1971年版，第17页）；陈直以为"谱牒的起源，当开始于父系氏族形成以后。萌芽于商周，发展于秦汉"（陈直：《南北朝谱牒形式的发现与索隐》，《西北大学学报》1980年第3期）；张泽咸也以为谱牒始于周代（张泽咸：《谱牒与门阀士族》，《中国史论集》，天津古籍出版社1994年版，第12页）。诸家之说依据均出自《史记》，并无根本不同。逯耀东则持不同意见，他认为"《隋书·经籍志·史部》十三类中，自正史、古史以下，都是魏晋时代所出现的新的史学著作形式"（见《魏晋史学的思想与社会基础》，第51页），对于谱系撰述来说，这显然是忽视《隋志》史部"谱系"首列《世本王侯大夫谱》、刘向撰《世本》及小序中"后汉有《邓氏官谱》"之语的意义。
③ 《隋书》卷三三《经籍二》。

712卷。诸家所据材料均出自《南齐书·贾渊传》、《梁书·王僧孺传》、《南史》的《贾希镜传》与《王僧孺传》及《新唐书·柳冲传》等正史及唐宋人纂录之书如《通典》、《元和姓纂》和《玉海》。从各书著录卷数来看，诸家所录虽然书名略有异同，但可能是同为一书。贾弼之谱系之作，"广集百氏谱记"①，不同于此前所常见的帝王谱、姓名谱、家族谱和地区谱，而实具有全国总谱的特征，突破了"家乘谱牒，一家之史"②的局限，这是东晋谱学在种类上的新发展，丰富了谱学的内涵。贾氏之作部帙之大，也属罕见，《隋志》见录谱系之书部帙最大者是《梁武帝总集境内十八州谱》，达690卷，然尤逊于贾弼之书。贾氏自贾弼之后，子贾匪之传其学，贾匪之似无谱牒撰述，对贾氏谱学的发展未见有新的贡献。贾匪之又传于子贾渊，贾渊在宋世以谱学知识渊博而见遇，敕注《郭子》。后萧道成又嘉其世学，取为骠骑参军，武陵王国郎中令，补余姚令，未行。齐永明初，"竟陵王子良使渊撰《见客谱》"③，《南齐书》本传还称贾渊"撰《氏族要状》及《人名书》，并行于世"④。《见客谱》卷数已不可考，《氏族要状》，章宗源考为15卷。

王氏谱学起于南朝。刘知幾《史通·书志》篇说："谱牒之作，盛于中古。汉有赵岐《三辅决录》，晋有挚虞《族姓记》，江左有两王《百家谱》，中原有《方司殿格》。盖氏族之事，尽在是矣。"⑤刘知幾所说的两王，周一良认为即是指齐之琅琊王俭、梁之东海王僧孺。⑥王俭的谱系之作，不见载于《南齐书》本传，不过，《南齐书》本传给我们理解王俭修撰《百家谱》和刘知幾何以看重王俭的《百家谱》提供了隐情。王俭卒于永明七年，年仅38岁，

---

① 〔南朝梁〕萧子显撰：《南齐书》卷五二《贾渊传》，中华书局1972年版。
② 〔清〕章学诚：《文史通义·外篇四·州县请立志科议》。见仓修良注：《文史通义新编新注》，浙江古籍出版社2005年版，第836页。
③④ 〔南朝梁〕萧子显撰：《南齐书》卷五二《贾渊传》。
⑤ 〔清〕浦起龙通释：《史通通释》，第74页。
⑥ 周一良：《魏晋南北朝史学发展的特点》，《魏晋南北朝史论集续编》，北京大学出版社1991年版，第80页。

但自齐台建以来，王俭多次参掌选事，前后达十余年。[①]众所周知，南朝选官的重要依据之一即是谱牒，谙熟谱牒是参掌选事的基本要求。萧齐时期还曾出现因不谙谱牒而未能居领选之职的事例，《南齐书》卷四十二《王晏传》载："上欲以高宗代晏领选，手敕问之。晏启曰：'鸾清干有余，然不谙百氏，恐不可居此职。'上乃止。"可见居选职者虽是清干有才，但仍须在谱学上有相当专精的水平。王俭素以文士风流名闻遐迩[②]，又行事稳健，这些都使王俭治学居官均有着相当的自律精神，他在第一次表请解选时即以"臣亦不谓文案之间都无微解，至于品裁臧否，特所未闲"[③]为理由，可以想见王俭对自己精悉谱牒当是有着很高的要求。王俭用功于谱学的成就，在他临终前的一次上表中可以窥见，王俭在此表中谈到自己参掌选事以后说："至于品藻之任，犹惧其阻。夙宵罄竭，屡试无庸。岁月之久，近世罕比。"[④]如此看来，王俭撰《百家谱》当不会与史实相违，《隋志》即录其作为《百家集谱》，明确为10卷。同样，也由上可知，王俭谱学为刘知幾所重是有道理的，这在和当时的一些谱系撰述比较中，亦可得到明证。刘宋时期参掌选曹的刘湛也撰有《百家谱》，但"伤于寡略"，而王俭《百家谱》则"得繁省之衷"[⑤]。王僧孺之谱系撰述，《隋志》明确著录的有《百家谱》30卷、《百家谱集抄》15卷[⑥]，其中载录为亡书的《梁武帝总集境内十八州谱》690卷，实亦为王僧孺入直西省知撰谱事时所集[⑦]。另据《梁书》，王僧孺还撰有《东南谱集抄》10卷[⑧]。王俭与王僧孺的谱系撰述，代表了南朝时期谱学的最高成就。

---

① 〔南朝梁〕萧子显撰：《南齐书》卷二三《王俭传》云："齐台建，迁右仆射，领吏部，时年二十八。""明年，转左仆射，领选如故。""永明元年，进号卫军将军，参掌选事。""六年……俭启求解选，不许。""七年……改领中书监，参掌选事。"
② 〔南朝梁〕萧子显撰：《南齐书》本传载王俭："作解散髻，斜插帻簪，朝野慕之，相与放效。""手笔典裁，为当时所重。"
③ 〔南朝梁〕萧子显撰：《南齐书》卷二三《王俭传》。
④ 〔南朝梁〕萧子显撰：《南齐书》卷二三《王俭传》。
⑤ 〔唐〕杜佑：《通典》卷三《乡党》附"版籍"，中华书局1988年版，第61页。
⑥ 〔唐〕魏徵撰：《隋书》卷三三《经籍志二》。
⑦ 〔唐〕魏徵撰：《隋书》卷三三《经籍志二》附校勘记。
⑧ 〔唐〕姚思廉撰：《梁书》卷三三《王僧孺传》，中华书局1973年版。

论者往往强调南朝谱学之盛,而轻忽东晋的谱学成就,这恐怕与《隋志》有关。《隋志》谱系小序在介绍魏晋南北朝谱学时,提及了西晋挚虞《族姓昭穆记》,而对东晋贾氏谱学是予以忽略的,其胪列谱系之作中也未见录贾弼之作,甚至亡书中也未曾提及。唐初史臣对贾弼之谱学不置一词,不能不说对后世认识东晋谱学成就产生了相当的影响。如果我们由此忽视贾弼之谱系之作,不能注意到其中蕴含新的全国总谱的性质,自然也就无法对贾弼之谱学成就给以适当的评价。实际上,无论是就前揭贾弼之谱系之作本身的性质和卷帙而言,还是就贾氏谱学与王氏谱学的渊源关系而言,贾氏谱学在整个魏晋南北朝都有着不可撼动的地位。王俭谱学成就即受惠于贾氏谱学,《南齐书》卷五十二《贾渊传》云:

> 先是谱学未有名家,渊祖弼之广集百氏谱记,专心治业。晋太元中,朝廷给弼之令史书吏,撰定缮写,藏秘阁及左民曹。渊父及渊三世传学,凡十八州士族谱,合百帙七百余卷,该究精悉,当世莫比。永明中,卫军王俭抄次《百家谱》,与渊参怀撰定。

比较《南齐书》,《新唐书》对王氏谱学与贾氏谱学的关系揭示得更为清晰,明言"王氏之学,本于贾氏"①。由此,我们在肯定南朝谱学盛行的同时,显然也不能低估东晋时期的谱学成就,实际上,结合前述对南朝谱牒撰述的考察,至少是在东晋孝武时期,直至南朝末叶,谱牒撰述繁荣发展的水平和程度,似乎未现出明显的波动变化。

2. 谱系撰述对士族门阀利益的维护

谱牒实是一种古老的史学撰述类型,那么,这种古老史学撰述类型何以能在魏晋南北朝时期盛行开来?这自然需从谱牒撰述本身来进行历史思考,但若考量其发展之快、涉及之广,则不能不从门阀士族与谱牒的关系来

---

① 〔宋〕欧阳修等撰:《新唐书》卷一九九《柳冲传》,中华书局1975年版。

寻找解答。

魏晋南北朝谱牒撰述种类，李传印将其主要概括为皇族家谱、士族家谱、庶族家谱、总谱和郡谱①。皇族家谱、士族家谱与庶族家谱是依社会阶层的高下来划分的。关于士族家谱，毛汉光曾提出"大凡士族之家，都有家谱"之说，何启民对此也大体上予以认同。②庶族家谱当然别于士族家谱，但从可考谱牒来看，庶族家谱实属少数；而皇族谱，就东晋南朝各帝王而言，归其为士族家谱，该不会引起太大争议。总谱虽是全国性的，应包括士族与庶族，但亦是以士族为主体，贾弼之、贾匪之、贾渊三代所传之全国性总谱，其名称即是《十八州士族谱》。郡谱在收录士族与庶族的各自分量上当与全国性总谱相仿佛，也是以士族为主体。

既然士族是东晋南朝时期谱牒撰述中的主体，那么我们分析这一时期士族高度强化的家族理念，显然极有益于理解这一时期谱牒的盛行。东晋王导在咸和九年（334）重修了琅邪王氏谱，他在《琅邪王氏宗图序》中自述道：

> 但以历世绵远，虑乖次序，予总机务之暇，考阅谱图之详，乃命区分，别为卷轴，上自灵王，次及侯祖，高曾积善，德厚流光，棣萼既繁，兰芽转茂，切虑百代之后，流派愈多，难穷始宦之由，有坠祖宗之业。今则先图本宗像影，次传血脉世系，并序先贤遗迹，粗明纂袭之风，永奉烝常尝之道，传示来世，勿坠箕裘。咸和九年正月裔孙导谨撰。③

别昭穆、辩族姓、明世系、论亲疏，是谱牒的传统社会功能。王导修订家谱，"虑乖次序"，"次传血脉世系"，同样体现出这一点，但王导特别关注的

---

① 李传印著：《魏晋南北朝时期史学与政治的关系》，华中科技大学出版社2004年版，第81页。
② 何启民依《隋志》所载对此提出怀疑，但却又据盛清沂对《世说新语》的研究成果基本上认同了毛氏所说。参见何启民：《魏晋南北朝时代之谱牒与谱学》，见联合报文化基金会国学文献编：《第五届亚洲族谱学术研讨会会议记录》，1991年10月。
③ 王轼：《琅邪王氏宗谱》卷一，清乾隆四十四年（1779）王国栋抄本。转引自王春元：《琅邪王氏族谱的修撰》，《青岛大学师范学院学报》2007年第1期。

是"高曾积善,德厚流光,棣萼既繁,兰芽转茂,切虑百代之后,流派愈多,难穷始宦之由,有坠祖宗之业"。宣扬祖宗之美业、家族之高贵,强调传承家风遗绪、追溯先辈功绩之使命,这才是王导重新修订王氏族谱的直接动因。这种门第观念已大别于论亲疏与别昭穆了。由王导自述可见,正是家族观念的强化,或者说,正是谱牒撰述能迎合士族门第观念的需要,直接推进了这一时期门阀士族谱牒撰修浪潮的高涨。

士族热衷谱学,与谱牒对士族门阀利益的维护也有关联。谱牒的功能,从周汉至魏晋南北朝隋唐再至宋元以降凡两变,即"从社会功能到政治功能再回归到社会功能"[①],家谱政治功能即是主要在魏晋南北朝时期得到体现。《新唐书·儒学中·柳冲传》云:

> 魏氏立九品,置中正,尊世胄,卑寒士,权归右姓已。其州大中正、主簿,郡中正、功曹,皆取著姓士族为之,以定门胄,品藻人物。晋、宋因之,始尚姓已。然其别贵贱,分士庶,不可易也。于是有司选举,必稽谱籍,而考其真伪。故官有世胄,谱有世官,贾氏、王氏谱学出焉。

前述谱学名家王俭参掌选曹,以及萧鸾不谙谱牒而失去领选职官事,都是柳冲论述的有力例证。柳冲所言作为选官依据的谱牒,主要是官谱。不过士族私谱对官谱有补充之功效。郑樵的《通志·氏族志·序》言及于此:"自隋、唐而上,官有簿状,家有谱系。官之选举,必由于簿状;家之婚姻,必由于谱系。……凡百官族姓之有家状者则上之,官为考定翔实,藏于秘阁,副在左户。若私书有滥,则纠之以官籍;官籍不及,则稽之以私书。"郑樵在强调谱牒的政治功能时,将官谱与私谱一并考量在内,指出二者有互补之效,并以此解释了何以民间私谱得以盛行。

不过,需要说明的是,在强调魏晋南北朝谱牒的政治功能成为有别于前

---

① 林其锬:《家谱功能的历史嬗变与现代价值》,《中华谱牒研究》,上海科学技术文献出版社2000年版,第68—69页。

后各时期谱牒功能这一显著特征时，我们仍然不能忽视这一时期谱牒的社会功能，郑樵指出的"家之婚姻，必由于谱系"就是谱牒社会功能表现之一。由谱牒撰述的兴盛而至谱学的出现，正是在士族走向衰落的晋宋之际。唐长孺论晋宋之际"士庶之别"时说："那只能是表示士族集团业已感到自己所受的威胁日益严重，才以深沟高垒的办法来保护自己。"① 谱学在这一时期形成并持续发展，正是因为谱学不仅具有保障门阀士族起家入仕的功能，同样也具有保障士族的社会地位之功效。齐梁之时，门阀士族虽继续保有起家的优先权，但政治地位则日益下降，而与此同时，则是贾、王谱学进一步发展。这种历史现象，显然说明谱学的繁荣并未能确保门阀士族旧有的政治地位。既然如此，那么仅从谱学的政治意义来思考谱学的繁荣，恐怕就离历史的真相愈走愈远。南朝谱学繁荣的原因恐怕也在于其社会功能的发挥上了，即谱学能相对有效地保障门阀士族在社会上的尊高地位。梁末元帝萧绎在《金楼子·戒子》中也谈到谱牒，说："谱牒所以别贵贱，明是非，尤宜留意。或复中表亲疏，或复通塞升降，百世衣冠，不可不悉。"言语中也突出强调了谱牒明贵贱、别亲疏等社会功能了。

在发挥谱牒的社会功能上，南朝私谱相对而言表现得尤为充分。婚与宦正是士族保障自己家族利益和门阀地位的两大支柱。东晋南朝许多私谱记载在内容上就充分反映出对士族这两大支柱极力标榜的特色。早在汉代，家谱就往往以碑刻的形式出现，"有的专门刻碑记载家谱，有的将家谱专门刻于墓碑背后，有的则在墓碑中详录其家族世系"②。这种形式的家谱在魏晋以降浸染成俗。现今出土的大量六朝江左区域的墓碑与墓志，充分展示了当时江左这一别具特色的社会风气。自裴松之上表宋文帝禁断擅立私碑后，埋于地下的墓志取代了墓碑渐为流行开来。兹节录勒铭于宋末的"宋

---

① 唐长孺：《南朝寒人兴起》，《魏晋南北朝史论丛续编》，生活·读书·新知三联书店1959年版，第91页。
② 杨冬荃：《汉代家谱研究》，《谱牒学研究》（三），书目文献出版社1992年版，第37页。朱希祖也以为"谱牒之中，有状有记有碑有传"，承认墓碑是谱牒一种。见朱希祖著：《中国史学通论》，独立出版社1943年版，第47页。

故员外散骑常侍明府君(昙憙)墓志铭"(元徽二年刻)为例,以见其详:

> 祖俨,州别驾,东海太守。夫人清河崔氏,父逞,度支尚书。
>
> 父歆之,州别驾,抚军武陵王行参军苍梧太守。夫人平原刘氏,父奉伯,北海太守。后夫人平原杜氏,父融。
>
> 伯恬之,齐郡太守。夫人清河崔氏,父丕,州治中。后夫人渤海封氏,父恬。
>
> 第三叔善盖,州秀才奉朝请。夫人清河崔氏,父模,员外郎。第四叔休之,员外郎东安东莞二郡太守。夫人清河崔氏,父湮,右将军冀州刺史。
>
> 长兄宁民,早卒。夫人清河崔氏,父凝之,州治中。
>
> 第二兄敬民,给事中宁朔将军齐郡太守。夫人清河崔氏,父凝之,州治中。
>
> 第三兄昙登,员外常侍。夫人清河崔氏,父景真,员外郎。
>
> 第四兄昙欣,积射将军。夫人清河崔氏,父勋之,通直郎。
>
> 君讳昙憙,字永源,平原鬲人也。……晋徐州刺史褒七世孙,苍梧府君歆之第五子也。君天情凝澈,风韵标秀,性情冲清,行必严损。学穷经史,思流渊岳。少摈簪缙,取逸琴书。非皎非晦,声迩邦宇。州辟不应,徵奉朝请。历宁朔将军员外郎带武原令。……夫人平原刘氏,父系民,冠军将军冀州刺史。后夫人略阳垣氏,父阐,乐安太守。①

墓志上溯至七世祖,而详述则自祖辈以下,仅止三代,是典型的家谱而非族谱与宗谱。铭文对墓主明昙憙的介绍,与杂传乃至一般正史所传人物的基本笔法并无二致,特别是铭文还详述了墓主祖、父辈系列与同辈系列的职状,并及各自外家之职状,内容集中在婚与宦上,正是当时家谱记述核心

---

① 赵超著:《汉魏南北朝墓志汇编》,天津古籍出版社1992年版,第22—23页。

的体现。平原明昙憙的墓志铭,与陈直在《南北朝谱牒形式的发现与索隐》一文中所引用的"宋散骑常侍临沣侯刘袭墓志"(泰始六年刻)从形式到内容均相近,两个墓志刻石时间上也仅相隔四年,共同反映了当时墓志铭的流行形式。陈直称刘袭墓志"谓之门阀式史书也可,谓之家谱式史书也可"[①]。无疑,这种墓志属于私修之士族家谱,它以刻石形式记录士族家族的婚与宦这两大支柱,以此见证家族的郡望。墓志这种具有一定代表性的私谱,显然并不具有多大政治意义,它的功能更多的是体现在重申和维护门阀士族在社会地位上族望与声威。

至此,我们可以对此前提出问题作出回答,正是对士族门第观念的迎合,以及对门阀士族政治与社会地位的维护,推动了谱牒撰述在东晋南朝的盛行与发展。

综上所论,自东晋至南朝,杂传与谱系撰述均保持着持续盛行发展的态势,并未明显呈现波动变化的轨迹。杂传撰述整体上保持着对谱系撰述的优势,而且这种优势自东晋至南朝,也未发生根本性改变。东晋南朝士族是杂传撰述的主要参与者,也是当时杂传撰述中的主体,并在杂传撰述中烙上自身重名、尚人物、强调门第的思想印记。东晋南朝时期门阀士族热衷谱牒撰述,在于谱牒既能迎合士族门阀观念的需要,又能发挥其政治功能和社会功能,来维护士族门阀利益。这些就是我们考察门阀士族与东晋南朝杂传和谱系撰述关系所得。至于论题可能旁及的一些其他问题,如这一时期杂传内部的分化起伏,以及谱牒盛行何以未能挽救门阀士族衰落的历史颓势,则并非是本文所能回答的了。

(本文原载《史学史研究》2014年第3期)

---

① 陈直:《南北朝谱牒形式的发现与索隐》,《西北大学学报》1980年第3期。

清代安庆方志中的"忠节"书写及其演变
——以抗清殉节者的"忠节"书写为中心

周 毅

在清代官方组织编修的方志中,"忠节"书写是其中的重要组成部分,且随着官方"忠节"旌表政策的变化而变化。作为清代安徽省会的安庆府①,入清后在不同时期所修的方志中,其"忠节"书写内容及其变化上也体现了这一特点。近年来,"历史书写"研究范式得以在方志研究中展开,人们重视探究方志文本本身的书写与建构过程。然而,对于方志中的"忠节"书写,目前学术界讨论则不多见。零星的相关研究,多以某个人物或家族的"忠节"为个案进行讨论,虽也论及了社会历史背景对方志中"忠节"文本书写、构建的影响,但考察的重点基本都不在"忠节"人物传记文本本身,更未见从整体角度讨论方志"忠节"人物传记文本问题。②本文拟通过对清代不同时期修纂的安庆方志中"忠节传"的文本书写及其前后变化的考察,解读清政权在"忠节"人物书写,尤其对抗清殉节人物的处理上,国家话语与地方话语的交汇纠缠,以及在教化问题上的互动情况。

---

① 乾隆二十五年(1760),安徽布政使司治所迁往安庆,安庆正式成为安徽省省会,直至20世纪抗战开始。
② 周毅:《方志中的"历史书写"研究范式——一个方志研究的新取向》,《中国史研究动态》2019年第2期;李晓方:《传记书写与皇权攀附——清代瑞金县志对谢长震的形象建构》,《上海师范大学学报(哲学社会科学版)》2014年第6期;刘正刚、钱源初:《明清士大夫评议"罗五节"忠节观的演变》,《学术研究》2017年第10期;赵永翔:《晚清地方军事化中的节义塑造——以汉江上游为例》,《陕西理工大学学报(社会科学版)》2018年第3期;等等。

一、清代安庆方志编纂概况及其"忠节"书写的主要特点

在方志发展至鼎盛的清代，素称"文献之邦"①的安徽，自然不会落于全国之后，其中仅省会安庆，就组织过5部府志的编修，而其所属六县，亦多次组织编修县志，前后总计多达29部。

清代所修的第一部安庆府志，是在清初顺治十四年（1657），当时主持编修的是时任安庆知府李士祯。这部府志惜已亡佚。到了康熙朝，清廷曾多次诏令各地修志以汇辑《大清一统志》，现存的四部安庆府志，即皆成于此时。其中，康熙十一年（1672），依大学士卫周祚请"敕下直省各督抚聘集夙儒名贤，接古续今，纂辑成书，总发翰林院，汇为《大清一统志》"奏②，诏令各省修志。这种情况下，时任安庆知府姚琅，亦于次年"揽宿彦论次之，勒成一书"③，后康熙十四年（1675）由继任知府刘国靖润色删正刊刻，这也是现存的首部清代安庆府志。康熙二十二年（1683），康熙帝再应大学士明珠请"纂修《一统志》书"奏④，下诏重启为三藩之乱延误的《大清一统志》编修。时任安庆知府刘栝，遂在康熙十四年府志基础上"奉檄续修"⑤，并在当年完成，是为现存第二部清代安庆府志。康熙二十五年（1686），康熙帝再次诏令，"爰敕所司，肇开馆局，网罗文献，质订图经，将荟萃成书，以著一代之钜典，名曰《大清一统志》"⑥，这时任安庆府同知的裴国照，遂又在刘栝续修的基础上"增修皖志"⑦，是为现存第三部清代安庆府志。

---

① 天顺《直隶安庆郡志》卷十一，《文词》，黄山书社2011年版，第291页。
② 康熙《天津卫志》卷首，国家图书馆藏抄本。
③ 康熙十四年《安庆府志》佟国祯序，《中国地方志丛书·华中地方·第633号》，台北成文出版社有限公司1985年版，第1—2页。
④ 中国第一历史档案馆整理：《康熙起居注》"二十二年四月十二日甲申"条，中华书局1984年版，第988—999页。
⑤ 康熙二十二年《安庆府志》刘栝序，国家图书馆藏康熙二十二年刻本。
⑥ 《圣宗仁皇帝实录》卷一二六，《清实录》（第5册），中华书局1985年版，第343页。
⑦ 康熙二十五年《安庆府志》裴国照序，国家图书馆藏康熙二十五年刻本。

这中间，康熙二十二年和二十五年府志，均为响应朝廷诏令在康熙十四年府志基础上续修，间隔时间不长，体例和绝大部分内容并未作多少更改①，只是稍增后几年史事而已，两志主体用的都是康熙十四年府志所刻的底版。

到了康熙六十年（1721），经过鼎革之际的纷乱，清朝统治已完全稳定，对历史的认知也出现了一些变化。此时虽朝廷并未组织修志，但时任安庆知府张楷仍"诚以郡乘大典，实守土者之责"②，主持编修了新的府志，这也是清代纂修的最后一部安庆府志。这部府志，以其体例严整清晰，记录翔实完备，突出正风化俗之理学教化功用等，一直被誉为佳志。加之此后清代安庆府志未再续修，这部安庆府志也就成了集大成之作。

府志之外，清代安庆府所领怀宁、桐城、宿松、望江、太湖、潜山六县，亦均在康熙十一年（1672）诏令各地修志后，"接诸上台宪檄"③，响应府志编修而先后组织编修了县志。此后，在已形成的修志传统影响下，即使朝廷不再统一组织地方修志，安庆府志亦无编修的情况下，此六县仍坚持续修志。如望江、太湖、潜山先后于乾隆朝重修了县志。到道光四年（1824），时任安徽巡抚陶澍"檄令修志"④，征集各地志乘以组织编修《安徽通志》，怀宁、桐城、宿松、太湖等县，亦皆响应之。诸县修志的情况，一直持续到晚清同治朝，怀宁、桐城、宿松、望江、太湖仍有所编修。

由上可见，清代安庆方志的编修，无论是清前期基本在朝廷诏令直接推动下进行，还是清中后期由安庆地方政府主动组织，都是由官方组织进行的。清代安庆方志也就成为官方推行意识形态，掌控社会话语权力，重构历史记忆以维护统治的一个重要场域。

清朝初年，较之于重建政治、经济和社会秩序等诸多手段的相对直接和

---

① 汪祚民：《安庆府志修纂考论》，《安庆师范学院学报（社会科学版）》2008年第11期。
② 康熙六十年《安庆府志·凡例》，中华书局2009年版，第10页。
③ 康熙二十三年《桐城县志》胡必选《序》，《中国地方志集成·安徽府县志辑12》，江苏古籍出版社1998年版，第1页。
④ 道光《桐城续修县志》廖大闻《序》，《中国地方志集成·安徽府县志辑12》，第271页。

高效,如何重建伦理道德秩序,以确立在意识形态领域的统治,则是一个较为复杂和漫长的过程。清政权以异族身份入主中原,面对汉族地区的文化优势,经过比较,最终选择了延续明代奉程朱理学为官方意识形态的文化策略,利用其中有利于统治秩序的纲常伦理,借助各种手段以加强对思想领域的控制。为了这一目的,清廷不仅组织编修《明史》,通过符合官方意识形态的历史书写掌控社会话语权力,重新建构符合需要的历史记忆。同时清廷也意识到,方志乃"一方全史"[①],亦是对地方历史记忆进行控制的主要途径。在这样的认识下,通过诏令各地修志的形式,将方志编修纳入官修史书的体系之中,以更为深入和细腻的历史书写,掌控地方的历史记忆,也自然被提到政治的议程之上了。具体到安庆地区而言,自明中后期以来,安庆地区理学文化逐渐走向兴盛,尤其是经过清初的由王返朱,到桐城派发展壮大,逐渐形成了以桐城派为核心的崇奉程朱理学的重镇,清代的安庆方志也就成为清政权争夺历史书写话语权的一个重要阵地。而"忠节"因在理学体系中所处的核心地位,很自然地被视为意识形态的重要一环,贯彻到安庆方志的书写当中,尤其涉及鼎革之际历史人物评价的"忠节"问题,更是历史书写的聚焦之处。在这种时代背景下,由官方主持编修的清代安庆方志中的"忠节"书写,则呈现出以下几个主要特点:

  首先是"忠节传"地位突出,且记载人数较明志大幅增加。清廷"崇朱",注重纲常伦理,"忠节"作为其中核心范畴在由官方主持编修的方志中受到高度关注,因此"忠节"人物传记在清代安庆方志中的地位愈发突出,"忠节传"则自然成为其中一个必然的结构性存在[②]。清代的安庆方志无论府志还是县志,均设有"忠节传"。如康熙十四年府志在人物传下置"忠节"篇,其后二十二年和二十五年府志均将十四年府志"忠节"篇照搬入志,康

---

① 〔清〕章学诚:《丁巳岁暮书怀投赠宾谷转运因以志别》,《章学诚遗书》卷二八,文物出版社1985年版,第317页。
② 明代安庆方志中,则并非都设有"忠节传",如明万历二十二年《望江县志》《人物类》中就未见"忠节"或"忠义"人物传记(《中国地方志丛书·华中地方·第673号》,台北成文出版社有限公司1985年版)。

熙六十年府志则在《人物志》中设有《忠节传》。县志中也均设"忠节传",如康熙二十三年(1684)《桐城县志》依府志体例在人物传下置"忠节"篇,道光《桐城续修县志》更是在《人物志》中设"忠节"篇并单列一卷。不仅如此,清志中记载的"忠节"人物数量也较明志有较大幅度增加。现存的三部明代安庆府志记载"忠义"人物均不超10人[①],而清初仅康熙十四年府志"忠节"篇记载人物就达53人,康熙六十年府志《忠节传》虽仅记载"忠节"人物22人,但在其后附"死义"篇,记载明代"死义"人物46人,合计达68人;县志中如道光《怀宁县志》"忠义"篇仅一县就载16人,道光《桐城续修县志》"忠节"篇更是载有53人。清志较明志"忠节"人物的增加,一方面在一定程度上反映了安庆地区在明清鼎革之际,"忠节"人物较三部明志形成的承平时期实际增加的历史事实,但同时也体现了清代尤其是清初为取得地方政治认同,重建社会伦理道德秩序以稳定统治,更加凸显"忠节"教化,将方志作为推行"忠节"教化的重要手段予以突出的结果。

其次,在"忠节"教化的主旨下,清代安庆方志中的"忠节"书写也呈现出模式化的特点。清代安庆方志中"忠节传"虽有"矜其乡贤,美其邦族"[②]的需要,但"矜其乡贤"是以其"忠节"得显,加之官方推行"忠节"教化的要求,相对于存史层面保留地方人物的事迹以"矜其乡贤",则更多地让渡于凸显"忠节"主旨的要求,就像方志列女传一样,只需满足"贞、孝、节、烈"等书写模式的基本情节要素,属于存史层面的具体内容、情节则可简化[③]。如康熙六十年府志《忠节传》所附"死义"篇中怀宁陈尚炳传,仅短短一句:"为贼执,骂贼而死"[④],只需满足"抗贼不屈而死"的要素,具体情

---

① 明天顺六年《直隶安庆郡志》卷十《人物·忠臣》载7人(第259—261页);明正德《安庆府志》卷二四《忠义传》载9人(《四库全书存目丛书·史部》第185册,齐鲁书社1996年版,第594—600页);嘉靖《安庆府志》卷二二《忠义传》载10人(黄山书社2011年版,第741—749页)。
② 〔唐〕刘知幾著,〔清〕浦起龙通释:《史通》卷十《杂述》,上海古籍出版社2015年版,第251页。
③ 周毅:《从康熙六十年〈安庆府志·列女传〉看地方志女性历史书写的模式化》,《史学史研究》2017年第3期。
④ 康熙六十年《安庆府志》卷十七《人物志·忠节传·死义》,第839页。

节则可省略。其他"忠节"者的传记,虽有详有略,但多数基本遵循了"抗贼不屈而死"的书写模式,有的还加上体现"忠节"的言论,如"我书生,肯跪汝贼奴耶";"我为朝廷赤子,且世为礼仪中人,岂屈膝尔贼辈耶"[①],等等,以进一步彰显传主的"忠节"形象。且随时代推移,清代安庆方志中的"忠节"书写越来越简略,如清初康熙十四年府志的"忠节"人物传记,虽基本上都遵循了"抗贼不屈而死"的书写模式,但大都在百字以上,有的著名人物如史可法传记就有五百余字[②],"忠节"教化之外,仍可见为本土人物存史的地方意识。到康熙六十年府志和之后所见县志,"忠节"人物传记则更加简略,如康熙六十年府志《忠节传》中人物传记多不足百字,尤其所附"死义"篇中传记,基本寥寥数语而已。再如道光《桐城续修县志》"忠节"篇的人物传记亦多数不足百字,很多仅短短一句,如:

> 方君简,崇祯丁丑,寇犯桐,死之。
> 吴道悦,邑附生,崇祯癸未,贼逼不屈,被害。
> 胡顺祖,字法,先考授主簿,罹贼难。[③]

从中亦可见随着清廷政治控制逐步严苛,国家话语在方志中逐渐占据主导地位,存史以"矜其乡贤"的地方意识也逐步让位于"忠节"教化的国家意志。

最后,清代安庆方志中的"忠节传"主要是以表彰明代尤其是明末"忠节"者为主,却也并未完全将抗清殉节者排除在外。如康熙十四年府志"忠节"篇所录53人中,明人竟达48人;康熙六十年府志《忠节传》"忠节"人物22人中明人15人,加之其后附"死义"篇中46人全部为明末"死义",即其志所录68人中明人达61人;即使是清中后期的道光《桐城续修县志》中

---

① 康熙六十年《安庆府志》卷十七《人物志·忠节传·死义》,第839、842页。
② 康熙十四年《安庆府志》卷十《忠节》,第984—985页。
③ 道光《桐城续修县志》卷十《人物志·忠节》,第410—411页。

"忠节"人物仍是以明人为主,记录53人中,元代2人,明人竟有46人,清人也不过5人。

而明代"忠节"又以明末"忠节"者为主,以康熙十四年府志"忠节"篇为例,其志所录明代"忠节"中,最著名者当为对抗阉党魏忠贤而死的"东林六君子"之一的桐城左光斗①;另有明初靖难之变中殉节官员,如怀宁甘霖和桐城方法②,有宁王之乱中不降叛军被杀的怀宁汪鋆③,有抗倭时被俘不降遭戮的桐城黄孟五④。但主要还是在明末殉节的官员和普通民众。明末,不仅与清对峙,另有李自成、张献忠起兵反明,加之各地民变时起,甚至还有流寇土贼不断,战乱频仍。不少安庆籍人士在他地为官者,都在抗击李自成、张献忠等部及流寇土贼时尽忠殉国,如怀宁阮之钿,主动请旨赴任襄阳,面对张献忠部的胁迫不屈而被杀⑤;桐城夏统春,黄陂县丞,坚守黄陂县城与张献忠部激战,战败被俘后不屈大骂,被断双手仍怒骂不止,终被割舌剜目肢解⑥;潜山王九鼎,北直隶故城县令,面对流寇,"以忠义奖率士民,效死以守,衣不解带,饮食于雉堞者浃旬。力不及支,城陷,遂以身殉"⑦。当然还有甲申殉节者,如潜山徐显问,"邑诸生……甲申,闻闯贼陷京都,北向号哭,赴江水死"⑧。

安庆地区作为"金陵咽喉、江介扼要"⑨的江防重镇,历来为兵家必争之地,明末更是饱受兵燹之苦。据康熙六十年府志《民事志·兵氛》记载,自崇祯七年(1634)开始直至明亡的最后十年间,安庆地区可谓是各种战乱匪患不断,动荡不已⑩。仅桐城一地,"自甲戌至乙酉十有二年,苍苍烝民,死散

---

① 康熙十四年《安庆府志》卷十《忠节》,第984—985页。
② 康熙十四年《安庆府志》卷十《忠节》,第979、984页。
③ 康熙十四年《安庆府志》卷十《忠节》,第982页。
④ 康熙十四年《安庆府志》卷十《忠节》,第990页。
⑤ 康熙十四年《安庆府志》卷十《忠节》,第980—981页。
⑥ 康熙十四年《安庆府志》卷十《忠节》,第986页。
⑦ 康熙十四年《安庆府志》卷十《忠节》,第990页。
⑧ 康熙十四年《安庆府志》卷十《忠节》,第992页。
⑨ 康熙六十年《安庆府志》郑任钥序,第2页。
⑩ 康熙六十年《安庆府志》卷六《民事志·兵氛》,第212—213页。

流亡,殆数十余万"①,整个安庆地区更是有大量普通民众死亡,其中就有不少为抗击贼寇不屈而死者,如怀宁方应旟,邑庠生,"被执,贼命之跪",大骂不从,贼"刺其喉而毙"②;宿松夏时行,邑廪生,乘船"避贼水次,贼突至",为防止"贼乘之以掠湖也","急凿破其舟……遂遇害"③。有几人一同死节者,如太湖王鼎臣、吴梦旸、雷绵祚,"俱邑庠生。崇祯丁丑为流贼所执,不屈同死之"④。甚至还有桐城诸生吴普昭"一门五义","崇祯丁丑,以贼逼,率乡民团聚格斗十余日,寻被害。妻孙氏痛夫难,哭泣三月而死。其四子光璘殉之,妇李氏亦不食而死。五子光耀妻许氏为贼迫,义不受辱死"⑤。

考察以上康熙十四年府志"忠节"篇所载明末"忠节"人物,都有一个共同特点,即基本都是反抗张献忠等部或流寇土贼,而不是对抗清政权。再如康熙六十年府志《忠节传》,所录61位明人竟全部是明末"忠节"者,甚至为突出明末"忠节"者,连著名人物左光斗都不再记载。即使清中后期的道光《桐城续修县志》"忠节"篇所记明人46人中,明末"忠节"者仍有30人。康熙六十年府志和道光《桐城续修县志》中的明末"忠节"者,也基本和康熙十四年府志所录"忠节"者一样,主体都是非抗清殉节者。

从明清鼎革之际安庆地区的历史事实来看,甲申之后,归属南明弘光政权的安庆很快为反叛南明的左良玉部所占,但不久,"〔清〕英王至,左师降"⑥,清军于顺治二年(1645)进入安庆时,并未遇到多少抵抗。戴名世在《孑遗录》中记录了桐城及周边安庆诸县,明末时饱受张献忠等部及流寇土贼侵扰之苦,驻守明军及明援军亦军纪涣散,侵扰地方,"贼乱于外,兵乱于内","田土沃,民殷富,家崇礼让,人习诗书,风俗醇厚,号为礼仪之邦"的桐城,变成"如困汤火"的人间地狱,反倒是清军占领桐城后整肃地方,恢复社

---

① 〔清〕王雯耀:《全桐纪略》,《四库未收书辑刊·贰辑》(第21册),北京出版社2000年版,第351页。
② 康熙十四年《安庆府志》卷十《忠节》,第983页。
③ 康熙十四年《安庆府志》卷十《忠节》,第998页。
④ 康熙十四年《安庆府志》卷十《忠节》,第996页。
⑤ 康熙十四年《安庆府志》卷十《忠节》,第986—987页。
⑥ 康熙六十年《安庆府志》卷六《民事志·兵氛》,第213页。

会秩序,"自是天下渐定"。①就桐城而言,鼎革之际虽有不少士民抗击贼寇不屈而死,但抗清者却并不多见②,整个安庆地区亦是如此③。清代安庆方志中的"忠节"主要以明末抗击张献忠部及流寇土贼而殉节的官员和普通民众为主,而非抗清殉节者,也在一定程度上反映了当时的历史事实。

因为不是抗清而殉节之"忠节",又符合官方推行理学"忠节"教化的需要,清代安庆方志对这些本土的前朝"忠节"人物着力褒扬。当然,这样做不仅是为推崇"忠节"观念以行教化,也是清初官方通过表彰地方"忠节"人物而获得地方政治认同的一个重要手段,同时也符合了安庆构筑地方"忠节"形象的需要,国家话语和地方话语则在这一问题上取得了一致。

如此,在朝廷与地方持有共同意识形态的思想格局之下,国家与地方话语体现于方志的"忠节"书写似乎不会存在相互矛盾纠缠的地方,然而事实并非如此简单。表彰"忠节",清代安庆方志还面临一个无法回避的问题,即如何评价抗清殉节者的"忠节"。安庆地区抗清殉节者可以大致分为两类,一类是明末在他地为官抗清不屈而死的安庆籍人士,如入传《明史》并被《钦定胜朝殉节诸臣录》收录的桐城籍人山东左布政使张秉文④和泾县教谕刘守中等人;另一类就是参加南明政权的抗清殉节者,如马其昶在《桐城耆旧传》中就提到"从行播越、殉节诸臣,其孤忠有足悯者"⑤的胡如理、马懋功、胡缜、左德球等人。综观不同时期清代安庆方志的"忠节传",以非抗清殉节者为主体,但并非完全将抗清殉节者排除在外,其中仍可见抗清殉节者的身影。当然和大量记载并着力褒扬非抗清殉节者不同,清代安庆方志

---

① 〔清〕戴名世著,王树民编校:《戴名世集》卷十二《子遗录》,中华书局2000年版,第310、321、329页。
② 李立民:《从"故国"到"新朝"——明清之际桐城士人的地方自觉与国家认知》,《安徽大学学报(哲学社会科学版)》2017年第6期。
③ 笔者曾就此采访安庆本土文化史和口述史研究专家、皖江文化研究会副会长张健初先生,据张健初先生了解,安庆本地并无多少明末清初抗清的民间故事或传说,反倒是关于朱元璋及太平天国的故事和传说不少,或许也可从侧面印证清政权进入安庆地区几乎未遭抵抗,抗清者不多见的说法。
④ 〔清〕张廷玉等撰:《明史》卷二九一《忠义三·张秉文传》,中华书局1974年版,第7468—7469页;《钦定胜朝殉节诸臣录》,《台湾文献丛刊》(第291册),台北大通书局1987年版,第27页。
⑤ 〔清〕马其昶著,毛伯舟点注:《桐城耆旧传》,黄山书社1990年版,第198—199页。

关于抗清殉节者的记载不仅数量不多,而且还随着时代变迁,针对抗清殉节者的入志人物、数量甚至是否载入"忠节传",都在不断发生变化。但恰恰是这数量不多且不断变化的部分,却是清代安庆方志关于"忠节"书写存在矛盾纠缠的集中之处。这种矛盾纠缠说明方志书写中体现官方意识形态的国家话语在垄断社会话语权力的过程中,必然要受到方志地方属性所带来的地方话语的挑战,而清代安庆方志如何利用对抗清殉节者的"忠节"书写来处理协调国家话语与地方话语之间的矛盾纠缠,也正是本文所要讨论的核心话题。

二、清代安庆方志关于抗清殉节者"忠节"书写的演变

考察不同时期的清代安庆方志,以现存最早的康熙十四年(1675)《安庆府志》以及最后一部府志——康熙六十年(1721)《安庆府志》,再到清中后期的道光《桐城续修县志》为例,可以很明显地看出不同时期清代安庆方志针对抗清殉节者的书写的变化过程。

一类是明末在他地为官抗清不屈而死的安庆籍人士。康熙十四年府志"忠节"篇收录了怀宁刘守中和桐城张秉文二人。其中刘守中传如下:

> 刘守中,字愚中,号毅庵……崇祯间,以明经授泾县司训,日与生徒讲究,慨然以阐明经学为己任。乙酉五月,闻金陵陷,县令王先甲遂挂冠去。邑绅士爱其品节,咸以邑篆强守中署之。八月,大兵入泾县,守中怀印死城濠中。[①]

对照清康熙六十年府志《忠节传》及不同时期《怀宁县志》的刘守中传记,所载事迹基本相同,可知刘守中作为泾县县学教谕,在县令弃城逃跑之

---

① 康熙十四年《安庆府志》卷十《忠节》,第981页。

后被推代领知县职,清军占领泾县,刘守中怀抱县印自尽殉国,但并未组织与清军作战。①

与刘守中不同,张秉文则积极组织军民抵抗,与清军进行了激烈的战斗。康熙十四年府志"忠节"篇中的张秉文传记述如下:

> (桐城)张秉文,字含之,万历间进士。初授户部主事,督榷临清,有廉声。累迁江、楚、闽、粤司道,所至著绩。在粤,剿海寇李之奇等,以数万计,全省安堵。崇祯丙子,转山东布政司。乙卯春,济南城溃,秉文遂以身殉。沥血遗书致二子,有"身为大臣,当死于封疆"等语。妻方氏亦死焉。事闻,赠太常寺卿,与祭葬,荫一子入监。秉文孝友端悫,乡称长者。年少登第,文字尤为一时之俊云。②

《明史》亦将张秉文收入《忠义传》:

> 张秉文,字含之,桐城人。祖淳,官参政,事具《循吏传》。秉文举万历三十八年进士,历福建右参政,与平海寇李魁奇。崇祯中,历广东按察使,右布政使,调山东为左。
>
> 十一年冬,大清兵自畿辅南下。本兵杨嗣昌檄山东巡抚颜继祖移师德州,于是济南空虚,止乡兵五百,莱州援兵七百,势弱不足守。巡按御史宋学朱方行部章丘,闻警驰还,与秉文及副使周之训、翁鸿业,参议邓谦,盐运使唐世熊等议守城,连章告急于朝。嗣昌无以应,督师中官高起潜拥重兵临清不救,大将祖宽、倪宠等亦观望。大清兵徇下州县十有六,遂临济南。秉文等分门死守,昼夜不解甲,援兵竟

---

① 康熙六十年《安庆府志》卷十七《人物志·忠节传》,第833—834页;康熙二十五年《怀宁县志》卷二三《人物传·忠节》,《中国地方志丛书·华中地方·第730号》,台北成文出版社有限公司1985年版,第886—887页;道光《怀宁县志》卷十八《忠义》,第4页,国家图书馆藏道光五年刻本;民国《怀宁县志》卷十七《忠义》,《中国地方志集成·安徽府县志辑11》,第384页。
② 康熙十四年《安庆府志》卷十《忠节》,第985—986页。

无至者。

　　明年正月二日，城溃，秉文擐甲巷战，已被箭，力不能支，死之。妻方、妾陈，并投大明湖死。学朱、之训、谦、世熊及济南知府苟好善、同知陈虞胤、通判熊烈献、历城知县韩承宣皆死焉，德王由枢被执。秉文赠太常寺卿，之训、谦光禄卿，承宣光禄少卿，皆建特祠，余赠恤如制。学朱死，不得尸，疑未实，独格不予，福王时，赠大理卿。鸿业及推官陆燦不知所终，赠恤亦不及。①

张秉文出自桐城清河张氏，该家族以清代著名的父子宰相张英、张廷玉而闻名。张秉文即是张英的伯父，也就是张廷玉的伯祖父②。清康熙五年（1666），张英之父即张秉文的胞弟张秉彝组织重修了张氏宗谱，这是张氏自明朝万历三十七年（1609）后首次修谱，其时尚未入仕的张英为伯父张秉文作传，记载了张秉文英勇抗清的事迹：

　　……晋山东左藩，戊寅警至济南，时精锐镇德州，危城孤注，捐千金募士犒卒，誓师率众固守。沥血齐太恭人，有云："身为大臣，当死于封疆。老母八旬，诸弟善事之，誓以身报朝廷，不得复侍太夫人侧矣。"词义慷慨激烈。乙卯正月，城溃，擐甲挺戈，犹思巷战，已被箭，尚奋力杀数人，卒莫能之，遂以身殉……③

张廷玉主修《明史》时，面对奉旨修史和传承家族记忆的双重使命，很自然地就将张秉文纳入《明史》的《忠义传》，不仅是为宗族增光之意，更重要的是以此获得官方对家族过往历史的认可，而这对均在清廷身居高位的张英、张廷玉父子来说尤为重要。所以张廷玉将《明史》中的张秉文传基本

---

① 〔清〕张廷玉撰：《明史》卷二九一，《忠义三·张秉文传》，第7468—7469页。
② 安徽桐城《张氏宗谱》卷一，《世图》（第2册），民国癸酉年（1933）季春月重刊本，第15—34页。
③ 安徽桐城《张氏宗谱》卷二九，《列传》（第26册），第17页。

沿用宗谱,由此也得以保留了张秉文力战而死,以身殉国的英勇事迹:清军进攻济南时,城内兵力薄弱,"势弱不足守",附近诸明将观望不救,身为左布政使的张秉文以一文官身份毅然而率众力战清军,"昼夜不解甲",城破仍坚持与清军巷战,最终"力不能支",战死殉国,家眷也随之自尽殉节,其抗清事迹可谓惨烈悲壮。

较之于《明史》尤其是《张氏宗谱》,康熙十四年府志"忠节"篇对于张秉文抗清的悲壮事迹却只是轻描淡写地说了"济南城溃,秉文遂以身殉""妻方氏亦死焉"等寥寥数语,将其英勇激战抗清的情节全部隐去,且并未交代清军进攻济南的历史背景,是为将其殉国尽忠的事迹,抽离出具体的时空脉络,淡化其中明清对立的政治因素。同时康熙十四年府志反倒突出了《明史》中没有记载的"沥血遗书"的情节,《张氏宗谱》中所载是张秉文"沥血齐太恭人",交代"诸弟"善事老母,这在宗谱的语境中,更多的是表现张秉文的"孝"。而到康熙十四年府志中被改为"沥血遗书致二子",则遗书中"身为大臣,当死于封疆"一语,就由宗谱中张秉文解释不能尽孝的原因,变成了方志中"致二子"进行"忠节"教导,巧妙地将宗谱中的"孝"转化为方志中的"忠"。如此,一隐一彰,将张秉文之"忠节"突破仅对明朝尽忠的局限,而具有了超越的理学人格追求,凸显清政权所推崇的以"忠节"为核心的理学伦理纲常。此种历史书写方法,正是以突出"忠节"的理学伦理道德标准而消解鼎革之际明清对立的政治因素,以推行"忠节"之教化。有学者指出这种彰显"教化"而"去政治化"的历史书写策略,是在清初朝野逐步形成并最终在乾隆朝被官方确认的针对南明史的历史书写法则[①]。其实,考察现存的三部明代安庆府志,在表彰元末殉国尽忠的元将余阙时,强化作为理学伦理纲常之"忠",淡化元明易代的政治性,而纯粹从理学纲常的角度去褒扬作为"忠义"之榜样的余阙,就是采用了这种历史书写方法。方志编修,往往前后

① 陈永明著:《清代前期的政治认同与历史书写》,上海古籍出版社2011年版,第105—148页。

相沿,多要参考前志,姚琅主持编修康熙十四年府志时,"于是编矻矻焉,蒐诸往牒"①,"尤取前志,厘定成书"②,参考的"往牒""前志"自然不仅是其时仍可见的清顺治十四年(1657)《安庆府志》,应该也包括了明代所修安庆府志和各县县志,"前贤之忠义未泯,而时代迁改,文献鲜征,则蒐讨采辑之举,复何敢或缓"③。所以有理由相信康熙十四年府志张秉文传中所采取的彰显"教化"而"去政治化"的历史书写策略,也应是受到了明志的影响。

值得注意的是,到了康熙六十年,所修安庆府志《忠节传》出现了一个非常重要的变化,即所表彰"忠节"已基本不再包括抗清殉节者,体现在具体的书写安排中,就是如何处理康熙十四年府志"忠节"篇所录的刘守中和张秉文二人。其中,因刘守中并未直接组织与清军作战,只能算作不合作者,出于方志"矜其乡贤"的地方意识,康熙六十年府志仍勉强将其保留在《忠节传》。④但对于英勇抗击清军并最终以身殉明的张秉文这一本土的重要"忠节"人物,则将其移出《忠节传》,而归入《乡贤传》。⑤

康熙朝后,清代安庆府再未组织编修府志,但所属六县仍陆续编修县志。如道光四年(1824),安徽巡抚陶澍组织编修《安徽通志》,征集各地志乘,安庆各县也纷纷檄令修志,其中桐城县亦于道光四年(1824)开始组织编修,并于道光七年(1827)年修成《桐城续修县志》24卷。虽府志未修,以理学重镇桐城的道光朝所修县志相参照,仍可看出历经百余年,清代安庆方志中关于抗清殉节者"忠节"书写的变化,其中一个具体表现就是道光《桐城续修县志》将本地抗清殉节的代表人物张秉文又重新归入《人物志》的"忠节"篇。当然也同康熙十四年府志一样,道光《桐城续修县志》"忠节"篇中张秉文传记也是隐去了与清军英勇激战的情节,代之以"城孤力

---

① 康熙十四年《安庆府志》姚琅序,第48页。
② 康熙十四年《安庆府志》刘国靖序,第59页。
③ 康熙十四年《安庆府志》刘国靖序,第58页。
④ 康熙六十年《安庆府志》卷十七《人物志·忠节传》,第833—834页。
⑤ 康熙六十年《安庆府志》卷十六《人物志·乡贤传》,第811页。

尽,遂以身殉"等寥寥数语,并保留了"沥血遗书致二子"的凸显"忠节"教化的情节。①

另一类即参加南明政权的抗清殉节者。参加南明政权的抗清殉市者在入清后很长时间内都未出现在安庆方志中,如清初的康熙十四年府志"忠节"篇就未收录;安庆府六县中参加南明政权人数相对较多的桐城县,其清初的康熙二十三年(1684)《桐城县志》"忠节"篇也未收录南明人物;康熙六十年府志中同样也不见南明抗清殉节者的身影。直到清中后期的道光《桐城续修县志》,才首次将本地南明抗清殉节者也收入了其《人物志》的"忠节"篇。如孙临:

……唐王时以苏松巡抚杨文骢荐为职方主事加监军副使,大兵入闽,文骢卫仙霞关,兵败被执,俱不屈死。②

如胡如珵,追随史可法参加南明弘光政权:

……史可法督师扬州,辟为记室,露布、封事尽出其手,叙功授司理参军。大兵至扬州,如珵从可法死。③

再如马懋功,先后参加南明弘光、绍武政权,顺治三年(1646)清军围攻赣州时,"出督遇截,焚舟赴水死"④,等等。南明抗清殉节者出现在由官方组织的方志中,也就意味着官方将南明抗清殉节者也作为"忠节"表彰的对象。

---

①② 道光《桐城续修县志》卷十《人物志·忠节》,第406页。
③④ 道光《桐城续修县志》卷十《人物志·忠节》,第407页。

三、抗清殉节者"忠节"书写变化原因的分析

清代安庆方志对抗清殉节者的"忠节"书写,经历了从康熙十四年到六十年的府志,再到道光《桐城续修县志》的变化,考察其原因,其实更多地是反映了从康熙朝的清前期到道光朝的清中后期,方志书写者对于"忠节"的认识不断发生变化。当然,这认识变化反映了伴随着清政权不断加强思想文化方面的控制,国家话语如何与地方话语在方志书写中不断纠缠、争夺话语控制权力,并最终取得胜利、得以规训地方话语趋向统一的过程。

首先,官方主持编修的康熙十四府志的"忠节"篇为何会收录抗清殉节的明臣刘守中、张秉文二人,却又不收参加南明政权者?

鼎革之初,有关对前朝"忠节"旌表问题的讨论一直存在,顺治朝就有关于请求旌表明末民变时不屈殉节者的声音不断发出,甚至有人提出对抗清殉节者也要予以表彰,如顺治九年(1652),刑科给事中赵进美上奏顺治帝,要求重新核实"明末死节诸臣",将顺治元、二年间(1644、1645)"未达天心,徒抱片节硁硁之志,百折靡悔"的南明抗清人士亦"核实表彰,以作忠义"①;其后,兵科给事中王廷谏奏请从"纲常伦纪"的角度出发,将著名的抗清明臣史可法、左懋第"酹斝赐褒"②;顺治十二年(1655),国史院检讨汤斌也提出,"顺治元、二年间,前明诸臣有抗节不屈、临危致命者,不可概以叛书。宜命纂修诸臣勿事瞻顾"③。顺治帝只是同意旌表甲申殉节明臣,却始终未应允褒奖抗清殉节者的要求。关于是否表彰抗清殉节者的讨论,虽然到康熙朝仍在继续,但直到康熙十八年(1679),康熙帝诏令重新开馆,再启停滞已久的《明史》编修工作,相关的讨论才又再度活跃起来④。

---

① 《世祖章皇帝实录》卷七十,《清实录》(第3册),中华书局1985年版,第551—552页。
② 《世祖章皇帝实录》卷七十,《清实录》(第3册),第553页。
③ 赵尔巽等撰:《清史稿》卷二六五《汤斌传》,中华书局1977年版,第33册,第9929页。
④ 清初官方关于对前朝"忠节"旌表的相关问题,陈永明《清代前期的政治认同与历史书写》(第123—135页)、吴航《清朝官修〈明史〉关于南明历史纂修的讨论》(《史学史研究》2013年第1期)进行了详细讨论。

由此有一点可以肯定的是，在康熙十四年府志的形成时期，即从时任安庆知府姚琅主持纂修并完成的康熙十二年（1673），一直到继任知府刘国靖对之润色删正而刻印成书的康熙十四年（1675），这一时间段内，清政权并不提倡旌表抗清殉节者，而刘守中、张秉文二人却出现在康熙十四年府志的"忠节"篇中。如此看似矛盾的现象，其原因应首先归结为清初政治思想环境的相对宽松，给予方志编修者以一定的历史书写空间。易代之初，清政府在相当长的一段时间内要将主要精力放在镇压反清势力和恢复社会秩序上面，一时难以很好地兼顾政治和思想控制方面的问题。清初的顺治朝和康熙朝初期，有学者称为清人明史学的初期，官方文化政策相对比较宽松，也为诸家修史尤其是为民间南明史的书写提供了一个相对宽松的政治思想环境。① 所以在清初"完全是前明遗老支配学界"的"从顺治元年到康熙二十年约三四十年"②的这一阶段里，对于有关抗清殉节者的旌表问题，官方虽并不提倡，但也未明令禁止。

在此时代背景下，康熙十四年府志将张秉文、刘守中二人收入"忠节"篇，则不难理解了。虽然清政府将编修地方志视为清初恢复政治和思想秩序的一项重要措施，方志作为官修史制度的构成部分具备了国家属性，但同时方志作为"一方全史"，其修史主、客体又具备地方属性。如此，在地方属性突出的方志书写过程中，尤其是对经历了明中后期以来学术文化不断发展、政治地位逐步提升的清初安庆地区而言，"在皖言皖"③的地方意识也日益突出，必然促使地方话语在一定程度上与清初尚未完全掌控话语权的国家话语产生争夺。所以在清初官方主持编修的康熙十四年府志中，国家话语决定了其"忠节"篇主要收录本地符合国家旌表政策的明末非抗清殉节者，但地方话语的存在，彰显地方"忠节"形象的需要，又促使康熙十四年府志"忠节"篇收录了官方并不主张但也未明令禁止表彰的抗清殉节者。当

---

① 姜胜利著：《清人明史学探研》，南开大学出版社1997年版，第3—10页。
② 梁启超著：《中国近三百年学术史》，中国书店1985年版，第16—17页。
③ 康熙十四年《安庆府志》佟国祯序，第3页。

然,清初统治者将明清关系视为政治禁忌尤其是视南明为僭伪政权,所以康熙十四年府志"忠节"篇只是有限度地突破官方禁忌,表彰明末抗清殉节者但未收录参加南明政权者,并且又在所载张秉文传记中尽量淡化其抗清情节,突出符合官方理学教化需要的"忠节"价值观念,彰显教化之意。这正是清初国家话语和地方话语在方志书写的过程中交汇纠缠并产生妥协的结果。

其次,康熙六十年府志《忠节传》将抗清殉节的张秉文移出《忠节传》而归入《乡贤传》,无疑是随着清朝统治的不断加强,加强思想文化方面的控制,国家话语在方志书写中的掌控能力也不断增强的结果,同样这更是其志不收参加南明政权者的原因。

康熙六十年府志于康熙五十八年(1719)年冬开始编修,历经两年,至康熙六十年(1721)年修成。此时距清入关已经近八十年,进入康乾盛世①的清政权也更有精力和能力来处理意识形态方面的问题。这其中一个重要议题自然是关于《明史》的编修工作,尤其是如何处理南明历史和是否表彰抗清人士的讨论,也一直从顺治朝延续至康熙朝。康熙十八年(1679)重启《明史》馆之后,馆臣彭孙遹和徐乾学、徐元文兄弟都曾先后上书,建议站在儒家伦理道德的角度表彰抗清殉节者,甚至要求在《明史》编修中将南明诸王的列传附在崇祯皇帝本纪之后。虽然康熙帝一开始答应了这个要求,但在康熙五十年(1711)《南山集》案后,康熙帝觉察到这其中可能暗含将明清之际的正统归南明之意,便禁止如此安排。②《南山集》案发,牵连极广,"坐是方氏族人及凡挂名集中者皆获罪"③。清代文字狱之多,处罚之严酷,以及由此形成的"涟漪效应",使得人心极度恐慌,而处处形成"自我禁抑"

---

① 高翔《近代的初曙:18世纪中国观念变迁与社会变化》认为,康乾盛世自康熙二十年(1681)平定三藩之乱开始,至嘉庆元年(1796)白莲教起义爆发结束(故宫出版社2012年版,第33页)。
② 吴航:《清朝官修〈明史〉关于南明历史纂修的讨论》,《史学史研究》2013年第1期;陈永明:《清代前期的政治认同与历史书写》,第128—131页、191页。
③ 〔清〕赵尔巽等撰:《清史稿》卷四八四《文苑一·戴名世传》,第13370页。

的现象。①《南山集》一案,众多受到牵连的桐城人士被处死、流放,无疑在戴名世的故乡桐城乃至整个安庆地区产生了巨大的社会心理紧张,"自我禁抑"现象也自然更甚于他地。这种"自我禁抑"现象体现在方志书写中也非常明显,具体表现就是在地方志编修过程中对敏感史事略而不写。②

所以在《南山集》案之后不久编修的康熙六十年府志,自是不会收录参加南明政权者,更遑论将他们放入"忠节传"予以表彰,就连张秉文虽不是参加南明政权,但因其组织与清兵对抗,都被移出《忠节传》。如果说清康熙十四年府志"忠节"篇省略张秉文抗清的细节,是出于清初政治对立的禁忌,沿用了明志中就已经使用的以"教化"而"去政治化"的历史书写策略,康熙六十年府志中的张秉文传不仅略去其抗清细节,更是被移出《忠节传》,除了国家话语对方志书写控制进一步增强的原因,恐怕还要加上一层安庆地方因《南山集》案而带来的"自我禁抑"的因素,导致地方话语几乎完全屈从于国家话语。当然,康熙六十年府志还是将移出《忠节传》的张秉文归入了《乡贤传》,仍可见其时为地方存史、"矜其乡贤"的地方话语的一丝坚持。

最后,康熙六十年府志后历经百余年,至清中后期的道光《桐城续修县志》,为什么不仅将被移出"忠节传"的张秉文又重新归入了其志《人物志》的"忠节"篇,更是首次收录表彰了清前期一直视为"勍敌"的参加南明政权的抗清殉节者?考其原因,经过清顺治、康熙、雍正三朝,国家与地方在这一问题上不断纠缠,最终到乾隆帝颁行《钦定胜朝殉节诸臣录》,重新定义了清代的"忠节"书写原则,从而也影响到方志的"忠节"书写。

清顺治、康熙、雍正三朝均将南明视为僭伪政权,更是因为顾及清初降清明臣的情绪,严防挑起民族矛盾,避免鼓励民众抗清等原因,虽有关于请求表彰抗清殉节者尤其是南明抗清殉节者的声音不断发出,但顺、康、雍三

---

① 王汎森著:《权力的毛细管作用:清代的思想、学术与心态(修订版)》,北京大学出版社2015年版,第345—350页。
② 王汎森著:《权力的毛细管作用:清代的思想、学术与心态(修订版)》,第381页。

帝对此一直都未做出妥协。直至乾隆朝,尤其是乾隆二十四年(1759)统一新疆之后,康乾盛世也进入了所谓的"鼎盛""全盛"时期①,自信的乾隆皇帝已经完全不用再疑虑表彰抗清殉节者可能会对给清政权带来的不利因素,反而是认为可以将抗清殉节者的"忠节"作为提高治下臣民忠君意识的重要资源加以利用。乾隆三十一年(1766),乾隆皇帝谕令史馆:

> ……当国家勘定之初,于不顺命者自当斥之曰"伪",以一耳目而齐心志。今承平百有余年,纂辑一代国史,传信天下万世,一字所系,予夺攸分,必当衷于至是,以昭史法……明末诸臣如黄道周、史可法等,在当时抗拒王师,固诛僇之所必及。今平情而论,诸臣各为其主,节义究不容掩,朕方嘉予之,又岂可概以伪臣目之乎?总裁等承修国史,于明季事皆从贬,固本朝臣子立言之体,但此书皆朕亲加阅定,何必拘牵顾忌,漫无区别,不准于天理人情之至当乎?朕权衡庶务,一秉至公,况国史笔削,事关法戒所系,于纲常名教者至重,比事固当征实,正名尤贵持平。特明降谕旨,俾史馆诸臣咸喻朕意,奉为准绳,用彰大中至正之道。②

乾隆帝从"于纲常名教者至重"的角度出发,认为"(南明)诸臣各为其主,节义究不容掩",不应"概以伪臣目之",并将此作为史臣书写南明历史的准则,很明显也是采取了突出伦理纲常淡化政治对立,以道德立场消解政治立场的做法,这一谕旨标志着清政府对于抗清殉节者"忠节"表彰问题的认识和政策发生重要转变③。尤其是乾隆四十一年(1776),乾隆皇帝谕旨颁行《钦定胜朝殉节诸臣录》,开始正式将抗清殉节者纳入官方表彰的范围之内,其中涉及安庆籍人士,不仅收录了被康熙六十年府志移出《忠节传》的

---

① 高翔著:《近代的初曙:18世纪中国观念变迁与社会变化》,第33—34页。
② 《高宗纯皇帝实录》卷七六一,《清实录》(第18册),第373页。
③ 陈永明著:《清代前期的政治认同与历史书写》,第188、197页。

张秉文,还有之前从未在安庆方志中出现的参加南明政权的安庆籍人士,如桐城胡缜、孙临等。①通过《钦定胜朝殉节诸臣录》,乾隆皇帝重新定义了官方所推崇的"忠节"价值观念,不仅成为官方推行"忠节"教化的准则,也为此后的历史书写制定了不容置疑的规范和指引②,这自然也会影响到之后的方志书写。

具体落实到乾隆朝《钦定胜朝殉节诸臣录》颁行之后的清代安庆方志书写中,在国家话语的认同下,安庆地方自然可以光明正大地将本地抗清殉节者作为地方"忠节"资源,以推行"忠节"教化的形式公开予以表彰。所以道光《桐城续修县志》又将本地抗清殉节的代表人物张秉文重新归入《人物志》的"忠节"篇。当然也同康熙十四年府志一样,其志"忠节"篇中的张秉文传记也是隐去了与清军激战的情节,代之以"城孤力尽,遂以身殉"等寥寥数语,并保留了"沥血遗书致二子"的凸显"忠节"教化的情节。③不仅如此,道光《桐城续修县志》与之前的安庆诸种方志相比,一个最大的变化就是首次将南明抗清殉节者也收入了其《人物志》的"忠节"篇。

当然,如前文所述,同康熙十四年府志"忠节"篇中的张秉文传一样,在道光《桐城续修县志》"忠节"篇中,不仅是重新归入"忠节"的张秉文传,包括首次进入安庆方志的南明抗清殉节者传记,亦均是寥寥数语,对传主抗清的具体情节尽量淡化处理,几乎雷同的模式化书写,使这些南明抗清殉节者传记在清代安庆方志中也同其他"忠节"人物传记一样,只是变成了推行"忠节"理学纲常的教化案例,而不是为记录本地南明抗清的历史。

要之,在清代安庆方志"忠节"书写历经一百余年不断变化的过程中,国家话语和地方话语不断交汇纠缠,产生争夺甚至是在一定程度上达成妥协。虽然最终道光《桐城续修县志》将抗清殉节的张秉文和本地南明抗清殉节者都列入"忠节"篇予以表彰,但得以表达"矜其乡贤"的地方意识同

---

① 《钦定胜朝殉节诸臣录》,《台湾文献丛刊》(第291册),第27、56、135页。
② 陈永明著:《清代前期的政治认同与历史书写》,第217页。
③ 道光《桐城续修县志》卷十《人物志·忠节》,第406页。

时,又是在国家话语的规训下,将彰显本地"忠节"形象的"忠节"人物,变成国家话语推行"忠节"教化的资源。所以并不能说明地方话语最终取得了胜利,反而是随着清朝统治的日益稳固,清政权对意识形态领域的控制意识和能力逐渐强化,国家话语在方志书写中的掌控能力也逐渐增强,得以规训方志中的地方话语,逐渐以绝对意义上的"忠节"观念消解了表彰抗清殉节者所可能含有的政治意味,以道德立场消解了政治立场,用更加成熟的书写策略去解决如何在方志书写中协调获得地方政治认同和推行"忠节"教化的问题,方志书写中的国家话语和地方话语也最终在"教化"的层面趋向了一致。

(本文原载《史学史研究》2020年第1期)

契约与民生:清代徽州棚民长期存在之反思

梁诸英

一、引 言

明清时期的棚民经济一方面促进了高产作物玉米、番薯、土豆等新品种在中国的推广①,同时,也引发了生态环境破坏以及与地方社会的冲突等问题。地方势力与外来棚民产生了激烈冲突,至清代,引发了驱禁棚民运动。刘秀生指出,至了清代中期,棚民问题已不是小范围的,"棚民已经广泛分布于我国的中部和南部山区,成为一个全国性的社会问题,而尤以闽浙赣皖四省最为突出"②。

皖南徽州是棚民开发以及驱棚运动非常突出的区域。徽州棚民的掠夺性开发所引发的负面影响很大。卞利对徽州棚民活动给徽州山区生态环境及社会经济所造成的影响与破坏,以及"棚民"与土著居民对立的问题作了详细论述③;陈瑞的《清代中期徽州山区生态环境恶化状况研究——以棚民营山活动为中心》详细考察了棚民营山活动给山区生态环境所造成的严重破坏和冲击④。谢宏维的《生态环境的恶化与乡村社会控制——以清代徽州的棚民活动为中心》对徽州棚民的经济活动对当地生态环境的恶化作了介绍⑤,他的《清代徽州棚民问题及应对机制》对棚民与地方社会冲突的原因

---

① 郭松义:《玉米、番薯在中国传播中的一些问题》,《清史论丛》第七辑,中华书局1986年版。
② 刘秀生:《清代闽浙赣皖的棚民经济》,《中国社会经济史研究》1988年第1期。
③ 卞利:《清代中期棚民对徽州山区生态环境和社会秩序的影响》,倪根金主编:《生物史与农史新探》,台北万人出版社2004年版。
④ 陈瑞:《清代中期徽州山区生态环境恶化状况研究——以棚民营山活动为中心》,《安徽史学》2003年第6期。
⑤ 谢宏维:《生态环境的恶化与乡村社会控制——以清代徽州的棚民活动为中心》,《中国农史》2003年第2期。

也作了深入探讨①。

综观已有关于徽州棚民的研究②，在徽州棚民开发所引起的消极影响以及与地方社会的冲突等方面，论述得很深入，但对驱棚运动的成效等问题关注不够。我们注意到，虽然清代中央政府和皖南地方政府都采取了驱禁棚民的政策，但清代棚民并未能在短期内绝迹，而是延续百年之久，这种情况出现在专制集权的清王朝，原因值得反思。本部分对此作专门论述。

二、清代以来徽州棚民难以驱禁之状况

徽州棚民早在明后期就已出现，史载明代徽州府山区的云雾山"棚居之民不下二百家"③，据清代地方志记载，徽州地区"棚民开种山场由来已久，大约始于前明，沿于国初，盛于乾隆"④。

顺治至雍正时期：清初，徽州棚民问题不太严重。赣西棚民因为参与"三藩之乱"等军事活动，遭到了政府的镇压⑤。至雍正年间，战乱平息，针对棚民的政策有了变化，政府不再采取一概严厉打击的做法。户部尚书张廷玉的建议得到了当局的采纳。在雍正三年，朝廷采取了对棚民根据自愿原则编入土著的方法。雍正皇帝时期，朝廷公布了专门针对棚民的政策如下："见在各县棚户，请照保甲之例，每年按户编册。责成山主、地主并保长、甲长出结送该州县，该州县据册稽查，有情愿编入土著者，准其编入"⑥。

乾隆时期：徽州棚民引发的问题至乾隆时期已很严重了，徽州地方政府

---

① 谢宏维：《清代徽州棚民问题及应对机制》，《清史研究》2003年第2期。另，他的《清代徽州外来棚民与地方社会的反应》也论述了棚民与地方社会的冲突问题，载《历史档案》2003年第2期。
② 其他与徽州棚民相关的研究成果还有：冯尔康：《试论清中叶皖南富裕棚民的经营方式》，《南开大学学报》1978年第2期；Stephen Averill, "The Shed People and the Opening of the Yangzi Highlands", *Modern China*, 9.1 (1983): 84-126；刘秀生：《清代闽浙赣皖的棚民经济》，《中国社会经济史研究》1988年第1期；吕小鲜编《嘉庆朝安徽浙江棚民史实》，《历史档案》1993年第1期。
③ 〔清〕顾炎武撰：《天下郡国利病书》原编第九册《凤宁徽》。
④ 道光《徽州府志》卷四之二《水利》。
⑤ 同治《袁州府志》卷五《武备·武事》。
⑥ 《清世宗实录》雍正三年七月条，中华书局1986年版。

多次发布告示禁止棚民租山。据黟县地方志的记载，乾隆四十六年（1781）告示指出："有关县龙之处，永远不得自行出租于人，附近居民，亦不许凿挖有关县石龙土。"①在乾隆五十一年（1786），婺源县俞奎茂等十数名乡绅，针对开垦山地种植玉米使"天根斩削，地脉陵夷"，吁请知县下令禁止并获准。②乾隆五十九年（1794），休宁县勒石"严禁招租棚民种山"以种植玉米。③在祁门县紫溪源一带，乾隆以前就有棚民租种，乾隆年间棚民锄种苞芦危害严重，当地奉禁"毋许私种苞芦"④。

地方政府的禁令一个接一个，问题是屡禁不止，甚至当地民人也纷纷效仿种植玉米，这进一步加剧了水土流失。在徽州府绩溪县，"乾隆年间，安庆人携苞芦入境，租山垦种，而土著愚民间亦效尤而自垦者，其种法必焚山掘根，务尽地力，使寸草不生而后已"⑤。休宁境内有些公家山场也征召棚民。比如浯田岭、江田村等七村公家山场，其中程姓股份较多，民人效仿程姓族人出租山场给棚民，"自程姓族人召租棚民，以致各村纷纷附召"⑥。

黟县绅士作竹枝词说："腊腊苞芦满旧蹊，半锄沙砾半锄泥。沙来河面年年长，泥去山头日日低。"其词注曰："棚民租山种苞芦，休宁、祁门皆受其害，黟近亦渐有之。"⑦

嘉庆时期： 至嘉庆年间，徽州驱禁棚民的力度最大，甚至在嘉庆十二年（1807）中央政府都介入驱禁棚民之事，但棚民仍难以绝迹。嘉庆七年（1802），休宁县"阖邑居民"针对棚民问题"呈明县府通详严禁，饬县驱逐，

---

① 道光增补《黟县志》卷十一《政事志·塘》。
② 转引自卞利：《清代中期棚民对徽州山区生态环境和社会秩序的影响》，倪根金主编：《生物史与农史新探》第336页，台北万人出版社2004年版。
③ 《安徽巡抚初彭龄为酌议棚民退还山场章程事奏摺》，吕小鲜编：《嘉庆朝安徽浙江棚民史料》，《历史档案》1993年第1期。
④ 《讯详洪大由控郑国卿等讹诈送县私押并录解递后复来踞种缘由稿》（嘉庆十八年），中国社会科学院历史研究所藏，转引自杨国桢著：《明清土地契约文书研究》，人民出版社1988年版，第152页。
⑤ 嘉庆《绩溪县志》卷三《食货志·土田》。
⑥ 道光《徽州府志》卷四之二《营建志·水利》。
⑦ 欧阳发、洪钢编：《安徽竹枝词》，黄山书社1993年版，第74页。

该匪等抗断不遵,串通本地匪类捏写租票,勒索退价"①。在黟县,乾隆间就有对烧瓦采矿等的禁令,但在嘉庆七年(1802),"近有李大坤等只知贪利肥己,罔顾亿万生灵,招纳外民汪宾等入山凿石烧煤",官方对此作出了严厉规定:"嗣后毋许在于桃源山地凿石烧煤、植种苞芦等情,倘敢故违,许该捕保即刻指名赴县具禀以凭差拿究处。"②

最突出的是嘉庆十二年(1807),中央政府插手徽州棚民与地方的激烈冲突,实行驱禁棚民的政策。若照此政策,至嘉庆二十四年(1819),徽州棚民当不复存在。

嘉庆十二年(1807)作如下规定:

> 嗣后凡召约立有年限者,限满勒令退山回籍,毋庸返还租价,若年限未满,业主内有愿还租价赎山及讦讼到官饬退者,所有租价银两按年分摊。如原限二十年,租价银一千两,已种十年,即扣除五百两,仍还银五百两,饬令拆棚退山。其召约不载年限者,如在乾隆六十年以前承租,本年收割后概行勒令退山回籍,若承租在嘉庆元年以后,本年三月以前,取中定限以十二年为断。如嘉庆元年承租,限至十三年退山,其余以次递年饬退。约至嘉庆二十四年,未立年限各棚民所租山场,即可全行退还,均毋庸给还原价。此外,有典拼各契约,亦照召约分别有无年限,一律照办。对宁国、池州、广德等3府州开山种植玉米之棚民亦即一律查照办理。③

嘉庆年间,在皖南徽州府以外的其他府州,棚民种植玉米状况虽然一并被禁止,但玉米种植有所扩展的情况是与徽州府类似的。在嘉庆年间的宁

---

① 《安徽巡抚初彭龄为酌议棚民退还山场章程事奏摺》,吕小鲜编:《嘉庆朝安徽浙江棚民史料》,《历史档案》1993年第1期。
② 《知县苏禁水口烧煤示》(嘉庆十年),嘉庆《黟县志》卷十一《政事·塘堨》。
③ 《安徽巡抚初彭龄为酌议棚民退还山场章程事奏摺》,吕小鲜编:《嘉庆朝安徽浙江棚民史料》,《历史档案》1993年第1期。

国府,棚民在麻类作物发展的过程中起了促进作用,他们开垦山地种植麻类等作物,"今宁郡山陬亦系棚民聚族种白麻、苞芦之类"①。对于嘉庆年间旌德县的棚民种植玉米活动,地方志记载:"乾隆五十四年府院朱以徽属地方蛟水陡发、庐舍漂没、田亩杀压,皆因棚民挖山之故,严饬概行驱逐。今棚民更多于昔,地方官亟宜禁止也。"②

实际上,驱禁棚民政策执行起来很难彻底。嘉庆十六年(1811),安徽巡抚采取折中办法,对不惹是生非的棚民不再一概驱逐,其上奏言:"各棚民相安有年,视种山为恒业,原籍久无生计,若必驱令回籍,是使千余户男妇别无生业,转致一旦失所。自应遵照妥为安插之谕旨,准其照旧留棚耕种,以遂其生,毋庸令其回籍。"③

道光及以后:原本计划至嘉庆二十四年(1819)棚民全部退山的徽州地区,一直至道光年间棚民仍未绝迹。经过对徽州棚民"按户编排"查核,徽州地区仍有固定的棚户841户(缺婺源县)。④道光年间祁门县修志者仍为该县棚民开垦的消极影响而担忧,"今日棚民开垦,河道日高,水在沙下,舟不能达",并指责地方官吏失责:该县"虽屡奉严禁而孽芽(指棚民)未除,是长民者之责也夫"⑤。

徽州黟县,县北有东沙渠,因泥沙堆积"水渠高几于城等,山势逼近,沙随水下,时加梳治,水过则仍淤",道光甲午年(1834),胡廷瑞治理黟县水患,除了清理淤泥外,还采取禁止招徕棚民的举措,"于是决议禁山招民"⑥。

道光时期"垦山种植玉米未能减少",中央政府也意识到了棚民种植玉米对生态的破坏。在道光年间,"开种苞谷,翻掘山土,以致每遇大雨,沙砾

---

① 嘉庆《宁国府志》卷十八《食货志·物产》。
② 嘉庆《旌德县志》卷之五《物产》。
③ 《安徽巡抚广厚为请免勒令棚民回籍并立法约束事奏折》(嘉庆十六年三月二十九日),吕小鲜编:《嘉庆朝安徽浙江棚民史料》,《历史档案》1993年第1期。
④ 《编查皖省棚民保甲摺子》,陶澍:《陶文毅公全集》卷二十六《奏疏·保甲》,《续修四库全书》第1503册,第225页。
⑤ 道光《祁门县志》卷十二《水利志·水碓》。
⑥ 《胡公廷瑞去思碑》,同治《黟县三志》卷十五之四《艺文志·人物类》。

尽随流水""实为地方之害"①,道光三十年(1850)左右朝廷对驱逐棚民的政策予以重申,指出所租之山,"年限未满者",到期满时,将棚民"毁窝棚,令压出境",道光帝要求办理此事要"始终无懈……不得谓积重难返"②。

道光时期,两江总督陶澍也再次发布命令,强调棚民租满退山之后"不得仍种苞芦,改种茶杉增蓄柴薪,以免坍泻"③,实际上承认了契约棚民存在的事实,而不是一概驱逐了。

道光年间,除了徽州府以外的皖南其他府州的棚民也是同样没有绝迹。通过查阅中国第一历史档案馆所藏朱批奏折材料,可以发现,安徽巡抚色卜星额在道光十七年的《奏为安徽省各属居民及附住棚民分别编查保甲情形事》中对道光年间皖南各府州棚民作了记载④。根据该档案,当年安徽各县的棚民户数如下:徽州府有棚民634户,宁国府有棚民918户,池州府有棚民80户,广德州有棚民792户。直到同治年间徽州黟县仍有棚民开采矿山⑤,同治年间皖南宁国县也存在棚民,"多皖北人寓宁,赁山垦种苞芦,谓之棚民"⑥。

三、清代皖南棚民长期存在原因的分析

不能说清代驱禁棚民政策一点成效没有。但驱禁政策的接二连三以及皖南棚民的长期存在,说明了驱棚政策效果大打折扣。这种情况出现在专制权力集中的清王朝,值得深思。其中原因主要在两个方面:

1. 契约法律效力的承认

早在嘉庆七年(1802)休宁县政府通告对棚民予以驱逐,但"该匪等抗

---

① ②《清文宗实录》卷二十,道光三十年十月辛巳,中华书局1986年版。
③《编查皖省棚民保甲摺子》,陶澍:《陶文毅公全集》卷二十六《奏疏·保甲》,《续修四库全书》第1503册,第225页。
④ 朱批奏折,安徽巡抚色卜星额:《奏为安徽省各属居民及附住棚民分别编查保甲情形事》(道光十七年十一月二十五日),中国第一历史档案馆藏,档号:04-01-02-0029-002。
⑤ 胡元熙:《黟山禁挖煤烧灰说》,同治《黟县三志》卷十五《艺文·政事类》。
⑥ 同治《宁国县通志》《艺文志·书宁国县田赋后》。

断不遵,串通本地匪类捏写租票,勒索退价"①,棚民凭借一纸契约,地方政府也无法强制驱逐。"棚匪众多、驱逐为难"是表面托词,当时没有驱除成功的真正关键性原因应该是,在合法契约的情况下,棚民没有收回赎金,政府就难以强制性损害平等契约双方中一方的合法利益。当时情况是,"查核县卷内棚民方会中等业经前任王令讯结,断令山主缴价给领还山,李令到任照案催迫,因内多赤贫无力、未能缴齐",对于这种"及至经官断价,得价之人均已分散花销,穷苦无可着追"的情况,棚民当然"不甘舍本而去,借以迁延"②。

即便是中央政府,在处理此类案件的时候,也是以承认契约合法性为前提的,没有以一道圣旨任意否定契约的法律效率。中央政府的处理原则是,对定有契约者"以租种山场契约年限为断,限满退山回籍"③,在改定棚民章程以及清查棚民时也是"以契约为断"④。如在嘉庆间的徽州府,官府在查禁的时候,其禁止期限也是"以租典地契内年限为断",具体来说,"其载有年限者概俟限满后退山回籍,现在年限已满及不载年限而承种已久者,令再种二年,于嘉庆十四年退山回籍。其近来承租不载年限者,应令该府转饬地方官谕令严立年限,至迟不得有逾十年"⑤。对于没有契约的情况,"又有单身客佃时去时来、不立佃约者概行禁止、押令出境,不许再佃"⑥。

就拿上述休宁县棚民案来说,嘉庆七年(1802)县级政权处理不了,在随后案子闹到中央以后,官府为了能够驱逐棚民,对"赤贫无力"之人的赎金作如此处理:"本犯所得山价,如赤贫无力,即于该族长祠长名下照追入官,其现未期满之山,如族众内殷户情愿出资回赎,准其呈缴给领还山,原租

---

① 《安徽巡抚初彭龄为酌议棚民退还山场章程事奏摺》,吕小鲜编:《嘉庆朝安徽浙江棚民史料》,《历史档案》1993年第1期。
② 道光《徽州府志》卷四之二《营建志·水利》,《道宪杨懋恬查禁棚民案稿》。
③ 《清仁宗实录》卷三十三,嘉庆二十一年十月。
④ 《大清律例汇辑便览》卷九《户律·田宅》。
⑤ 道光《徽州府志》卷四之二《营建志·水利》,附《国朝汪梅鼎驱逐棚民奏疏》。
⑥ 道光《徽州府志》卷四之二《营建志·水利》,《道宪杨懋恬查禁棚民案稿》。

之人及其子孙亦即永远无分"①,这也是以承认棚民契约合法性为基础的。

更深层次来讲,订立契约是以所有权的存在为基础,对产权的拥有是与外来棚民的契约之所以能订立的根本。胡元熙指出了所有制给棚民问题根治的决定性制约。嘉庆年间以来,黟县"异籍棚民挟资租挖烧灰","推其未能断绝根株者,以当年所禁之桃源洞、枫树坞、潘山水龙坑、金铺坞鲍树坞……石门坞等处山场多属一族之业,易于盗召"②。族产易于盗召,私产则更易盗召,毕竟不是国家所有或全民共有,这都为盗租提供了可能,这也是私有制弱点之一方面。当把易盗山场劝输归公之后,"则是所禁之处皆属合县公共之山"③,这样就可能从根本上解决问题,正如胡元熙所指出,"欲永杜其害,非令山业输公不能禁绝根株"④。

徽州境内大山多系各族祠产,当时的情况是,"族中支丁有无赖不肖之徒妄图私利勾串外来棚民,潜行立约,租舆开垦,及族众知觉,钱文已被其花用,无能措赎"。这样的话,"而棚民以租约为凭,硬行盘踞,即呈控到官亦得藉词捏诉,不肯退租,愚民因利忘害,冒昧租山,积习相沿率由于此"⑤。正是所有权的因素使得棚民与山主之间的契约制订成为可能。产权的非公有性质使得族中"无赖不肖之徒"有可能把山场租给棚民。

2. 重视民生问题

棚民问题难以禁绝,也与政府重视民生问题密切相关。棚民并不是全无是处⑥。棚民的经济活动在破坏生态环境的同时,也解决了许多人的生计问题,徽州地区也是如此。这表现在三方面,一是徽州粮食短缺因素;二是棚民中雇佣者生计因素,三是贫穷山主生计因素。

---

① 道光《徽州府志》卷四之二《营建志·水利》,《道宪杨懋恬查禁棚民案稿》。
②③ 同治《黟县三志》卷十五《艺文·政事类》,胡元熙:《黟山禁挖煤烧灰说》。
④ 同治《黟县三志》卷十五《艺文·政事类》,胡元熙:《碧阳书院收输产煤各山业公议记》。
⑤ 嘉庆《黟县志》卷十一《政事·塘堨》,附《禁租山开垦示》(嘉庆十七年)。
⑥ 赵赟对棚民的正面形象以及推广玉米等作物的历史功绩也作了论述。赵赟:《强势与话语:清代棚民历史地位之反思》,《中国农史》2007年第3期。

(1) 粮食短缺因素

徽州棚民长期存在还与当地粮食短缺密切相关，棚民种植苞芦有力地缓解了当地粮食紧张局面。

徽州地处万山环抱之中，境内山多田少，是一个极为典型的山区社会，其荒山丘陵难以种稻，粮食供应长期不足，徽州本地所产粮食"仅资三月之食"①，"即丰年亦仰食江楚十居六七，勿论岁饥也"②。此外，该府地处崇山峻岭之中，粮食输入的交通运输尤其困难，一旦粮食输出地歉收，便会禁止米粮输出，故其他地方"以米贵为患"，而"徽属以无米接济为患"③。

这样，该地区自身能生产出足够多的粮食便尤为重要，与其他粮食作物不同，玉米因具有耐旱耐涝、稳产高产、适于山地沙砾地区种植的特点，非常适合徽州山区种植。徽州棚民所植之苞芦"种一收千，其利甚大"④。早在嘉庆年间，苞芦就在徽州地区人们的生活中起重要作用："煮粥炊饭，磨粉作饼，无所不宜，救荒疗饥必需物也，亦可炒食……"⑤

不仅棚民种植玉米难以禁止，当地也有效仿棚民而种植的，也说明了民生问题的重要。比如，绩溪县当时的情况是，"土著愚民间亦有效尤而垦者"⑥。至道光年间，徽州府已呈现苞芦种植充斥山场的情况，该府"昔间有而今充斥者，惟苞芦，如田畔种莳亦穄秋资生类耳，自皖民漫山种之，为河道之害不可救止"⑦。道光初考中江南举人的俞正燮也指出徽州"苞芦已植到山巅"⑧。棚民的苞芦种植对粮食紧张的徽州地区来说意义非同寻常，这也是棚民苞芦种植活动难以禁绝的重要原因之一。

---

① 道光《徽州府志》卷四之二《水利》。
② 道光《休宁县志》卷之一《疆域·风俗》。
③ 道光《徽州府志》卷四之二《食货志》。
④ 〔清〕严如熤撰：《三省边防备览》卷十二《策略·民食》。
⑤ 嘉庆《黟县志》卷三《地理·物产》。
⑥ 嘉庆《绩溪县志》卷三《食货志·土田》。
⑦ 道光《徽州府志》卷五之二《食货志·物产》。
⑧ 同治《黟县三志》卷十六《艺文志·诗》。

(2) 棚民生计因素

关于棚民经济性质问题,刘秀生先生指出了棚民的商品经济的性质:棚民经济"并不是单一的从事自身需要的粮食生产,而是从事多种形式的商品经济"①。棚民中极少数是"挟资"牟取利润之人,但大多数是生活无着之人,如果严厉地强制驱逐,势必使他们流离失所。

商品经济与雇佣劳动有关,乾隆年间安徽棚民中就有不少是雇佣劳动者,有"外来无业游民前赴该处工作"②。道光年间仍有外来人员来徽州受雇的情况:黟县"棚民种植山场,雇佣工人均系外籍流民"③。府志也记载:"棚民皆外来无籍之人。"④可见棚民中赖开垦为生的雇佣劳动者是棚民主体。

正是因为棚民中"此等客民大半皆无籍可归之人"⑤,即使存在驱禁棚民的政策,他们恐怕也不轻易离开。对于清代大量棚民入山开垦而难以禁止的情况,时人也有认识,嘉庆间严如煜就指出这种无业农民不顾禁令开垦的情况:"国家承平二百年于兹矣,各省生齿繁盛,浸有人满之舆,无业穷民,势难禁其入山开垦"⑥。

嘉庆十六年三月二十九日,安徽巡抚广厚上奏,也言及驱禁棚民的最主要的考量是看他是否有影响社社会稳定的情况。当时宁池广三府州属棚民有棚1 944户,其中"内置有田产完粮并与土著民人联姻者一百三十八户","惟建德县金龙万等一百四十四户种植苞芦,有碍民田水道,饬令改种茶杉杂粮。此外,俱系种植烟麻麦豆等物,即间有种植苞芦,俱在山僻之地,并无阻碍民田水利,相安已久,毋庸勒令回籍"。对于棚民1 944户,除去联姻者138户外,还有1 806户,"尚有一千八百六户,但散处于十州县,为数已属无多,与徽州府属棚民情形本不相同,从前亦从无滋事之处,惟向来种植

---

① 刘秀生:《清代闽浙赣皖的棚民经济》,《中国社会经济史研究》1988年第1期。
② 《陶文毅公全集》卷二十六《奏疏》,出于《续修四库全书》第1503册,第225页。
③ 道光《黟县志》卷十一《政事》。
④ 〔清〕方椿著:《楚颂山房杂著》,道光《徽州府志》卷四之二《营建志·水利》。
⑤ 《清仁宗实录》卷一七九,嘉庆十二年五月。
⑥ 〔清〕严如煜撰:《三省山内风土杂识》,《丛书集成》,第3114册,第21—22页。

苞芦,逐年翻犁,不免土松沙压,有碍民田水利。今据各该府州查复,从前间有种植苞芦之户,俱已改种茶杉杂粮,并无占种滋讼,各棚民相安有年,视种山为恒业",又指出"自应遵照妥为安插之谕旨,准其照旧留棚耕种,以遂其生,毋令其回籍,仍将户口编入保甲……"针对此奏折,皇帝朱批为"户部知道"①。

道光十七年安徽巡抚色卜星额的奏折也指出,对皖南棚民问题应该考虑编排保甲,以免产生事端,也是考虑了社会稳定的因素。安徽巡抚色卜星额为安徽省棚民编查保甲问题向皇帝奏言道,可在"春秋二季农暇之时"编查保甲,"至棚民一项,因徽、宁、池、广四府州属山多闲旷,外来无业民人搭棚栖止,租种营生,……概令回籍以致失所……难保不生事端",所以,应该编排保甲"俾资约束"②。

地方志其实还指出了部分棚民强横的特点,这也使得地方社会为了防止发生冲突,采取息事宁人的态度,致使棚民一时难以绝迹。1834年(道光甲午年),黟县胡廷瑞针对棚民开垦是水患之源的情况,"决议禁山招民",并针对棚民不开垦苞芦则难以为生的状况,采取了经济补偿的办法,"谕以祸福,予之金使另置产业,遍山密种橡栗,又于要害,设档以障沙"③,足见对棚民民生问题的重视。

(3) 逐利及生计艰难者因素

地方势力在控告棚民时不乏使用对山主的贬义的称呼,比如称之为"利徒"、"不肖之徒"、"不肖支丁"、"素性凶顽"、"无赖不肖之徒"等,山主出租山场为了获利是显然的。早在康熙年间,安徽巡抚刘光美上奏:"山场出产铜铅,为天地自然之利,人所共晓。但利之所在,每有冒称山主,招引外来豪棍充商募带丁徒,遍搭篷厂,十百成群,分布山谷,藉口矿砂,到处发掘",

---

① 朱批奏折,安徽巡抚广厚:《奏为查明宁池广三府州属棚民日久相安请免勒令回籍并立法约束事》,嘉庆十六年三月二十九日,中国第一历史档案馆藏,档号:04-01-02-0024-019。
② 朱批奏折,安徽巡抚色卜星额:《奏为安徽省各属居民及附住棚民分别编查保甲情形事》(道光十七年十一月二十五日),中国第一历史档案馆藏,档号:04-01-02-0029-002。
③ 《胡公廷瑞去思碑》,同治《黟县三志》卷十五之四《艺文志·人物类》。

刘光美指出采矿的弊端为"易生事端","而且徽宁一带最重风水",皇上的朱批为"开采山场多弊无益,断然行不得,不必多议"①。

除了徽州本地山主的逐利行为,辛勤开垦山地的棚民在经营活动中也能获得利益,利之所趋,棚民难以禁绝。有一些穷困山主为了维持生存会屡屡犯禁。徽州府山多田少,还有人没有外出经商,还许多人外出经营失败,其家庭主妇及老幼成员,无力从事山林经营。早在明代,徽州老幼就等待着外出之人的归来,"转他郡粟给老幼"②,生计难免窘迫。关于因为贫穷而出租山场的情况有明确记载,官方调查结果是,"所有召租之山大半祖遗公业,股份本多族内,贫乏不能自存之人因此盗召租佃"③。若对棚民一概强制驱逐,对这些当地"贫乏不能自存之人"的生活便会有很大影响。

四、小 结

棚民一方面能凭借合法契约维护自己经济开发的权利,同时,棚民种植苞芦有力地缓解了当地粮食紧张局面,其经济活动对棚民中雇佣者和山主中"贫乏不能自存之人"的生计也起了重要作用。在棚民活动没有危及统治者统治地位的情况下,各级官吏虽然频频颁布禁令,但并没有严厉地强制驱逐。这些是清代徽州棚民长期存在的重要原因。

(本文原载《安徽史学》2009年第3期。这次收录,略作修改)

---

① 朱批奏折,安徽巡抚刘光美:"奏为安徽省地方开采山场利弊事",康熙四十三年四月十九日,中国第一历史档案馆藏,档号:04-01-36-0082-001。
② 嘉靖《徽州府志》卷八《食货志》。
③ 《道宪杨懋恬查禁棚民案稿》,道光《徽州府志》卷四之二《营建志·水利》。

明清时期徽州水灾与徽州社会

梁诸英

徽州社会经济史研究中,学界对徽州灾害问题作了研究[①]。概而言之,关于明清徽州水灾对徽州社会多方面的影响及成灾严重的原因,尚难见系统性论述[②]。本文对这些问题作一探讨。

一、水灾对徽州社会的严重破坏

与旱灾相比,水灾虽然持续时间不太长,但破坏性大。对徽州地区,这种破坏性首先呈现出在明后期至清代期间发生频率高的特点。

据统计,徽州地区明初至嘉靖前水灾发生年份为17次,平均约9年发生一次;嘉靖至清代水灾发生年份为78次,平均每五年发生一次。可见明后期至清代徽州水灾发生频率明显高于前者。从水灾严重程度来说,史料对一些危害不大的水灾往往只简约地提到"水",而对危害较大的水灾则对危害记载得较详细。如此,则明清时期徽州地区发生水灾比较严重的记载也

---

① 现有研究主要是探讨徽州灾害及相关习俗,分析水旱灾害的发生频率、时空特点及地方社会对徽州灾害的救助,比如王振忠、卞利、周致元、吴媛媛、孔潮丽、李自华等先生的研究。相关论文主要有,王振忠:《清代徽州民间的灾害、信仰及相关习俗——以婺源县浙源乡孝悌里凰腾村文书〈应酬便览〉为中心》,《清史研究》2001年第2期;卞利:《徽商与明清时期的社会公益事业》,《中州学刊》2004年第4期;周致元:《明代徽州官府与宗族的救荒功能》,《安徽大学学报》(哲学社会科学版)2006年第1期;吴媛媛、何建木:《晚清徽州社会救济体系初探——以光绪三十四年水灾为例》,《中国历史地理论丛》2007年第2期;吴媛媛:《明清徽州灾害初探》,《兰州学刊》2006年第7期;吴媛媛:《明清徽州水旱灾害研究》,《安徽史学》2008年第4期;孔潮丽:《1588—1589年瘟疫流行与徽州社会》,《安徽史学》2002年第4期;李自华:《清代婺源的水旱灾害与地方社会自救》,《农业考古》2003年第1期。

② 比如,吴媛媛指出"不过总体而言,在徽州地区旱灾对农业生产的影响要小于水灾",但对水灾影响的论述失之简略是为美中不足,参阅吴媛媛:《明清徽州的水旱灾害与粮食种植》,《古今农业》2007年第2期。

均在明嘉靖以后，年份有：1456年祁门大水，1487年祁门大水，1527年休宁大水，1582年祁门大水，1648年绩溪大水，1650年绩溪大水，1651年休宁蛟发，1696年徽州六邑大水，1718年歙县蛟发，1736年徽州大水，1744年歙县大水、绩溪蛟发，1766年绩溪大水，1786年绩溪蛟发，1788年祁门大水、蛟发，1828年徽州大水，1831年祁门大水、蛟发，1855年祁门蛟发，1862年祁门蛟发，1868年，祁门蛟洪陡发，1885年黟县山洪。①这种趋势与明后期以来徽州水旱灾害发生的总体更严重是一致的。②

明清时期徽州水灾对徽州社会破坏之严重性还表现在对徽州农民生存权的威胁以及对徽州地方设施的损毁等方面。

徽州水灾对农民的生存产生很大威胁，这与水灾类别有关。徽州地区水灾可分为久雨所致的滞涝灾害与暴雨所致的山洪暴发。若从对民畜的淹毙等破坏来看，则以山洪暴发危害甚大。③山洪来时能冲毁房屋，或溺毙人口，时人对此肯定颇为畏惧。当地人对山洪的认识有一种看法，以为是"蛟"这种动物兴风作浪所致。"蛟"是传说中的能致洪灾的一种龙，尚难从科学上解释。但时人甚至还总结了"蛟"这种动物的识别及讨伐方法，这显示了当地人对预防山洪暴发途径及经验的高度重视，《阳湖孙让伐蛟说》即是此文之一。④史籍多有明清时期徽州"蛟水齐发"的记载，可以足显水灾之严重。"多蛟并发"的出现，反映了流域内多处水灾，破坏更为剧烈。兹列举数则记载如下：歙县万历三十五年大水，"巨蛟纷出"⑤；顺治八年"休宁

---

① 安徽省水利勘测设计院编：《安徽省水旱灾害史料整理分析（公元前190—1949年）》，1981年印，第47—58页。
② 据吴媛媛对明清徽州水旱灾害频率的研究，"明初至明中期，旱灾发生远多于水灾；明中后期从发生水旱灾害的绝对次数上来看，是明清以来灾害发生最频繁的时期"（参见吴媛媛：《明清徽州水旱灾害研究》，《安徽史学》2008年第4期）。
③ 王振忠教授以《应酬便览》为史料，考察了洪水泛滥对婺源人员、房屋、牲畜和店业的破坏，参见王振忠的《清代徽州民间的灾害、信仰及相关习俗——以婺源县浙源乡孝悌里凰腾村文书〈应酬便览〉为中心》（《清史研究》2001年第2期）。
④ 参见同治《祁门县志》卷三十六《祥异》，江苏古籍出版社1998年影印本。
⑤ 〔清〕凌应秋辑《沙溪集略》，载《中国地方志集成》之乡镇志专辑第17册，江苏古籍出版社1992年版，第643页。

大水,商山出蛟28条,漂没庐舍";康熙五十七年歙县"万蛟齐出";乾隆九年绩溪"七月蛟水陡发";乾隆十二年绩溪"蛟水陡发二次";乾隆五十一年绩溪"大雨,蛟发数处";乾隆五十三年祁门"东北诸乡蛟水齐发,城中洪水陡起,长三丈余","为从来未有之灾"①。

明清时期的蛟发较严重的有九次,也皆发生在明嘉靖至清代时期。此时期"多蛟并发"由于发生急,蛟发常造成人民死亡,对民众生存权威胁很大。比如明代永乐七年祁门县大雨"溺死男妇六十余人"②;康熙五十七年歙县"万蛟齐出西北两乡……漂淹人畜以万记";乾隆九年绩溪县"蛟水陡发,漂没人口";乾隆十二年绩溪"蛟水陡发二次,漂没人口数百";乾隆五十三年祁门大水"溺死六千余人"③。

除了溺毙人口,明清徽州水灾还对徽州地面各种设施有损毁,这种损毁对徽州的人文景观及地理环境均有影响。明清徽州水灾对地面设施的影响,包括对房屋、桥梁、街市、公共设施、亭宇、堤坝等造成冲毁。

明清时期水灾对徽州百姓民房建筑损毁很严重。比如在祁门县,明代永乐七年祁门县的水灾使得洪水进入祁门县县城,史载"大雨,洪水入城""凡漂官民房屋三百五十余间,卷籍、学粮俱以淹浸"④;明景泰七年,祁门大水"漂荡民居,淹死人畜"⑤;万历十年祁门水灾"漂没民居"⑥;乾隆五十三年,祁门大水损伤"民房三千一百余间"⑦;咸丰五年祁门蛟水陡发"荡民居"⑧。在绩溪,乾隆九年,蛟水陡发,漂没"田园、庐舍"⑨。在休宁,顺治八年蛟发,"漂没庐舍"⑩;雍正十年七月初九日安徽巡抚程元章在奏折中

---

① 安徽省水利勘测设计院编:《安徽省水旱灾害史料整理分析(公元前190—1949年)》,第51—54页。
② 祁门县地方志办公室整理:《祁阊志(外四部)》,2004年印,第59页。
③ 安徽省水利勘测设计院编:《安徽省水旱灾害史料整理分析(公元前190—1949年)》,第53—54页。
④ 祁门县地方志办公室整理《祁阊志(外四部)》,第59页。
⑤ 安徽省水利勘测设计院编:《安徽省水旱灾害史料整理分析(公元前190—1949年)》,第47页。
⑥ 道光《徽州府志》卷十六之一《祥异》,江苏古籍出版社1998年影印本。
⑦ 安徽省水利勘测设计院编:《安徽省水旱灾害史料整理分析(公元前190—1949年)》,第54页。
⑧ 安徽省水利勘测设计院编:《安徽省水旱灾害史料整理分析(公元前190—1949年)》,第56页。
⑨ 安徽省水利勘测设计院编:《安徽省水旱灾害史料整理分析(公元前190—1949年)》,第53页。
⑩ 安徽省水利勘测设计院编:《安徽省水旱灾害史料整理分析(公元前190—1949年)》,第51页。

也指出"吾徽州府属休宁县于闰五月十三日骤雨彻夜,山水陡发,近溪民房被水冲坍数十余间"①。歙县也有房屋遭到洪水漂没,比如万历三十五年歙县"淫雨不止,大水巨蛟纷出,冲没庐舍村口,永州、上三元阁、弄亭台树木俱漂去"②;康熙三十一年歙县大水,"溪西街上坝冲塌十余丈,漂去街口房屋十余间,民不能居里中,六续折移,嗣是连遭水患,今变为沙滩矣"③;歙县康熙五十七年"淫雨不止,巨蛟纷出,水长数丈大,冲塌沿街溪民房无数"④。

徽州水灾漂没官民房屋还造成大量徽州地方原始文献资料的遗失。比如据《徽州文书》第三辑第5册,在契号0001-0252的契约中,共有126则契约系"民国二十六年十二月休宁县土地陈报无契土地证明书",这些土地证明书遗失原因可分为:匪类、蛟水和两者皆有。其中因为匪类导致土地证明书遗失的有96则;因为匪、蛟水的有25则;因为蛟水的有3起;原因未记载的有2则⑤,所以水灾是次于匪类导致文书遗失的原因。

明清时期徽州水灾对徽州桥梁多有损毁。这方面记载很多。比如在黟县,嘉靖七年黟县大水导致"桥坏"⑥,黟县九都的古槐桥在嘉庆十九年被洪水冲圮,"朱振羆、朱作楹,合族人重建"⑦。在祁门县,成化二十三年"祁门大水,平政桥圮",道光十一年祁门"大水,舟行市上,仁济桥倒塌"⑧;祁门县同治元年"西乡蛟,山崩桥圮"⑨。在休宁县,嘉靖六年大水"桥梁多冲毁,溺死者无数",康熙五十七年休宁"诸山蛟并发","圮桥梁,溺人畜"⑩;又如,休宁县登封桥"旧桥为水所坏",在乾隆五十四年黟县绅士胡学梓对此

---

① 中国第一历史档案馆编:《雍正朝汉文硃批奏摺汇编》第22册,江苏古籍出版社1986年版,第910页。
②③④ 〔清〕凌应秋辑《沙溪集略》,出《中国地方志集成》乡镇志专辑第17册,第643页。
⑤ 刘伯山主编:《徽州文书》第三辑第五册,广西师范大学出版社2009年版,第213—338页。
⑥ 嘉庆《黟县志》卷一《沿革纪事表》,江苏古籍出版社1998年影印本。
⑦ 道光《黟县续志》卷十一《桥梁亭宇》,江苏古籍出版社1998年影印本。
⑧ 安徽省水利勘测设计院编:《安徽省水旱灾害史料整理分析(公元前190—1949年)》,第47、56页。
⑨ 同治《祁门县志》卷三十六《祥异》。
⑩ 安徽省水利勘测设计院编:《安徽省水旱灾害史料整理分析(公元前190—1949年)》,第48、72页。

桥重建①。在绩溪县，顺治五年"绩溪大水，冲圮桥梁数处"②；康熙五十七年绩溪"诸山蛟并发""圮桥梁，溺人畜"，乾隆五十一年绩溪"平政桥冲断两硐"③。在歙县，孙公桥"康熙丙子大水冲击，遂致损坏，其后嗣名昱者，竭力补救之"④；康熙五十七年六月歙县水灾漂没桥梁无算⑤。在婺源县，清后期"有石桥被洪水冲坏，族以功巨难就，架木为梁"，婺源蕉源人吴时镇有义举，施金修复。⑥

明清时期徽州水灾也常常对街市有冲毁。水灾对徽州街道多有损毁。比如万历十年"祁门水抵县仪门，城坏数十丈"⑦。歙县的溪西街也在康熙三十一年被洪水冲蚀街口石坝，并且"因循不修，复遭大水，防溃难复，而溪西街之宇舍尽徙他所，不复有街市矣"⑧。乾隆十八年，"歙县又大水，溪东街水深三尺"⑨。

洪水还导致一些仓储设施被毁，对农民的正常生产有一定的影响。比如嘉庆年间绩溪县的社仓承担着"每岁农民春贷秋偿"的作用，运作方式是"每出一石扣耗一升"，绩溪社仓原有四个，但"乾隆九年、十二年北村仓遭蛟水冲没"⑩。又如在祁门县，明代初期设税务部门在县城南部，但"永乐己丑夏，大水，局宇悉为所漂"⑪；祁门县的公共设施常平仓也遭到此种洪灾破坏。史载祁门常平仓旧有仓五十六间"共贮谷二万八千石，以备凶荒，乾嘉以来屡被水患，漂坏殆尽，道光中知县唐治修复之。同治初贼至被毁，存者惟常

---

① 嘉庆《黟县志》卷一《沿革纪事表》。
② 道光《徽州府志》卷十六之一《祥异》。
③ 安徽省水利勘测设计院编：《安徽省水旱灾害史料整理分析（公元前190—1949年）》，第72、54页。
④ 〔清〕佘华瑞纂：《岩镇志草》，出《中国地方志集成》乡镇志专辑第27册，江苏古籍出版社1992年版，第114页。
⑤ 安徽省水利勘测设计院编：《安徽省水旱灾害史料整理分析（公元前190—1949年）》，第53页。
⑥ 张海鹏、王廷元主编：《明清徽商资料选编》，黄山书社1985年版，第343页。
⑦ 安徽省水利勘测设计院编：《安徽省水旱灾害史料整理分析（公元前190—1949年）》，第49页。
⑧ 〔清〕凌应秋辑：《沙溪集略》，出《中国地方志集成》乡镇志专辑第17册，第606页。
⑨ 〔清〕凌应秋辑：《沙溪集略》，出《中国地方志集成》乡镇志专辑第17册，第643页。
⑩ 嘉庆《绩溪县志》卷三《积贮》，江苏古籍出版社1998年影印本。
⑪ 祁门县地方志办公室整理：《祁阊志（外四部）》，第26页。

平一仓,今亦徒名矣"①。

亭宇被水灾冲毁在史籍中也多有记载。比如在祁门县,明代成化十年十一月一则文书显示,祁门县六都的旌善、申明二亭地基"被洪水冲塌,随修随坏"②。在歙县,永思亭为洪象先所创建,"康熙丙子年复大水,亭又漂没",洪象先之孙洪涛声"有志重兴焉";镇泽亭是当地人潘膺祚所建"于康熙丙子大水冲塌,庵亦渐就颓废,雍正丙午归于文会,不六七季,片瓦无存矣";鞠水亭也在"康熙戊戌六月大水荡去";该县抚寀亭也被损坏,"康熙戊戌六月廿六日溪水暴涨,高跃于簪,遂浮之而倾"③。

二、明清徽州地区水灾的自然及社会因素

徽州地区水灾致灾程度的严重与徽州地区的自然特点、经济开发、水利设施管理等因素有关。

首先,徽州地区洪灾破坏严重与其自然特点密不可分。

徽州地区自然方面呈现出坡陡流急、河流易盈易涸、塘堰易于冲击、淤塞的区域特点。地方志引述宋袁甫知徽州《便民五事状》,指出徽州地区"本州僻处万山之间,最畏水旱,晴稍久则农田已忧枯槁,雨稍多则山水便见横流,里谚云:三日天晴来报旱,一声雷发便撑船,言其易盈易涸之甚也"④。祁门县地方志也指出当地水流如建瓴的自然特点,祁门县处万山中,"赖山谷涧水涓涓细流滋润山田,大雨水涨汇于溪壑,由高注下势如建瓴,不能停潴"⑤。歙县也是如此,"盖吾郡依山为治,山溪湍环,泄多潴鲜,加夏秋霖涨,

---

① 〔清〕李家骥编:《祁门县乡土地理志稿本》,清宣统铅印本,第10页。
② 王钰欣、周绍泉主编:《徽州千年契约文书(宋元明篇)》卷七,花山文艺出版社1993年版,第200页。
③ 〔清〕佘华瑞纂:《岩镇志草》,《中国地方志集成》乡镇志专辑第27册,第112、111、111、111页。
④ 光绪《祁门县志补》卷一《水利·塘》,江苏古籍出版社1998年影印本。
⑤ 同治《祁门县志》卷十二《水利志·溪河》。

挟蛟为灾,冲堤坏堰久须修复,势固然也"①,所以"高滩峻濑,非障导疏引则利无由兴,且时有泛溢之害"②。这种自然特点决定着,在旧有的技术条件下,对灌溉水利设施的修复不是一劳永逸的。

其次,徽州山地无序开发影响河流的泄洪能力。

明清时期徽州的田地垦殖活动活跃,田地面积扩大,这从官方册载田额的增加上得到验证。据弘治《徽州府志》卷二《田地》及道光徽州府志卷五之一《食货志·赋役》,明初、明弘治间、清前期徽州府的田额分别为1 214 608亩、1 476 815亩、1 590 967.6亩,是有明显增加的,然而这些开发有些是以破坏生态平衡为代价的。首先,一些湖泊被围垦为田地,影响了蓄水能力,加重了洪灾成灾程度。比如歙县的高湖"在旦公坟前,昔为湖,今亦为田"③。其次,大量山地被开垦,山地植被遭到破坏,泥沙俱下,河道淤塞。徽州契约对此多有记载,比如在祁门县,汪兆恭、凌明笔、黄廷可、胡有龙在共立禁约里指出,韩溪地带山地无序开垦导致"河道阻塞,鱼遭陷害,山无柴薪,不时火灭"的问题,当地为此规定了禁令:"禁山场家外人等毋许掘种苞芦"④。

此种徽州山地无序开垦及泥沙俱下导致了徽州地区湖塘渠堨淤塞,灌溉效益也大打折扣,史籍中此类记载颇多。早在明代后期,在歙县,就有良堨、胡七、小满等塘堨"以储蓄泄,日久淤塞"⑤;《岩镇志草》也指出了清前期的永丰堨"今堨淤难濬"⑥;歙县的詹塘在十六都詹塘村,"原溉田五百亩,后淤塞",至乾隆年间因为淤塞的原因,仅仅"溉田三十余亩"⑦;歙县

---

① ② 道光《歙县志》卷二之六《水利》,江苏古籍出版社1998年影印本。
③ 吴吉祜纂:歙县《丰南志》卷二《舆地志》,《中国地方志集成》乡镇志专辑第17册,第269页。
④ 《嘉庆二十二年祁门凌氏立〈合同文约膳契簿〉之一八六、一八七》,出自王钰欣、周绍泉主编:《徽州千年契约文书(清民国篇)》卷十一,第378、379页。
⑤ 〔明〕傅岩撰,陈春秀校点:《歙纪》卷之五《事迹》,黄山书社2007年版,第56页。
⑥ 〔清〕佘华瑞纂:《岩镇志草》(雍正十二年〔1734〕抄本),《中国地方志集成》乡镇志专辑第27册,江苏古籍出版社1992年版,第107页。
⑦ 吴吉祜纂:歙县《丰南志》卷二《舆地志》,出自《中国地方志集成》乡镇志专辑第17册,第268页。

的鲍南塌"初灌田三千七百余亩，叠废叠兴"，至乾隆间经修治后仅能灌田一千八百七十一亩①；歙县的张潭塌是宋代开凿的，"蔓延十余里，灌田三千余亩，后以修理废弛，仅存田一千八百亩"②；休宁县的程佑所在的村庄也存在"村有云塘淤浅"③的情况。

山地无序开垦及泥沙俱下还成为河流中沙洲形成的重要原因。《宣统元年休宁县告示》指出休宁县十六都"土名大清溪"的地方，有黄口沙洲，"税十六亩余"，此沙洲的形成是清前期水土流失拥塞河流所致，"水逢沙涨，积有余亩"④。

徽州地区山地无序开垦还有地域特点，即是棚民开发的影响。在清代中期的徽州山区"棚民营山活动给山区的生态环境造成严重破坏和冲击，并曾一度引发徽州历史上罕见的生态环境危机"⑤。徽州地区棚民问题在乾隆年间非常严重。清人认为，徽州地区"棚民开种山场由来已久，大约始于前明，沿于国初，盛于乾隆"⑥。外乡人到徽州搭棚垦种玉米对山地生态破坏严重，史载"乾隆年间，安庆人携苞芦入境，租山垦种，而土著愚民间亦效尤而自垦者，其种法必焚山掘根，务尽地力，使寸草不生而后已。"⑦皖南地方志指出："乾隆五十四年府院朱以徽属地方蛟水陡发、庐舍漂没、田亩杀压，皆因棚民挖山之故，严饬概行驱逐。今棚民更多于昔，地方官亟宜禁止也。"⑧乾隆年间文书也指出棚民在徽州山地的玉米垦殖所造成的多方面的生态破坏，据乾隆四十六年七月祁门县的告示，祁门县三四都生员汪懋珍等四姓"原有本都八保土名盘坑、美坑、田坑、晏坑等处山场"，但是"接连

---

① ② 道光《徽州府志》卷四之二《水利》，江苏古籍出版社1998年影印本。
③ 光绪《重修安徽通志》卷二百五十《义行四》，清光绪七年（1881）刻本。
④ 《宣统元年休宁县告示》，出自王钰欣、周绍泉主编：《徽州千年契约文书（清民国篇）》卷三，第445页。
⑤ 陈瑞：《清代中期徽州山区生态环境恶化状况研究——以棚民营山活动为中心》，《安徽史学》2003年第6期。
⑥ 道光《徽州府志》卷四之二《水利》。
⑦ 嘉庆《绩溪县志》卷三《食货志·土田》。
⑧ 嘉庆《旌德县志》卷之五《物产》，江苏古籍出版社1998年影印本。

以来招异租佃,效尤不息",这些外来流民垦殖造成了严重的生态影响,即"一经招异锄挖,不惟卸沙塞田,坑租无产,抑且恐藏奸仇,酿祸滋事,难防不测。"①

嘉庆以后,徽州棚民开垦玉米及其对生态的破坏仍然很严重。嘉庆年间人们便认识到棚民开垦使得"沙土不能停留,每一大雨沙泥即随雨陡泻,溪涧渠堨渐次淤塞"②。发展至道光年间,徽州府苞芦已不是零星点缀,"昔间有而今充斥者,惟包芦"③。道光《徽州府志》指出:"自皖民开种苞芦以来,沙土倾泻,溪堨填塞,河流绝水利之源,为害甚大,六邑均之"④;徽州府苞芦"自皖民漫山种之,为河道之害不可救止"⑤。在黟县,道光年间,县北有东沙渠,因泥沙堆积"水渠高几于城等,山势逼近,沙随水下,时加梳治,水过则仍淤",胡廷瑞治理黟县水患,除了清理淤泥外,还采取禁止招徕棚民的举措,"于是决议禁山招民"⑥。乾嘉年间黟县人孙学治所作竹枝词也描述了徽州玉米种植的消极影响:"腊腊包芦满旧蹊,半锄沙砾半锄泥。沙来河面年年长,泥去山头日日低。"其词注曰:"棚民租山种苞芦,休宁、祁门皆受其害,黟近亦渐有之。"⑦

至咸丰以后也如此。清咸丰五年九月二十三日祁门县政府发布的告示也明确指出了棚民开垦苞芦对生态的消极影响:"照得祁邑各乡向有棚民居住……兹有等不法之徒将山租与外来游民,搭棚栖居,任意开垦,栽种苞芦,该棚民等良莠不齐,其中难保无匪徒混迹,甚至山土被其锄松,因而沙泥下卸,以致田亩压积,国课虚悬"⑧。同治年间祁门县地方志也指出,徽州棚民垦山"其种法必焚山掘根,务尽地力,使寸草不生而后已",结果

---

① 王钰欣、周绍泉主编:《徽州千年契约文书(清民国篇)》卷二,第22页。
② 道光《徽州府志》卷四之二《营建志·水利》,《道宪杨懋恬查禁棚民案稿》(约嘉庆十二年)。
③ 道光《徽州府志》卷五之二《物产》。
④ 道光《徽州府志》卷四之二《营建志·水利》。
⑤ 道光《徽州府志》卷五之二《物产》。
⑥ 同治《黟县三志》卷十五之四《艺文志·人物类》,江苏古籍出版社1998年影印本。
⑦ 欧阳发、洪钢编:《安徽竹枝词》,黄山书社1993年版,第74页。
⑧ 刘伯山主编:《徽州文书》,第二辑第二册,广西师范大学出版社2006年版,第78页。

是"雨集则沙石并陨,雨止则水源立竭。不可复耕者所在皆有,渐至壅塞大溪","原田多被涨没,一邑之患莫甚于此","自棚民开垦,河道日高,水在砂下"①。光绪《重修安徽通志》也指出:"近因棚民居山垦种,雨涨土溃,壅入溪壑,河身渐高。"②

如此山地无序开发导致水土流失、溪流淤塞,严重影响了河流的泄洪能力,无疑会使得水灾更容易发生,并且使得成灾程度更严重。从前面所述徽州地区棚民开垦"盛于乾隆"及在道光年间"昔间有而今充斥者,惟苞芦"的情况看,棚民开垦在清代中期(乾隆至道光年间)较为严重。乾隆至道光年间徽州水灾,比此前阶段发生更为频繁,也可大致说明棚民开垦与水灾发生频率的正相关关系。③

再次,徽州水灾的严重性与水利设施修筑的完善度相关。

明清徽州水灾对地方水利设施的损毁不绝于书,包括梁坝、河塝、河碓、河堤、田堨等。徽州梁坝会遭水灾损坏,明末歙县学人张光祁在《渔梁观水》写道"暴涨乘春急,奔涛下石梁"④,即是对徽州山洪频发对梁坝冲击的生动写照;在绩溪县,"登源石坝"在乾隆十二年遭蛟水冲击⑤;在祁门,乾隆五十三年大水"东北诸乡蛟水齐发……乡间梁坝皆坏"⑥。河塝倒塌也有实例,比如在歙县,乾隆三十四年发生洪水,"桥屋前河塝倒塌十数丈"⑦。河碓是当地农民舂米的重要设施,也遭到了洪水冲毁,比如万历元年,婺源水骤

---

① 同治《祁门县志》卷十二《水利志》,第118页。
② 〔清〕沈葆桢修、冯焌等修:《重修安徽通志》卷六十五《水利》,清光绪七年(1881)刻本。
③ 据统计,在明代至雍正年间水灾发生55次,水灾发生平均间隔时间为6.7年;在乾隆至道光年间水灾发生25次,水灾发生平均间隔时间为每4.6年。资料出处:安徽省水利勘测设计院编:《安徽省水旱灾害史料整理分析(公元前190—1949年)》。
④ 汪世清辑注:《明清黄山学人诗选》,上海古籍出版社2009年版,第47页。
⑤ 道光《徽州府志》卷四之二《水利》。
⑥ 同治《祁门县志》卷三十六《祥异》。
⑦ 〔清〕凌应秋辑《沙溪集略》出自《中国地方志集成》乡镇志专辑第17册,第643页。

起数丈"漂流船只舂碓"①。洪水还导致了河堤坍塌，比如在乾隆年间"洪水暴涨，复坍塌河堤十数丈"②；歙县卫龙堤在明后期也被洪水冲荡，"卫龙堤，即北溪石岸，往往遇山水汛涨，岁多冲荡，嘉靖丁亥六月初一日，洪水尤甚，民之受害不可胜数"③。田塌被损坏也常见诸史志，比如万历十年祁门大水，漂没田塌"不可胜数"④；徽州著名的"吕塌"也曾被蛟水损坏，"兹因吕塌南渠数为蛟水所坏溃决湮淤，难资灌溉"⑤；民国二十一年歙县大水"水涨二丈有余，本村数塌连成一片"⑥。

史料显示，若水利设施有较好的维护、修筑，则更易抵御水灾侵袭，人们所受损失则较小，反之，则破坏很严重。

徽州山洪能否成灾与水利设施的完善程度有关系。比如在歙县，溪旁修筑堤岸对溪流附近居民抵御水灾来说颇为重要。歙县《丰南志》云，"沿溪一带屡为山洪倾溃，嘉靖丁亥泛滥尤甚"，但此后当地人民"伐石筑堤岸，而民居以安"；在丰南地带的茶园之西也是"一遇山洪，田土崩析不已"，此后经过众议，"募资再筑上流之堤，水势既杀，民赖以安"⑦。绩溪县"东门石坝"在绩溪县东门外，"旧为溪水冲突"，在明代，府县官方发帑予以修筑，"延袤一百八十三丈，高一丈六尺，水患遂息"⑧。在黟县五都钟山金村，前临叫做"武水"的大溪，"每年四五月间洪涛激发，冲塌石磅，村中田地多漂没，历供虚粮。光绪三十年溪流向村愈激，渐逼民居"，但在光绪三十二年，金铭勋等人发起修筑倡议，"族人踊跃助之，就昔之溪位筑石

---

① 道光《徽州府志》卷十六之一《祥异》。
② 〔清〕凌应秋辑：《沙溪集略》出自《中国地方志集成》乡镇志专辑第17册，第732页。
③ 吴吉祜纂：《丰南志》，出《中国地方志集成》乡镇志专辑第17册，第261页。
④ 道光《徽州府志》卷十六之一《祥异》。
⑤ 《清嘉庆五年二月十六家坊首等公具重修吕场南渠公启》，周向华编：《安徽师范大学馆藏徽州文书》，安徽人民出版社2009年版，第191页。
⑥ 吴吉祜纂：《丰南志》，出自《中国地方志集成》乡镇志专辑第17册，第595页。
⑦ 吴吉祜纂：歙县《丰南志》卷二《舆地志》（省馆1981年抄本影印），《中国地方志集成》乡镇志专辑第17册，第267页。
⑧ 道光《徽州府志》卷四之二《水利》。

坝、开深沟,导水复故道,工程逾两年之久,费用近三千之多,颇称坚固,金村水患自此得免"①。这些明显说明了,对河流堤岸的修筑能减轻洪涝灾害的灾情程度。

相反,若水利设施修筑不及时,洪灾来时则破坏性更大。比如在歙县昉溪地带,凌应秋《昉溪议》指出乾隆以前昉溪被洪水冲塌而维修费用难以筹措的情况:"仙姑桥下连年洪水,已经冲坍溪旁数丈",但是因为"费用不下数十金"而出现资金难以筹措的情况②,昉溪在乾隆以前被冲毁后没有修缮,这样一来,乾隆年间又遭到洪水冲击,成灾程度更大:"以故今岁复遭洪水。如蚕之食,如蔓之延,又坍塌溪旁数十丈,已至大路,势必连及屋舍。凡沿溪一带,自仙姑桥起,讫新桥口止,一日发水一日横冲,无所底定,将何以为继哉?"③

三、水灾所致砂积田亩及社会应对

1. 水灾造成砂积田亩的情况

因为徽州水灾的频繁发生,有大量田地被冲圮、损坏或淹没。地方志对明清时期徽州地区田地被大水所损多有记载。比如徽州"富国堤"溉田千亩,在万历年间因水患"堤决百余丈,田淤三百余亩"④;顺治五年绩溪大水,冲圮田千余亩;顺治七年绩溪大水,"淹没田地千余亩";康熙五十七年歙县万蛟齐出,"损坏田庐";乾隆元年"徽州大水,损坏田亩";乾隆九年,绩溪蛟水陡发漂没田园;乾隆十二年"绩溪蛟水陡发二次"漂没田庐⑤。乾隆年

---

① 民国《黟县四志》卷十一《塘堨》,江苏古籍出版社1998年影印本。
②③ 凌应秋《昉溪议》,〔清〕凌应秋辑《沙溪集略》(乾隆三十四年撰,抄本),《中国地方志集成(乡镇志专辑第17册)》,第730页。
④ 道光《徽州府志》卷四之二《水利》。
⑤ 安徽省水利勘测设计院编:《安徽省水旱灾害史料整理分析(公元前190—1949年)》,第51、53、53、53、53页。

间歙县的"汸溪"也是如此,"先年水势行西,对溪田地数百亩冲没无存"①。道光八年大水,冲没田庐甚多;咸丰五年祁门蛟水陡发"坏田亩";同治七年,祁门县发生蛟洪,"坏田亩,不可计数"②。

被损坏或淹没农田的面积多者达到千余亩以上。比如顺治五年绩溪大水,冲圮田千余亩③。另如乾隆五十三年,祁门大水"伤田四千四百亩"④。

与圩区不同的是,山洪暴发所带来的泥沙俱下使得受冲击田亩被沙石所盖。此种沙石覆盖是频频见诸记载的。比如,万历三十年婺源"大水,高数丈,山飞为田,田变为阜"⑤。万历三十六年黄山暨境内大水"诸山并蛟发,田地冲涨,不计其数";嘉庆年间徽州棚民开垦使得泥沙俱下,"每一大雨沙泥即随雨陡泻",导致"今沿山田亩俱被壅涨更数十年,岂堪问乎?"⑥同治年间祁门县"近来棚民为害,开垦四山,雨集砂卸,山下陇亩半为石田,而溪涧亦渐壅塞"⑦。同治元年祁门蛟发,"砂积田庐";光绪十一年黟县山洪并发,"冲刷田、庐、坟、树"⑧。

契约文书也明显显示了洪水灾害导致田亩砂积的现象。比如清嘉庆十九年祁门县邱光逢所立卖田租契所显示:"立卖杜契人,邱光逢,今因正用无措,自情愿托中将新买受民水田壹号,坐落八都三保土名银林坑,计田大小拾坵,计原租柒秤,因乾隆五十三年洪水冲损砂积,田三坵仍存成熟,田七坵并作原租七秤正,其田系是黟邑地界丽字号,其税粮系是建水之租买所黟邑,卖人完过,收约永远代纳,身亦当付建水艮两代纳,日后建水永远不累及会人,其四至悉照黟邑鳞册可查,其田租尽数立契,毫无存凿,凭中自愿出

---

① 〔清〕凌应秋:《汸溪议》,《沙溪集略》,《中国地方志集成(乡镇志专辑第17册)》,第730页。
② 安徽省水利勘测设计院编:《安徽省水旱灾害史料整理分析(公元前190—1949年)》,第55、56、57页。
③ 道光《徽州府志》卷十六之一《祥异》。
④ 安徽省水利勘测设计院编:《安徽省水旱灾害史料整理分析(公元前190—1949年)》,第54页。
⑤ 道光《徽州府志》卷十六之一《祥异》。
⑥ 道光《徽州府志》卷四之二《营建志·水利》,《道宪杨懋恬查禁棚民案稿》(约嘉庆十二年)。
⑦ 同治《祁门县志》卷十二《水利志》。
⑧ 安徽省水利勘测设计院编:《安徽省水旱灾害史料整理分析(公元前190—1949年)》,第69、56、57页。

卖与重阳会内人名下，前去入田收租管业，三面议定时值价纹银拾柒两正，其价并税粮艮收过在内，当日两楚。"①

2. 砂积田亩引发的新的社会问题

明清时期徽州地区山洪暴发导致泥沙俱下，使得山底的田亩被砂石填压，由此导致了新的问题。清咸丰五年九月二十三日祁门县政府发布了告示，该告示明确指出了棚民开垦苞芦所致砂积田亩的消极影响，并要求对棚民清册加强统计以防止窝匪藏奸："为严饬稽查事，照得祁邑各乡向有棚民居住，但僻处深山，恐有窝藏匪情事，因此历奉编严禁添设。兹有等不法之徒将山租与外来游民，搭棚栖居，任意开垦，栽种苞芦，该棚民等良莠不齐，其中难保无匪徒混迹，甚至山土被其锄松，因而沙泥下卸，以致田亩压积，国课虚悬，种种均为民害。"②

为了维持农业生产的继续进行，挑去田上所积砂石是需要解决的问题。挑砂的责任、费用的筹措是必须面对的问题。对此类问题的应对，从史料来看，一般有三种方案。

第一种方案是由田主出资并减租、由佃户挑砂。早在万历年间，休宁县即出现了此种解决方法，下则契约反映了由田主出资并减租、由佃户挑砂的情况："立佃约人金三，原佃到城居苏名下土名社屋前田共大小六坵，内一坵原租谷三砠，今被沙涨，浼中程七、金广领去担砂文银四钱五分，田让租一砠，每年议上秈谷二砠。日后再有砂涨，尽是本身之当，担砂不干田主之事。与廿九砠共业，共上秈谷叁拾一砠，不致少欠。又原买社屋塘一口，又本佃田内小塘一口，又柜树一根。今恐人难凭，立此担砂艮承佃约为照。每砠重廿四斤。万历三年四月廿五日立佃约人金三，中间人，程七，代笔人，金广。"③

---

① 刘伯山主编：《徽州文书》第一辑第六册，广西师范大学出版社2005年版，第98页。
② 刘伯山主编：《徽州文书》第二辑第二册，广西师范大学出版社2006年版，第78页。
③ 王钰欣、周绍泉主编：《徽州千年契约文书（宋元明篇）》卷六，第238页。

除了由田主出资并减租、由佃户挑砂的方案，还有田主仅出资但不减租的情况，这时也是由佃户修治田亩。比如祁门县的下列契约："立承挑沙做砚人程天贵，今承到石溪源吴振保租主名下本都六保土名石岭下，计田二坵，一亩六分皮膏全业，向系身佃。今经洪水氽积，是身承去挑沙做砚成田，言定饭食工钱十三千贰佰文，其钱按工支取，其砚包定五年之内不得损坏，倘五年之内损坏，是身自食自做。……光绪八年七月十九日　立承挑沙做砚人程天贵。中见　胡加丁"①。

第三种方案是，田主不出资，田主仅在租税上作出减免，由佃户挑砂。比如祁门的下则契约所明确显示的："立承佃约人潜邑王胜扬，今承到康惟成东名下粪草田皮并该田本身主租及各主租田壹号，坐落本都保律字一百卅八号，土名竹系坞，计田三坵，计主租四秤有零，其田因在高坎山坞拙，缘先年洪水冲卸，田砲砂积，抛荒有年，国课虚供。今身因在本坞承种山场锄种麻栗、布种松杉之便，是以前来承佃前田，前去入田挑砂做砲，开荒成田耕种，面议定自丙子年起至癸未年为满八年止，第甲申年秋收之日，接租主到田看验监收，照主租交纳，其田皮面议日后归承佃人管业，以准开荒、挑砂做砲工食。所议年内倘洪水冲击等情，均系是承佃管理，不致抛荒，藉口异言，其主租至开荒年满之日照交，不得拖欠。如有短少，听凭租主另行招佃，……大清嘉庆贰拾壹年三月初一日立承佃约人王胜扬　仝男　王德有。"②又如道光年间契约："立承佃约人金松贵，今承到程傑公祀经手全业人端培兄弟端论、弟侄端瀚兄弟名下六保土名羨塘口田，于道光十一年间洪水砂积，是身承去，挑沙上土成田。当日面言定七年内田不言租，以为工食之资。自丁未起至壬子年，过癸丑年，接田主登田对半监分，迭年始依原约，不得违误。恐口无凭立此承约为据。……又批：石曹坞口荒田二块，亦在约内去砂上土成田。始依原约，年满对半监分，又照……道光廿六年八月廿

---

① 刘伯山主编：《徽州文书》第二辑第二册，第146页。
② 刘伯山主编：《徽州文书》第三辑第九册，广西师范大学出版社2009年版，第176页。

六日立承佃约人金松贵。"①

有些被砂土覆盖的田亩系共业,田主不是一人。对于共业的田地被洪水冲损,挑去沙土需要资金,一般应有共业各方按照股份分担。但是契约文书显示,有时共业田地的一方无力承担应该支付的修复资金,这时,无财力的共业业主方,选择了一种解决方案:把自己所拥有的田租份额出卖。比如在祁门,高公祀与佛生祀共业一田块,计步数一亩一分,实租十一秤,高公祀秩下孙大兴等得实租五秤正,"情因光绪拾年洪水冲损,尚未挑复。今佛生祠已经仰秩下大椿畚做成田",但高公祀秩下孙大兴等"无力派费",解决方案是"故而兄弟商酌,遂将该租自愿立契出卖与族兄大椿名下为业,三面言定时值价英洋叁拾元正。内除洋拾伍元系认派租上做造之费,余洋比即收讫"②。

对于不能及时挑去砂土的砂积田块,便成荒田。有时候,官方也曾考虑为此类砂积田块的重新开荒提供政策支持。比如祁门县明天启元年的文书所示:"直隶徽州府祁门县……查得东都土名梅木源口有闲旷官地贰分肆厘柒毫伍丝,随据东都二啚儒学生员李廷芳呈,本都五保鳞册收字玖百陆拾壹号,土名梅木源口申明亭官地贰分肆厘柒毫伍丝,一向荒闲,堆积沙砾,呈乞公估时值,准输价银给赐贴文开荒承业等情。据此拟合就行,为此除外合行给帖,即将前项土名梅木源口申明亭官地贰分肆厘柒毫伍丝经公估时值价银伍分整,即令承业。"③在明崇祯年间,徽州府歙县知县傅岩也曾对冲毁农田的开垦提供政策支持:"本县地土硗瘠,蓄植树艺,民力颇勤。间有水冲淹没或遗弃荒芜之地,听民开垦。"④

前面几种对砂积田亩问题的应对措施,都是为了能使砂石覆盖的田地能被继续开垦。但实际上,出于地理环境、经济条件及灾害覆盖面等多种

---

① 刘伯山主编:《徽州文书》第一辑第八册,广西师范大学出版社2005年版,第441页。
② 黄山学院编撰:《中国徽州文书》第二卷,清华大学出版社2010年版,第334页。
③ 周向华编:《安徽师范大学馆藏徽州文书》,安徽人民出版社2009年版,第114页。
④〔明〕傅岩撰,陈春秀校点:《歙纪》,第55页。

因素，有些被冲刷而下的泥沙覆盖的田地不能继续开垦，由此便成为荒田。时人将祁门县的田地分为四类，其中有一类系临溪河，此类田地则"比年水灾，积沙成壑，不堪耕种，而有虚供赋输者"①。对此种荒田，佃户佃种此田时便遇到租额问题。一些契约也对此类田亩的田租租额作了规定。比如祁门立卖杜契人邱建水，因无银支用，自情愿托中将承祖父阄分民水田壹号，出卖与邱光逢名下，前去入田收租管业，其田"计田大小拾坵，计原租柒秤，因乾隆五十三年洪水冲损砂积，田三坵仍存实田，田七坵拆实租五秤正"，契约明确规定收租管业事宜："无论干旱并砂积，逓年佃人硬交正租拾肆秤正无词。"②

即便有上述各种应对方案，因山洪暴发导致水氽沙积，还是容易造成纠纷，这在当时的山场买卖中是需要注意的。在祁门，山场买卖中便有契约明文规定水氽沙积不关买方之事，这样使得买方省却了日后可能出现的麻烦。比如清乾隆三十三年三月祁门程元俊等所立卖山契便是如此："立卖契人：程捷祀秩下元俊、元侃、嘉会等，今因钱粮无措，自情愿将承租买受本都七保山场一备，坐落土名汪舟坑、蛇形并生坟坞、郑家坞等处……四至内照原买受山场内，除在山坟茔存留禁步不卖，其余本家该得山场，凭中尽数立契出卖与本都图僧首芝名下为业，面议时价纹银五两整，其银在手足讫。……定后二各毋悔，如违，甘罚白银二两公用，仍依此契为准。……再批：日后本家检出老契不得行用，倘有水氽沙积，不管买人之事。……乾隆三十三年三月十二日立卖契人程捷祀秩下元俊押……"③在卖山契中，对可能出现的"水氽沙积"情况作出预先责任规定，或多或少显示了此种田块有遭遇"水氽沙积"的可能，也表明这种契约规定是为了避免日后的纠纷。

---

① 祁门县地方志办公室整理：《祁阊志（外四部）》，第142页。
② 刘伯山主编：《徽州文书》第一辑第六册，广西师范大学出版社2005年版，第97页。
③ 刘伯山主编：《徽州文书》第一辑第七册，广西师范大学出版社2005年版，第135页。

四、余 论

由上述可见,明清时期徽州水灾对徽州农民生活、农村社会、农业生产均有深刻的影响。考察水灾对徽州农村社会及农业生态等多方面的深刻影响,对进一步认识灾害与明清徽州地方社会之间关系有帮助,比如徽州地区徽商及地方精英热衷于社会事业捐助的问题。明清徽商崇尚儒家义利观,"徽商因义而用财,不惜耗费大量商业利润用于'义举'"①,史籍也对富裕徽商好义之风的特点也有记载,对包括"山桥水堰之属"的各项公益事业往往"输金千万而不惜",赤贫之士甚至"蓄积十数年,一旦倾橐为之"②。热衷社会捐助的现象固然与徽州地区其好义成风的文化传统、儒商因素、宗族意识强等等因素有关,但与徽州地区水灾频发的区域特点也有密切关系。

比如从水利设施上看,明清时期徽州地区农田水利事业有明显发展,其重要表现之一是对被水灾冲毁的水利设施予以修复③。地方绅士与徽商在这种修复中捐助甚大④。这与徽州地区水利设施很容易被水灾冲毁的自然特点有关。徽州地区河流易盈易涸,塘堰易于冲击、淤塞,史籍对此多有记载。比如,徽州僻处万山之间"最畏水旱,晴稍久则农田已忧枯槁,雨稍多则山水便见横流"⑤;祁门县处万山中"赖山谷涧水涓涓细流滋润山田,大雨水涨汇于溪壑,由高注下势如建瓴,不能停潴"⑥;歙县"盖吾郡依山为治,山溪湍环,泄多潴鲜,加夏秋霖涨,挟蛟为灾,冲堤坏堰久须修复,势固然也"⑦。除

---

① 王廷元:《论徽州商人的义利观》,《安徽师范大学学报(人文社会科学版)》1998年第4期。
② 同治《黟县三志》卷三《地理·风俗》。
③ 梁诸英:《明清时期徽州地区灌溉水利的发展》,《南京农业大学学报(社会科学版)》2006年第1期。
④ 梁诸英:《明清徽州绅商投资家乡农业水利状况及原因》,《池州学院学报》2011年第4期。
⑤ 光绪《祁门县志补》卷一《水利·塘》。
⑥ 同治《祁门县志》卷十二《水利志·溪河》。
⑦ 道光《歙县志》卷二之六《水利》。

了水利事业的捐助,徽商对桥梁事业也有大量修复活动,这也与徽州地区桥梁易于被洪水冲毁是有直接关系的。

所以,若能从地理、生态等因素考察,将更能认识徽州地方社会热衷于社会捐助问题的区域特点。

(本文原载《安徽大学学报(哲学社会科学版)》2012年第2期)

中国近现代史研究

五四时期陈独秀伦理思想探析

方晓珍

20世纪初的中国社会处于剧烈的大变革时期。辛亥革命失败后，激进的革命民主主义者继续寻求救国救民的道路。陈独秀等"五四"新文化运动主将，认定"伦理之觉悟为吾人最后觉悟之最后觉悟"，遂以进化论为思想武器，高举民主和科学的大旗，对当时封建军阀政府和封建顽固派掀起的尊孔复古的反动思潮，尤其是对以儒学为中心的封建伦理道德发动了最猛烈的抨击，极大地震动了中国思想界。

长期的封建统治中，儒学作为入世哲学，同人们的日常生活和伦理道德结合得十分紧密，成为人们共同信奉的最高准则。共同的心理气质，铸造了中华民族的性格，儒学中的逆来顺受、明哲保身、因循守旧、尊卑等级等落后思想，使人们形成了含蓄、深沉、内向的个性，因而容易产生自我满足、安于现状的保守心理，而资产阶级的那种进取主动精神、独立开拓思想、平等自由观念则难以为人接受。陈独秀基于对中国国情的深刻认识和对社会政治现状的冷静分析，基于对中国旧民主主义革命经验的总结和对欧洲各国"解放历史"的借鉴，觉悟到：欲求中国社会政治的真正革新与改造，就不能不先做国民的思想启蒙工作，即引导大多数国民把"伦理之觉悟"以至"国民性质行为之改善"认作"救国之要道"或视之为"根本之救亡"。他认为，救亡和启蒙的相互关系应该是：启蒙以救亡为目的，而救亡必离不开启蒙，但在救亡的各个环节中，启蒙工作甚至更重要，更带有决定性的意义。中国欲求进步与发展，便不能不彻底废除旧道德，建立新道德，使国民在价值取向上与现代社会相合。因而，他采取历史主义态度，对孔子及其道德学说作了具体的、历史的分析。他说："孔子生长封建时代，所提倡之道德，封建时代之道德也;所垂示之礼教,即生活状态,封建时代之礼教,封建时代之生活状态也;所主张之政治,封建时代之政治也。封建时代之道德,礼教,生活,政治,所心营目注,其范围不越少数君主贵族之权利与名誉,于多数国民之幸福无与焉。"① 他认为"一种社会产生一种学说",任何一种学说都必然随社会的变迁而变迁,随时为新旧,"乃进化的而非一成不变的"。他说:"宇宙间精神物质,无时不在变迁即进化之途。道德彝伦,又焉能外?"② 他特别强调指出:"盖未知道德之为物,与真理殊,其必以社会组织生活状态为变迁,非所谓一成而万世不易者也。"③ 所以,反对孔教,并非反对孔子个人,也并非说孔子在古代社会无价值,而是因为孔子之道"与近世自由平等之新思潮相背驰",不能支配现代人心,适合现代潮流。他尖锐地指出,儒家的"三纲五常"是"奴隶的道德",忠孝节义是"吃人的礼教","儒者三纲之说,为一切道德政治之大原。君为臣纲,则民于君为附属品,而无独立自主之人格矣。父为子纲,则子于父为附属品,而无独立自主之人格矣。夫为妻纲,则妻于夫为附属品,而无独立自主之人格矣。率天下之男女,为臣,为子,为妻,而不见有一独立自主之人者,三纲之说为之也。缘此而生金科玉律之道德名词,曰忠,曰孝,曰节,皆非推己及人之主人道德,而为以己属人之奴隶道德也"④。他揭露说:"三纲之根本义,阶级制度是也。所谓名教,所谓礼教,皆以拥护此别尊卑、明贵贱制度者也。"⑤ 他认为:"吾人果欲于政治上采用共和立宪制,复欲于伦理上保守纲常阶级制,以收新旧调和之效,自家冲撞,此绝对不可能之事。盖共和立宪制,以独立平等自由为原则,与纲常阶级制为绝对不可相容之物,存其一必废其一。"⑥ 又说:"如今要巩固共和,非先将国民脑子里所有反对共和的旧思想,一一洗刷干净不可。因为民主

---

① 陈独秀:《孔子之道与现代生活》,《独秀文存》,安徽人民出版社1987年版,第85页。
② 陈独秀:《孔子之道与现代生活》,《独秀文存》,第81页。
③ 陈独秀:《孔子之道与现代生活》,《独秀文存》,第87页。
④ 陈独秀:《一九一六年》,引自丁守和:《中国近代启蒙思潮(中卷)》,社会科学文献出版社1999年版,第37—38页。
⑤⑥ 陈独秀:《吾人最后之觉悟》,《独秀文存》,第41页。

共和的国家组织、社会制度、伦理观念,和君主专制的国家组织、社会制度、伦理观念全然相反,——一个是重在平等精神,一个是重在尊卑阶级,——万万不能调和的。"①在陈独秀看来,封建宗法制的纲常等级制度(即封建尊卑等级制),同共和制度是绝不相容的,只有彻底废弃以儒家"三纲说"为中心的"奴隶道德"和封建等级制,才能建设真正的共和制和"国民政治"。这显然把问题绝对化了,有形而上学的倾向。不过,在当时,为了冲击数千年来禁锢人们思想的封建儒学传统,就需要这种彻底革命的斗争精神。

近代中国的时代特征及民主革命的特殊性和复杂性,决定了陈独秀伦理思想的丰富性和深刻性。在成为马克思主义信徒之前,作为一个杰出的人道主义者和激进的民主主义者,他以"先知先觉"的远见卓识和多元开放的文化心灵,将民主与科学引进中国,大大拓宽了伦理思想的内容。

一是从经济关系探讨道德观念转变的必然性,这比鸦片战争以来国人的自我怀疑要深刻得多。陈独秀认为,伦理观念的变迁取决于社会经济的发展,在某一特定的社会经济状况下,必然产生与之相应的伦理观念。他说:"现实之世界,即经济之世界也。举凡国家社会之组织,无不为经济所转移所支配。古今社会状态之变迁,与经济状态之变迁同一步度。"②"现代生活,以经济为之命脉,而个人独立主义,乃为经济学生产之大则,其影响遂及于伦理学。故现代伦理学上之个人人格独立,与经济学上之个人财产独立,互相证明,其说遂至不可摇动;而社会风纪,物质文明,因此大进。中土儒者,以纲常立教。为人子为人妻者,既失个人独立之人格,复无个人独立之财产。"③当中国社会经济尚未达到陈独秀所期望的"现代"标准时,理论观念的提前转变势必导致社会秩序的混乱与失范。从这个意义上说,近代以来不是中国旧有的观念阻碍了社会的进步和发展,而是社会经济状况的变化滞后于意识形态的变迁。正因如此,五四对传统秩序的破坏也要严重得

---

① 陈独秀:《旧思想与国体问题》,《独秀文存》,第103页。
② 陈独秀:《今日之教育方针》,《独秀文存》,第19页。
③ 陈独秀:《孔子之道与现代生活》,《独秀文存》,第82—83页。

多,它触及了中国传统社会秩序的根基,使"秩序危机"达到近代以来空前的程度。但是,当我们冷静反省当年的情况,我们不得不承认五四对旧秩序的破坏具有相当的负面效应,其理论本身也陷入了两难的境地。陈独秀心目中的现代文明没有成为中国社会的现实,民主政治的选择在中国人生存、生活条件没有根本改变的时候,只能是美好的向往。中国最需要的是发展经济,发展社会生产力。只有在商品经济获得充分发展,自由、平等的商品交换原则在经济生活中习以为常的时候,民主政治才能真正实现。"如果资产阶级实行统治的经济条件没有充分成熟,君主专制的被推翻也只是暂时的。人们为自己建造新世界,不是如粗俗之徒的成见所意想的靠'地上的财富',而是靠他们垂死的世界上历来所创置的产业。他们在自己的发展过程中首先必须创造新社会的物质条件,任何强大的思想或意志力量都不能使他们摆脱这个命运。"① 这不仅是陈独秀等五四思想家留给我们的思维教训,而且是今日知识分子所应该达成的基本共识。

二是主张个人的完全发展,积极要求自我解放,并强调个人主义与群体意识相结合。陈独秀认为个人的完全发展,乃是人类文明进化之"大的"。他说:"解放云者,脱离夫奴隶之羁绊,以完其自主自由之人格之谓也。我有手足,自谋温饱;我有口舌,自陈好恶;我有心思,自崇所信;绝不认他人之越俎,亦不应主我而奴他人:盖自认为独立自主之人格以上,一切操行,一切权利,一切信仰,唯有听命各自固有之智能,断无盲从隶属他人之理。"② 在陈独秀看来,自我解放包含两重意义:其一,完成个人独立自主之人格;其二,"不应主我而奴他人"。他反复强调要尊重个人独立自主自由的人格,号召青年树立个人主义和自由主义的人生观。他说:"社会的文明幸福,是个人造成的,也是个人应该享受的。""社会是个人集成的,除去个人,便没

---

① [德]马克思:《道德化的批评和批评化的道德》,《马克思恩格斯选集》(第一卷),人民出版社1972年版,第172页。
② 陈独秀:《敬告青年》,《独秀文存》,第5页。

有社会；所以个人的意志和快乐，是应该尊重的。"①"集人成国，个人之人格高，斯国家之人格亦高；个人之权巩固，斯国家之权亦巩固。"②陈独秀的这些思想具有深刻的理论意义，因为每个人的自由发展是一切人的自由发展的条件，奴役他人的人，也不能获得真正的自由，不能完成完全独立自主自由的人格。陈独秀的思想包含了对人的价值的重视，对人的尊严以及对人的自由的关注，体现了启蒙思想家的人道精神，具有反封建的战斗意义。同时，陈独秀在文章中又流露出强烈的群体意识，他说："人生在世，个人是生灭无常的，社会是真实的存在。""社会是个人的总寿命，社会解散，个人死后便没有连续的记忆和知觉。""个人的生命最长不过百年，或长或短，不算什么大问题，因为他不是真生命。大问题是什么？真生命是什么？真生命是个人在社会上留下的永远生命，这种永远不朽的生命，乃是个人一生底大问题。"③这些观点很近乎社会有机体的思想，意味着群体为主、个人为辅的观念。

　　三是热烈歌颂功利主义，特别强调个人幸福与社会利益相一致。陈独秀基本上承袭了英人边沁和约翰·穆勒的功利主义思想，把功利主义作为社会生活的基础和伦理道德的最高原则。他认为功利主义是争取民权自由和社会进步的重要条件。他说民权、自由、立宪共和与功利主义在形式上虽非一物，但它们在近代文明上是同时产生的。"功利主义之所谓权利主张，所谓最大多数之最大幸福等，乃民权自由立宪共和中重要条件。"④又说："自约翰弥尔（J. S. Mill）'实利主义'唱道于英，孔特（Comte）之'实验哲学'唱道于法，欧洲社会之制度，人心之思想，为之一变。"⑤陈独秀主张自利主义与社会自利相结合。他说："天下无论何人，未有不以爱己为目的者。其有昌言不爱己而爱他人者，欺人之谈耳……故自利主义者，至坚确不易动

---

① 陈独秀：《人生真义》，《独秀文存》，第126页。
② 陈独秀：《一九一六年》，引自丁守和：《中国近代启蒙思潮（中卷）》，第37页。
③ 陈独秀：《欢迎湖南人底精神》，《独秀文存》，第434页。
④ 陈独秀：《再质问〈东方〉杂志记者》，《独秀文存》，第213页。
⑤ 陈独秀：《敬告青年》，《独秀文存》，第7—8页。

摇之主义也。"①但是他极力反对极端自利主义者,认为极端自利主义者"不达群己相维之理,往往只知有己不知有人,极其至将破坏社会之组织"。他解释说,人是群居的动物,文明愈进,"则群之相需也愈深",所以,自利主义者不应仅局限于个人的自利,而应扩充到社会,做到自利主义与国家自利、社会自利、人类自利相结合,否则,"人类思想生活之冲突无有已时"②。因此,他认为个人自利和社会自利相结合、个人人格之自觉与人群利害互助之自觉相结合是新伦理道德的准则。

陈独秀强调不能把功利主义与图利贪功混为一谈。他在批评《东方杂志》记者把功利主义看成是图利贪功的观点时指出,功利主义与图利贪功本非一物,图利与贪功同属恶的方面,与功利主义恰"为相反之正负两面"。"自广义言之,人世间去功利主义无善行"③。近世文明社会"举凡政治之所营,教育之所期,文学技术之所风向,万马奔腾,无不齐集于厚生利用之一途"。④因而物质文明制度和人心为之大变。他指出,《东方杂志》记者的错误就在于不了解功利主义之真价值及其在欧美文明社会发展中之功绩,错误地把功利主义看成是贪鄙、不法、苟且、势利之物,这是对功利主义恶意的歪曲。陈独秀认为每个人生来都是求乐避苦的,但追求个人幸福不应损害国家、社会利益。他说:"人之生也,求幸福而避痛苦,乃当然之天则。"⑤又说:"个人生存的时候,当努力造成幸福,享受幸福;并且留在社会上,后来的个人也能够享受。递相授受,以至无穷。"⑥"幸福之为物,既必准快乐与痛苦以为度,又必兼个人与社会以为量。"⑦因此,人的活动所要达到的目标即是"内图个性之发展,外图贡献于其群",既要力求个人幸福、个性自由,

---

① 陈独秀:《敬告青年》,《独秀文存》,第16页。
② 《道德之概念及其学说派别》,转引自罗炽、简定玉:《中国德育思想史纲》,湖北教育出版社1998年版,第804页。
③ 陈独秀:《质问〈东方〉杂志记者》,《独秀文存》,第185页。
④ 陈独秀:《质问〈东方〉杂志记者》,《独秀文存》,第385页。
⑤ 《道德之概念及其学说派别》,转引自罗炽、简定玉:《中国德育思想史纲》,第805页。
⑥ 陈独秀:《人生真义》,《独秀文存》,第127页。
⑦ 《道德之概念及其学说派别》,转引自罗炽、简定玉:《中国德育思想史纲》,第805页。

又要努力对社会做贡献、对他人有利。

陈独秀的伦理思想与时代脉搏一起跳动,同政治思想紧密相连,具有强烈的革命性和实践性。围绕发愤图治、爱国御侮的思想主题。其思想方法表现出以下特点:一是在考察、讨论、分析和论述任何问题时,先确定一种参照系,而这一参照系便是先进的西方文化,或曰"近世欧洲之时代精神";二是在确立参照系的基础上,则充分强调中与西、旧与新,即参照对象与参照系的尖锐对立,反对调和折衷,认定两者必取其一;三是因以图根本改造(革新)为目的,故首先立足于破坏,强调破字当头,以破坏带动革新;四是由于新文化运动在相当程度上是以论战的形式展开和深入的,因而为了求得论战的胜利(从思想主张到舆论气势),陈独秀承认并采取矫枉过正的思想方法。这些特点,主要是由那个特定的社会政治文化斗争环境所决定的。在今天看来,不免有些简单化、形而上学、片面性,然而这种情况,的确又是当时开展思想文化斗争所必需的,事实上也是有效的,用鲁迅的设喻来说,好比是为了开"窗户",必先言"拆屋顶",因为否则连"窗户"都开不成。陈独秀的思想虽然是深刻的,但因其思想方法特点,他的思想并不复杂,也少有矛盾,相反却是表现得相当的简洁明朗。可以说,这是处于中西文化发生最尖锐最严酷的冲突时期,中国激进的启蒙主义思想家的一种最实际有效的思想形态。陈独秀说:"今兹之役,可谓新旧思潮之大激战"①,"现在世上是有两条道路:一条是向共和的科学的无神的光明道路,一条是向专制的迷信的神权的黑暗道路"②。面对截然相反的两条道路,陈独秀既有正确的选择,又不遗余力地引导国人步入光明之道,并以充满激情和富有理智力量的著述言论来反复阐述、证实这种选择和引导的毋庸置疑的必要性和合理性,这便是陈独秀在"五四"时期的总的思想特征,这种思想特征显然是最集中最深切地反映了"五四"时代精神,代表了当时中国进步知识分子的最高的思想认识水平。如果说,戊戌维新只是在客观上朦胧地提出了中国现代化的目标,辛亥革命又

---

① 陈独秀:《吾人最后之觉悟》,《独秀文存》,第241页。
② 陈独秀:《克林德碑》,《独秀文存》,第22页。

只是为追求这一目标从政治变革的形态上作了一次并不太成功的尝试,那么陈独秀倡导的"五四"新文化运动,无疑是对中国现代化的实现寻找了一条虽非捷径但却是更为切实的道路。唯其如此,陈独秀的伦理思想,在中国近现代思想史上占有十分重要的地位,发挥着承上启下的巨大作用,产生了极为广泛的深远影响。当时曾有读者致函陈独秀说:"足下之伟论,……使吾人精神界若顿换一新天地。由此浸灌成长,仆知后来者之视足下,亦将如今人之视孙黄辈为政治革命之前驱也。"[①]孙中山先生当年也对他的党内同志说:"陈独秀等人倡导的新文化运动,在我国今日,诚思想界空前之大变动。推原其始,不过由于出版界之一二觉悟者从事提倡,遂至舆论放大异彩,学潮弥漫全国,人皆激发天良,誓死为爱国之运动。倘能继长增高,其将来收效之伟大且久远者,可无疑也。吾党欲收革命之成功,必有赖于思想之变化,兵法攻心,语曰革心,皆此之故。故此种新文化运动,实为最有价值之事"[②]。毛泽东提到陈独秀时说:"其人者魄力雄大,诚非今日俗说所可以比拟。""他对我的影响也许超过其他任何人。"[③]后来的事实充分证明,无论是《新青年》的普通读者,还是像孙中山这样的革命活动家,甚或像毛泽东这样的共产党领袖,他们对于陈独秀在"五四"时期的伦理思想的价值意义和历史地位的评价,是经得起历史检验的。

(本文原载《安庆师范学院学报(社会科学版)》2002年第6期,中国人民大学复印期刊资料《中国现代史》2003年第6期全文转载)

---

① 曾毅:《致陈独秀》,《新青年》,第3卷第3号。
② 《孙中山选集》,人民出版社1956年版。
③ [美]埃德加·斯诺:《西行漫记》,生活·读书·新知三联书店1979年版。

皖江名人资源开发与安庆旅游产业发展

方晓珍

在当前经济下行压力加大、就业日趋紧张、结构调整的刚性矛盾日益突出、传统消费热点增长乏力等严峻形势下，国家正在实施"扩内需、保增长、保稳定、调结构"的政策目标，迫切需要寻求和培育新的消费热点。安徽省委、省政府把发展旅游业放在了优化产业结构、改善人民生活的重要位置。旅游业由于其产业链长、带动性强，又是劳动密集型产业，在推动国民经济结构调整上，具有多方面的优势：市场前景广阔，是永远的朝阳产业；创汇能力强，换汇成本低，消耗较少，在国际上具有竞争优势；关联带动功能强，直接或间接地带动相关产业的发展；提供就业机会较多，且就业成本较低；扩大国际交流，促进改革开放；促进区域间经济和社会协调发展。在应对经济寒冬中有望成为恢复最快的行业之一，并成为扩大内需和拉动消费的突破口和产业结构调整的有效手段。而要发展旅游产业，就必须深入挖掘旅游文化资源。文化是旅游的灵魂，也是提高旅游档次的重要内容，更是新形势下旅游竞争的重要手段和筹码。同时，发展旅游文化，也是增强行业综合竞争力，提高经济效益的内在要求。

皖江地区历史悠久，文化底蕴深厚，自古以来名人辈出，群星璀璨。特别是安庆作为千年古城、百年省会，一直被称为：文化之邦、戏剧之乡、禅宗圣地、安徽之源；涌现的众多名人在各自的天地里发出了耀眼的光芒，对皖江文化的形成发展做出了巨大贡献。这些名人用汗水与热血，在中华民族文明史上留下了闪光的一页。他们的生平、足迹、流传百世的事迹，成为富有地方特色的文化景观和宝贵的旅游资源，有着较强的旅游吸引力和十分重要的价值意义，影响极为深远。安庆作为皖江区域中心城市，要保增长，就要做好文化与经济、旅游三结合文章,挖掘名人资源,发挥文化优势,做强旅游产业,打造特色品牌,推动经济社会全面协调可持续发展。

一、挖掘名人资源,彰显皖江文化特色

(一)安庆是众多影响中国、闻名世界的杰出人物的故乡。传统上重教兴学,有"穷不丢书,富不丢猪"之说。明清时期,安庆中进士者就达240余人。众多安庆籍英才在科学、文学、艺术、政治等各个方面的创造性成就,为丰富我国思想文化宝库做出了十分重要的贡献。①

科学方面:三国时期,皖江地区就出现了著名的天文学家王蕃。明末清初桐城人方以智堪称"十七世纪罕无伦比的百科全书式"的大学者,不仅是著名的思想家,同时是天文、地理、医学、物理学家,撰写了《物理小识》——中国历史上最早的全面、系统的自然科学百科专著。安庆是中国较早接受现代文明的城市之一。1861年,曾国藩在安庆创办的安庆内军械所,云集了诸如徐寿、华蘅芳、李善兰等中国一流的科学家,制造了中国第一台蒸汽机和第一艘机动船。安徽的第一座发电厂、第一座自来水厂、第一家电报局、第一个图书馆、第一所大学、第一张报纸都诞生在这里。当代科学家、怀宁人邓稼先被誉为"两弹"元勋,计算机之父慈云桂主持研制了我国银河亿次电子计算机。名医黄家驷、潘箬泉等均系安庆人。

文学方面:汉代诗歌中最杰出的作品,长篇叙事诗《孔雀东南飞》就出自安庆境内怀宁、潜山一带民间,是继楚辞之后我国文学史上出现的又一伟大诗篇。明代中叶桐城学术大兴、人才迭起,先有何唐、童自澄、方学渐等结社讲学,继有方以智、钱澄之等著名学者兴办学馆,传播各种学说,讲述各种文论。到清康熙、乾隆之际,以戴名世、方苞、刘大櫆、姚鼐、方柏堂、方东树、姚莹、吴汝纶等为代表,开始形成桐城文派。道光、咸丰年间时人就有"天

---

① 相关研究成果参见张健初著:《皖省首府——老安庆》,黄山书社2005年版;汪军主编:《皖江文化与近世中国》,合肥工业大学出版社2004年版;翁飞等著:《中国近代史》,安徽人民出版社1990年版。

下文章尽归桐城"之说。桐城文派雄霸文坛200余年，拥有作家1 200余人，创作传世作品2 000余种，是中国文学史上迄今为止时间最长、作家最多、影响最大的散文流派。湖湘文化巨擘曾国藩，自称桐城宋学的弟子，私淑姚鼐。陈独秀——"思想界的明星"，是新文化运动的旗手，1903年在安庆创办《安徽俗话报》，发出新文化运动的先声，后倡导文学革命。现当代出现了美学大师朱光潜、宗白华、邓以蛰，著名小说家张恨水，当代文学评论家舒芜，中国新文化诗人海子等。

艺术方面：北宋舒州人李公麟，精于画马，注重写生，是中国画白描笔法的创始人，成为北宋一代最卓越的现实主义艺术大师，被誉为宋画第一，1961年被中国画院列为中国十大画家之一。书法、篆刻以怀宁邓石如最为杰出，正草隶篆无不精妙，尤长篆籀，是清代著名书法家、篆刻家，是中国书法两大派系之一——碑派书法的集大成者，是"皖派"（邓派）篆刻艺术的创始人，被称为"国朝第一"、"千百年来第一人"。还有著名画家陈昔凡、郑珊、郑琳；"杂技皇后"夏菊花、杂技艺术家许梅花等等。安庆是"戏剧之乡"。清乾隆五十八年（1790）前后，怀宁石牌艺人组成"四大徽班"晋京，为高宗寿诞演出，从此徽剧扎根京城，并为京剧的产生打下了坚实的基础，潜山人程长庚因此成为徽班领袖、京剧鼻祖。安庆是黄梅戏的发祥地，拥有严凤英、舒绣文、马兰、韩再芬等一大批黄梅戏表演艺术家。戏剧大师曹禺说："安庆是中国戏剧界的圣地"。

政治方面：中国王朝时期父子宰相张英、张廷玉是桐城人，张氏一门出现"六代翰林"。近代，怀宁人陈独秀提出科学与民主的主张，宣扬和传播马克思主义，成为中国新文化运动的旗手、中国共产党的缔造者之一、党的一大至五大的总书记。陈家成为中国共产党历史上唯一一个出现三个中央领导人的家庭——陈独秀、陈延年和陈乔年。早期共产党领导人任弼时、柯庆施、蔡晓舟、薛卓汉、王绍虞、周新民，中共安徽省委第一任书记王步文等都从这里开始他们的政治生涯，领导过革命活动。民主志士朱蕴山、光明甫、房秩五等曾长期在此进行爱国民主活动。"将军外交家"、书画家黄镇，农工民主党创建人章伯钧,孙中山先生秘书、安徽大学第一任校长刘文典,原全国政协副主席、著名社会活动家、佛教领袖赵朴初,全国政协委员、中国道教协会副会长陈撄宁等都生于斯、长于斯。

明朝历史上第一个武状元王来聘,北洋时期中国政府财政总长、实业家周学熙,著名中国民主主义革命活动家、辛亥革命代表人物徐锡麟,中国打响新军起义第一枪、安庆马炮营起义发起者熊成基、范传甲,中国广州黄花岗起义烈士宋玉琳、石德宽、程良等都曾生活在安庆这块土地上,受到过皖江文化的熏陶。

唐代诗人李白从天宝元年(742)至宝应元年(762)流连江淮20余年,先后游历太湖、宿松、望江等地,留下了大量脍炙人口的诗篇。近现代著名学者严复、陈望道、周予同、郁达夫等在安庆任过教。此外,历代著名人物黄庭坚、陆游、文天祥、史可法、王士祯、孙中山、毛泽东、柏文蔚、秋瑾、胡适、陶行知、苏曼殊、恽代英、陈毅、胡耀邦、叶以群、韦素园、徐悲鸿等都在安庆留下过足迹。

历史文化名人的生平、足迹、流传百世的事迹,成为富有地方特色的文化景观和宝贵的旅游资源。"非文无以名地"、"非人无以胜地","烟峰泉石,诗之材也;登临浏览,诗之资也"。借历史名人这块"牌",可以将一地旅游业推向新的高度,使历史文化名人成为举世瞩目的"标签"与旅游吸引点。

(二)安庆是《孔雀东南飞》、"大乔小乔"、"不越雷池一步"、"六尺巷"等著名故事的发生地,是统治中国文坛近三百年的"桐城派"的故里,是京剧鼻祖程长庚为代表的徽班成长的摇篮,是黄梅戏形成和发展的地方。古皖文化、禅宗文化、戏剧文化和桐城派文化在这里交相辉映,形成了独具特色的地方文化——皖江文化。

皖江是长江过境安徽的一段别称。皖江文化,即"皖江地区历史文化",是江淮文化的发祥地,是涵盖安徽全省文化的标志性文化。皖江文化自先秦以降,从未中断,源远流长。皖江文化涌现出大量文化世家,有的绵延数代,如桐城文派中,方氏家族名人辈出,姚鼐家族也是代有名宦,还有戴名世世家、张英世家、刘大櫆世家、方观承世家等,怀宁杨月楼家族则是艺术世家。由于移民和交通的便利,皖江文化开放程度高、创新意识浓、文化辐射力强,在许多方面使部分文化内容从区域文化范围上升到主流文化圈。十四世纪一次伟大的人口迁徙,造就了皖江的新种族和新文化。

皖江文化作为一种独特的地域文化形态,具有丰富性、始创性、引领性,范围广、时间长、影响大、开放程度高、创新意识浓、辐射力强等特征,其底蕴、品位、风格、气派、强度是其他地区无法比拟的。这些可贵的特质文化难得地集于一体,成为皖江地区最显著的标志、最美丽的色彩、最浓重的积淀、最永久的骄傲,耀眼生辉于全国乃至全世界。皖江文化比较注重以文载道、以文救国、以文济世、以文乐民,比较完整地体现了文化的意识形态功能,比较系统地整合了文学、政治、宗教和艺术的精神力量,因而产生了广泛而深刻的影响。①

(三) 安庆现拥有国家历史文化名城、国家园林城市、中国优秀旅游城市三大名片。目前正处在推动经济跨越发展的关键阶段,旅游业的发展将扮演越来越重要的角色,要建设旅游大市,就必须挖掘名人资源,发挥文化优势,做强旅游产业。

其一,安庆历史悠久,人文荟萃,是国家历史文化名城。薛家岗和张四墩等新石器时代文化遗址,见证了安庆人的祖先自古就在这片美丽富饶的土地上繁衍生息。两千多年前春秋时期,为古皖国所在地(安徽省简称"皖"即由此而来)。战国时,并于楚;秦统一六国后,属九江郡;汉初属淮南王国,后属扬州庐江郡;隋为熙州、同安郡,唐改同安郡为舒州,北宋时舒州隶属淮南西路,政和五年(1115)置舒州德庆军。南宋绍兴十七年(1147)改为舒州安庆军(安庆之名始于此)。嘉定十年(1217)安庆知府黄干奏请朝廷,在"盛唐湾宜城渡之阴"即今城区所在地建筑新城,以备战

---

① 参看方晓珍:《关于皖江文化的宏观思考》,《安庆师范学报》(社会科学版) 2005年第3期;孙永玉:《皖江文化基本内涵的划分》,《安庆师范学院》(社会科学版) 2005年第3期。

守抵抗金军南下。此为安庆建城之始,至今已有790多年历史,自清乾隆二十五年(1760年)到1938年的177年间,安庆一直是安徽省府所在地。东晋诗人郭璞曾路过此地赞曰:"此地宜城",故安庆又名"宜城"。

其二,安庆生态优良,环境优美,是国家园林城市。安庆城北枕龙山,南临长江,西依皖河,东接石塘、破罡诸湖,狮子山、凤凰山、菱湖、秦潭湖等镶嵌其间,整个就像是一座大园林。城北的大龙山—石塘湖风景区,山景、水景、石景、树景、洞景融为一体,别具特色;城西的陈独秀陵园,林郁山静,幽雅肃穆,令人叹止;城南沿江岸建设的外滩公园、桥头公园绵延近十公里,形成一条靓丽的风景线;城内的"世太史第"、"探花第"、"太平天国英王府"等古建筑,保持了典型的明清建筑风貌;特别是历史悠久的菱湖公园与近年建设的莲湖公园、市民公园、大湖风景区连成一片,总面积近五平方公里,堪与杭州西湖媲美。建设在景区内的文化广场、黄梅戏艺术中心、邓石如碑馆、黄梅阁、血衣亭、樱花园、徽派盆景园、黄镇纪念馆和科技馆、体育馆、图书馆等建筑物,以及程长庚、邓石如、严凤英、邓稼先、陈延年等塑像,更是增添了一层文化的氛围。城区绿化覆盖率已达38.26%,绿地率达35.66%,人均公共绿地面积为8.03平方米。

其三,安庆山川秀美,物产丰饶,是中国优秀旅游城市。不仅有天柱山、花亭湖等国家4A级风景名胜区,有大龙山、小孤山、浮山、白崖寨、鹞落坪、妙道山、薛家岗等数十处国家级风景名胜区、国家自然保护区、国家森林公园、国家地质公园或国家文物保护单位,而且是黄山、九华山、庐山等世界著名风景区之间的交通枢纽。潜山县境的古南岳天柱山,一柱擎天,万岳归宗,以雄奇灵秀著称;岳西县境的司空山,为佛教禅宗二祖慧可"遁迹修禅"之处,是著名的佛教圣地;宿松县境的小孤山,耸立大江之中,世称"海门天柱";"白崖寨"则有"南国小长城"之名;枞阳县境的浮山,幻若水上蓬莱,是典型的火山地质公园;市区的迎江寺、振风塔,塔影横江,有"过了安庆不说塔"之誉。全市现有国家级风景名胜区1处,国家森林公园5处,国家地质公园1处,国家级自然保护区1处,省级风景名胜区6处以及省级以上重点文物保护单位51处。满目苍翠、碧波万顷的山水,构成了一幅多姿多彩、美丽如画的长卷。

三大名片为安庆发展旅游产业奠定了基础,积聚了独特优势,彰显了鲜明特色,具有无法估量的价值和效应。

二、发挥名人效应,打造安庆旅游品牌

安庆发展旅游业具有得天独厚的天然优势。但目前还没有整体打造旅游产业,市内各景点之间存在着单打独斗的现象,缺乏整体规划、整体包装,没有形成统一的旅游网络,所以至今旅游业还没有做大做强。因此,必须学习借鉴云南、河南等省发展旅游业的成功经验,结合安庆实际,发挥安庆名人荟萃的优势,整合全市的旅游文化资源,提高综合效益。

(一)以大旅游、大产业、大市场为目标,打"皖江名人牌",将名人资源转化为旅游资源,着力打造安庆旅游特色品牌。

1. 历史名人资源挖掘是无止境的,要加紧注册名人资源。根据国家质量技术监督局1999年8月颁布实施的《原产地域产品保护规定》,对一些已经开发的旅游景点、旅游产品,加紧注册登记;对于一些一下子还来不及开发的资源,则要在详细调查研究、价值评估基础上,进行超前注册,以防止为他人抢注,造成品牌流失。

2. 要发挥名人效应,让名人资源转化为旅游资源。一些名人在一地留下的足迹,或多或少地会产生一系列的名人效应,成为后人凭吊徘徊之动因。择其要者进行场景化建设,"物化"故事,做活景点,打造集山水风光游、绿色生态游、文化名人游于一体的旅游文化休闲度假基地。

3. 加大名人宣传力度,打造皖江名人游。要保护名人故居。创作宣传名人生平事迹的特色作品。精心谋划,推出一批富有皖江特色的歌舞剧节目、影视作品和文学作品。创造、形成有重大影响的标志性文化项目和重大文化活动。借鉴国内外著名标志性文化设施建设经验,创作宣传皖江名人

的标志性文化设施。利用文化节、艺术节等重大节庆活动,着力宣传皖江名人,扩大名人的知名度和美誉度,增强皖江文化的影响力和文化品位,促进旅游业的发展。

4. 整合安庆旅游资源,设立专门的区域旅游合作部门,使全市及周边的各个旅游景点连点成线,形成大旅游圈,统一政策和运营策略,整体对外推介和宣传营销,实现皖江地区的旅游资源、旅游通道和旅游合作机制无障碍。把重点放在黄山—九华山—天柱山—屯溪—安庆—合肥等旅游线路的整体设计和推介上,加大宣传力度,拓展新的发展空间。

5. 推动跨区域旅游协作机制的建立和完善。要进一步发挥国家历史文化名城、中国优秀旅游城市、国家园林城市的品牌优势,挖掘黄梅戏、天柱山等资源优势,精心打造特色旅游品牌,广泛开展区域旅游协作,加强与东部和中部其他旅游市场的对接,实现优势互补。以省内外周边地区为重点,努力扩大国内市场份额,力争省外游客比重逐年提高。

6. 紧紧抓住世界休闲博览会和世博会机遇,加强与长三角地区的旅游企业合作、旅游市场对接,构建泛长三角区域旅游休闲的"后花园"。目前,泛长三角地区经济发展快,居民收入水平高,消费结构不断升级,特别是旅游消费已成为当地居民生活消费的首选。皖江地区与长三角山水相依,名山胜水遍布境内,自然景观与人文景观交相辉映,还有大量的历史遗迹和文化遗存,开发利用潜力巨大,特别是安庆发展旅游业更具有得天独厚的天然优势。

(二)大力提升现有景区(点)的品位和档次,规划建设一批新的旅游产品,实现旅游产业的全面、协调、可持续发展。

1. 深化改革,着力推进旅游景区企业化经营、市场化运作,催生一批符合现代企业制度的经营实体和市场主体。实施集团化发展战略,加大对现有旅游企业的改组改造力度,培育龙头旅游企业,促进企业规模集团化、经营网络化,打造引领行业走向世界的大型旅游企业品牌。

2. 发展特色旅游,坚持以人为本的服务理念,完善配套服务措施,打造享誉世界的旅游精品品牌。广泛征集策划，着力打造我市特色鲜明的主题形象品牌；坚持大项目带动大发展，着力打造享誉世界的国际化精品品牌；优化软硬环境，打造国内一流的优质服务品牌；拉长产业链条，打造驰名中外的文化旅游创意品牌；在巩固发展观光旅游产品的同时，加快度假旅游产品和专项旅游产品的开发。重点推出一批温泉度假疗养地、湖泊性度假旅游疗养地、会议展览中心，以及内容广泛的红色旅游、乡村旅游、工业旅游、水利旅游、科技旅游、健康旅游、探险旅游等专项旅游产品，并建立安庆旅游精品库。

3. 推进旅行社创新，实现旅游业消费的高级化。旅行社是旅游业恢复经济增长的雁头。旅游业本身包括吃、住、行、游、购、娱六大部门，核心是通过旅行社将这几大部门连接起来，并通过业务关系促进经济增长。可以说，旅游业自身的恢复增长，关键是靠旅行社的创新，并在经济增长中率先恢复增长。在经济下行或停滞不前的情况下，旅行社创新的关键是通过创新旅游产品，增加文化内涵，以增加旅游需求。其次，改变并优化旅游消费结构。包括产品结构、市场结构、营销结构等。在人数减少的情况下，可通过增加购物和娱乐消费，以提升旅游消费层次，并以此为契机，促使旅游业由依靠资源投入要素和资本投入要素的增长向以依靠投入知识智力要素增长的转变，以实现旅游业消费的高级化。

4. 依托资源优势，抓好旅游景点建设，加强旅游整体形象的宣传，促使旅游向多元化综合型发展。景点建设是基础，有好的景点，才能吸引游客，留住游客。尽快完善已开发的旅游资源的基础设施及配套工作的建设，使已开发的旅游资源更具有旅游价值，更具有吸引力。深入挖掘旅游文化资源，加强旅游形象宣传。旅游营销是促进旅游业快速发展的重要手段。重视开展会议、展览、商务、学习、购物、探亲访友等旅游活动，营造出良好的旅游空间环境，加快旅游从单一观光型向观光、休闲度假、商务旅游、文化旅游等多元化综合型发展。

5. 加强对漂流、游艇等特色旅游项目的管理，逐步形成管理出形象、管理出效益的新气象。随着旅游市场的日益建立,树形象、打品牌显得极为重要。安庆市要从规范化管理入手,切实加大对旅游市场监管力度。相关部门要结合春节和十一黄金周,积极开展旅游市场综合治理,并结合年审、年检和评优,加强对旅游宾馆、旅行社、旅游定点接待单位的管理,加大旅游业行风建设力度。

三、融合文化旅游,做大做强旅游产业

城市竞争力、区域竞争力很大程度上归根于产业竞争力。没有产业作为支撑,城市竞争力就是空淡。文化旅游产业是经济全球化背景下的朝阳产业。进入新世纪后,旅游业在全球得以蓬勃发展,已成为当今世界第一大产业。安庆市旅游资源丰富,人文底蕴丰厚,旅游产业发展潜力巨大,应该做大、做强、做优这一支柱产业。发展具有安庆地域特色的旅游产业,建设旅游大市,必须整合全市文化旅游资源,提高旅游与文化的融合度。

一是从战略和全局高度重视旅游产业发展,认真编制并不断完善文化旅游产业发展规划,加强宏观控制指导。安庆市委、市政府审时度势,在广泛调研的基础上,决定将旅游业列为全市三大新的经济增长点、五大支柱产业之一,明确提出要把安庆建成华东地区重要旅游目的地、旅游文化休闲度假基地、旅游经济大市,争取"大旅游大文化成就大事业"。经过不懈的努力,安庆不但成功地创建了中国优秀旅游城市,还相继获得了国家历史文化名城、国家园林城市的"桂冠",成为全省屈指可数的集三张国字号品牌于一身的城市。在完成了第一部《安庆市旅游业发展总体规划》编制后,桐城、枞阳、岳西、潜山、宿松等地结合实际,相继编制完成了各自相关联的《旅游业发展总体规划》。天柱山、花亭湖、浮山、大龙山、《孔雀东南飞》文化园等景区,依托特有的文化、山水资源,突出一个"特"字,编制或修编了旅游发展规划,予以更为准确的市场定位。与此同时,安庆市还编制完成了《三山两水旅游开发规划》,该项目已列入省"861"重点项目,总投资6亿

元。编制了《城区人文旅游发展规划》，将旅游观光与城市建设相结合，把市区山水风光、戏曲文化、历史人文诸多旅游资源立体鲜活起来，达到丰富城市旅游内涵、提升城市旅游品位的目标。相关部门正在不断完善文化旅游产业发展规划，加强宏观控制指导。

二是进一步加强旅游与文化、体育、教育等部门协作，改善旅游环境，提高产业要素配套水平，实现诸要素协调发展，延伸旅游产业链，全面推进旅游业转型升级，促进国民经济又好又快发展。积极发展山水风光游，文化名人游，城区人文游，绿色生态游，观光农业游，乡村农趣游，红色教育游。如在农业方面发展观光农业、开发高档农家乐旅游项目。整合乡村旅游资源，大力发展乡村旅游，如推出登天柱雄峰、享古皖国农趣两日游，寻访禅宗圣迹、体验湖乡风情一日游，龙山凤水形胜、花苑田园风光一日游等乡村旅游线路。积极地利用国家推动红色旅游发展契机，整合岳西及城区红色旅游景点，推出寻访先烈光辉足迹，体验安庆红色之旅等旅游线路。推出游一日安庆，读百年历史的宜人之城和畅游母亲河、探访古皖口，滨江观光旅游等线路，挖掘和丰富宜城板块的旅游内涵。

三是加大宣传力度，充分利用电视、平面、网络等媒体，开展立体化经营。安庆投资拍摄了旅游宣传片，制作了《走遍中国》安庆专辑和黄梅戏乡——中国安庆城市形象宣传片，编印了《宜人之城》导游词，策划编印了《诗画皖西南、魅力看安庆》旅游指南，建立了安庆旅游图片库，印制了《安庆市风景名胜区诗书画集》，印制了中英文对照的导游图和各类宣传专页，开通了安庆旅游网，建立了安庆旅游信息咨询服务中心，先后举办了三届黄梅戏艺术节和中国中部地区（安庆）旅游协作年会等大型活动，极大地提高了安庆旅游的知名度，拓展了客源市场。建议相关部门继续加大宣传力度，不断提升城市形象，扩大皖江名人的知名度，促进旅游产业的发展。

四是开阔眼界谋划工作，加强旅游行业队伍建设，增强干事创业的积极性、主动性。要求从事旅游产业工作的干部职工加强学习，精通业务，不断提高自身素质。发挥安庆师范学院、安庆职业技术学院、安庆电大等高校的优势,联手打造旅游培训基地,着力培养旅游后备人才,并结合资质、年审、专业进修、赛会、公益活动等形式,开展多元化、全覆盖培训,全面提高旅游行业人员的业务能力和综合素质。

五是要有创新思维,以新的文化观念、新的运作手段、新的管理方法来思考和运作旅游产业。要树立文化旅游出生产力的观念,把文化旅游作为产业、作为新的经济增长点去抓,把历史文化名人资源开发与旅游、区域经济、当地城市建设紧密结合起来,把文化旅游的创新点和经济的增长点结合好,推动本地经济社会的全面发展。要借鉴国外区域文化旅游产业建设的先进经验,打破地区和行业壁垒,整合资源,统一规划,以新的运作机制和利益分配机制,形成新的文化旅游区域和集团优势。

历史是宝贵的资源,开发的是财富;历史又是一面镜子,映照的是责任。皖江名人以他们的独特智慧创造了地方特色文化,推动了社会的文明进步,也为今天经济社会发展和人民生活质量提高打下了基础,提供了源泉和动力。旅游作为人与人、人与自然、人与社会的交流活动,对和谐社会建设产生积极作用;旅游产业在经济、政治、社会、文化和对外交流等领域,也具有独特的功能。我们有责任也有信心开发好名人资源、发展好旅游产业。

(本文原载《江淮论坛》2009年第4期)

廖磊主皖与安徽基层行政组织建设

何孔蛟　邵　雍

廖磊(1891—1939)字燕农,广西陆川人,陆军上将,新桂系高级将领。[1]抗战爆发后,蒋桂言和,新桂系军队陆续调往前线作战,廖磊任第二十一集团军总司令,先后参加淞沪会战、徐州会战和武汉会战,建立大别山抗日游击根据地,任鄂豫皖边区游击总司令兼安徽省主席。

大别山位于皖、豫、鄂三省交界处,横亘南北数百里,战略地位十分重要,向东可以截断津浦线,向西可以控制平汉线,向北可以扼住陇海线,向南可以威胁日军的长江运输。鉴于大别山的战略地位,武汉弃守前,国民党军事委员会决定以大别山为依托,建立敌后抗日根据地,由廖磊率军固守,阻止日军西进。大别山抗日根据地的主体在安徽,为使军政一元化,1938年10月,廖磊接替李宗仁担任安徽省政府主席。廖磊初主皖政时,正值武汉即将弃守,省府已迁至立煌,省境大部沦陷,安徽在形势上已孤悬敌后。本文试图探讨在严峻的抗战环境下,廖磊是如何加强安徽基层行政组织建设,建立和巩固大别山抗日根据地的。[2]

---

[1] 新桂系是指民国时期以李宗仁、白崇禧等为首的广西地方实力派。因民国时期广西先后由陆荣廷、李宗仁等地方实力派掌权,为区别起见,人们习惯于把前者称为旧桂系,后者称为新桂系。

[2] 目前,关于抗战时期新桂系治理安徽的研究,成果主要有:申晓云的《抗战时期新桂系治皖》(《抗日战争研究》1998年第2期)、童志强的《桂系主皖与安徽省民众总动员委员会》(《抗日战争研究》1994年第4期)、武菁的《论抗日战争时期安徽的新桂系》(《安徽史学》1992年第4期)、黄昊、武菁的《抗战时期安徽新县制改革研究》(《安徽史学》1912年第3期)以及宋霖等主编《安徽通史》民国卷(下)的部分章节等。但现有研究成果对抗战时期尤其是廖磊主政时期安徽的基层组织建设鲜有涉及。

一、抗战以前安徽基层行政组织的弊端

基层行政组织是指县以下的地方行政组织。为绥靖地方，巩固统治，1932年，国民政府制订剿"匪"区内《各县区公所组织条例》和《各县编查保甲户口条例》，并严令鄂豫皖三省迅速办理。同年10月，安徽各县奉令停办地方自治，将基层行政组织设置由区、乡镇、闾、邻改为区、联保、保、甲。保甲编组按照10进制的原则，10户为甲，10甲为保。[1]战前的安徽基层行政组织虽在强化基层社会控制方面发挥了一定作用，但面对抗战时期的新形势，其弊端很快显现出来。

1. 基层组织设置不合理

抗战以前，安徽县以下基层组织有区、联保、保、甲，但在实际运作过程中，其职权不清、效率低下的弊端很快显露出来。区署职权，原以辅助县政府督导政务为主，并非执行政令之机构，但在具体运作中却过多地承担了执行政务的职能。"惟过去各县政府，对于政务，多责成区署办理，视为重要执行机构，而区署人员甚少，承转公文，尚感不足，何能事事推行尽善？以致敷衍塞责，反滋延误。"[2]联保的设置也未能发挥其密切基层组织的功能。"保甲长之上，添一联保主任，名为横的联系，实等于三级式之纵的组织，职权不分明，机构不健全，不免推诿因循。"[3]联保组织不但未能增进办事效率，这种叠床架屋式的组织设置反而造成基层行政的混乱。

2. 基层保甲人员素质偏低

战前安徽的保甲长为无薪给职，但却承担着繁重的职责和任务。保甲人员，"几为县政府差遣之夫役"，凡征兵、征夫、摊款、筑路、造林等事务，虽为县政工作范围的事务，"莫不由县转区，由区转令保甲长照办，事繁任重，

---

[1] 安徽省地方志编纂委员会编：《安徽省志·民政志》，安徽人民出版社1993年版，第57页。
[2] 安徽省政府秘书处编印：《中华民国二十八年度安徽省政府工作报告》，1940年版，第12页。
[3] 周瀚：《巡视凤怀霍寿各县局施政概况报告》，《安徽政治》（报告）1938年第1卷第10、11期合刊，第12页。

应付维艰"①。待遇过低和职责繁重导致很多人视担任保甲长为畏途。白崇禧在给蒋介石的电文中就指出当时的安徽"保甲长责重事繁,既无薪给,又无地位",结果社会有志人士都不愿为,以致"地痞流氓及昏庸老朽之流,出而塞责,成事不足,为害有余"②。省政府派往各地的巡视人员普遍反映基层保甲人员素质偏低。凤台县保甲长"有一部分年龄过长,程度太低,于保甲法令及保甲人员职责多欠明了";霍邱县保甲长"教育程度太低,不明保甲意义";寿县保甲长"多数程度太低,不能尽保甲长应有之职责"③。抗战前期被新桂系延揽至安徽担任财政厅长的章乃器甚至认为,安徽基层的区长、保甲长"贪污土劣恐怕要占其大半"④。虽有言过其实之处,但基层保甲人员素质偏低确是不争的事实。

3. 基层摊派舞弊现象严重

基层组织人员的待遇过低和素质不齐导致贪污中饱、非法摊派等现象不时发生。还在李宗仁担任安徽省主席时,就感到安徽"下级公务员如区长、联保主任、保长之类,有些不但不能奉行省政府命令,尽其职责,而且多凭其地位,欺压民众"⑤。民政厅长陈良佐从武汉启程来立煌就任时,根据一路所见,感觉安徽"许多联保主任、保甲长们,政府颁发一件政令,交办一件公务,就是给予他们发财的机会"⑥。白崇禧当时在致蒋介石的电文中更是明确指出:"安徽保甲积弊严重,在抗战期间多未能尽领导、发动民众之职能,反乘战时征兵、征工、募债等机会鱼肉民众,黑幕重重,徒增民众困

---

① 吴文栅:《沦陷区域县政设施之研讨》,《安徽政治》(论著) 1938年第1卷第21期,第8页。
② 白崇禧:《关于安徽省保甲组织剥削和危害民众情形致蒋介石电》,《中华民国史档案资料汇编》第5辑第2编·政治,江苏古籍出版社1998年版,第102页。
③ 周瀚:《巡视凤怀霍寿各县局施政概况报告》,《安徽政治》(报告) 1938年第1卷第10、11期合刊,第1、5、8页。
④ 章乃器:《总动员的意义与宣传方针》,安徽省档案馆编:《安徽省动委会档案史料选编》,安徽人民出版社1991年版,第449页。
⑤ 李宗仁:《党政军工作人员新精神新生命之创造》,安徽省政府秘书处编:《抗建中之安徽》甲编·总论,1940年版,第6页。
⑥ 陈良佐:《军民合作的基本问题》,《安徽政治》(专载) 1938年第1卷第25期,第12页。

苦。"①省政府派往各县的巡视人员也指出,"保甲人员程度不齐,政令意旨,每不能深入民间,甚或假藉机会,滥用职权,致保民善政变为虐民"②。

4. 保甲编组情况较为混乱

国民政府将保甲组织作为收复"赤区"后,加强基层社会控制的重要手段。但由于当时保甲编组,并未顾及各地自然、地理等特殊情况,机械实行10进制,加上各地编组经验的不足和地方乡绅的干预,造成保甲编组的不合理。"纵观本省各县保甲,当编组之初,因编组人员,未尽熟谙法令,每为法令所拘束,而不知活用","如乙地之户数,本足独立一甲,而东牵西扯,散碎莫可究诘;一村之甲数,本足独立一保,而东拉西添,生吞活剥,强为之割裂。每于召开保甲会议,厉行联保连坐,及处理其他一切保甲事务,窒碍丛生"③。各地联保,"常常不遵守规定,三四保就成立一个联保",原因在于"地方绅士要维持和划定自己的势力范围,不愿和其他一保合为一联保,别的联保的绅士也要维持势力范围",最后只有变通处理,乐得各自相安,结果造成联保主任和保长"常常朋比为奸,宰割民众"④。

基层行政组织作为连接政府和民众的纽带,在推行政令、动员民众和征兵征粮等方面发挥着不可替代的作用。安徽保甲组织的不健全和基层政治的不良,对战时民众动员工作产生了不利的影响。抗战爆发后,由于兵员亟待补充,安徽奉令每月需征兵10 000名,省政府因各地基层组织尚未健全,无法胜任征兵任务,一再电请减少征兵数额,无奈之下国民政府只得将安徽征兵数额减为每月6 000名。⑤白崇禧在前往第五战区视察时路过安徽,对基层保甲人员在征兵过程中的徇私舞弊深有感触,"有钱的人只缴纳60

---

① 白崇禧:《关于安徽省保甲组织剥削和危害民众情形致蒋介石电》,《中华民国史档案资料汇编》第5辑第2编·政治,第102—103页。
② 周瀚:《巡视凤怀霍寿各县局施政概况报告》,《安徽政治》(报告)1938年第1卷第10、11期合刊,第12页。
③ 吕师尚:《改进本省保甲之刍议》,《安徽政治》(论著)1938年第1卷第13期,第1—2页。
④ 《为改编各县区乡镇保甲告全省公务员书》,《安徽政治》(特载)1939年第1卷第29、30期合刊,第1页。
⑤ 安徽省政府编:《安徽概览》(役政)1944年版,第3页。

块钱,就可以不去抽签,穷人没有钱,就要去抽签,抽到了不愿去的,只有逃走","有些人因逃避兵役,而去做土匪了"①。廖磊主皖后也深有同感,"常看见许多地方上的壮丁,被政府派遣警察用绳索捆着带到政府里去,仔细地一问,才知道是征兵"②。由于安徽保甲组织的种种弊端,"以致户籍登记、户口调整、奸细检举、盗匪防止等主要工作,竟置不闻问"③。加上抗战爆发后,有的地方因战事吃紧,"各保甲人员,或弃职逃匿,或为汉奸,各处保甲悉皆破坏"④。在严酷的战争环境下,基层组织的松懈和基层政治的不良,严重影响了安徽抗战动员能力,威胁到大别山抗日根据地的建立和巩固。

二、廖磊加强安徽基层行政组织建设的措施

廖磊来皖主政时,正值武汉弃守前夕,当时安徽沿江、沿淮及交通线附近各县相继沦陷,鄂东、豫南亦相继不守。但随着占领区的扩大,日军兵力日益分散,被迫缩小盘踞地点。廖磊把握时机先扫清大别山外围,次第收复了一些为敌所占县份,经过有力的军事反攻,安徽62县中,能保留完整者36县,县境有敌踪者7县,县城为敌盘踞者仅怀宁、芜湖、合肥等19县而已。⑤ 在加强对日军事反攻和抵御的同时,廖磊坚持"抗战与建国"并重,颁布《安徽战时施政纲领》,表示要"调整全省政治,展开政治抗战,完成一面抗战一面建国之任务"⑥。基层组织建设是政权建设的基础。"政治的改革,必须从基层组织健全起。"⑦"有了健全的基层行政,才能够动员民众,运用

---

① 白崇禧:《全民动员争取抗战最后胜利》,《安徽政治》(专载)1938年第1卷3、4期合刊,第2—7页。
② 廖磊:《动员工作与行政机构密切配合问题》,《安徽政治》(专载)1938年第1卷25期,第11页。
③ 吴文珊:《沦陷区域县政设施之研讨》,《安徽政治》(论著)1938年第1卷第21期,第8页。
④ 白崇禧:《关于安徽省保甲组织剥削和危害民众情形致蒋介石电》,《中华民国史档案资料汇编》第5辑第2编·政治,第102页。
⑤ 廖磊:《安徽建设的展望》,安徽省政府秘书处编:《抗建中之安徽》甲编·总论,1940年版,第20—21页。
⑥ 《安徽省战时施政纲领》,安徽省档案馆编:《安徽省动委会档案史料选编》,第96页。
⑦ 陈良佐:《军民合作的基本问题》,《安徽政治》(专载)1938年第1卷25期,第12页。

民众的力量推行政令。"①针对基层组织存在的弊端,廖磊采取有力措施,进行了全面的改造和建设。

1. 改区署为督导机关,废除联保设立乡镇

1932年,安徽编组保甲时,县下设区,区公所负责监督区内保甲人员推行政令。1935年,奉国民政府令撤销区公所,设立区署办理户口调查、土地清丈、农村合作等政务。从区公所到区署,区的职权发生了变化,由督导机关演变为行政机构。结果造成上下各级政务均积之于区,而区署组织简单,人手不多,致使政务执行困难重重。抗战爆发后,各项事务更加繁重,而区署难以承担,于是"办理兵役运输,及组训民众各项要务,实际均系联保、保、甲直接办理",区署不但未能发挥推行政令的作用,反而因为承转公文而延误时机。廖磊在主政安徽后,将区署重新改为督导机关,县政府行文"直达乡镇并分行区署",区署不再转行公文,其主要职责在于"督导本区以下各级人员办理政务"②。

抗战以前,区公所下设联保。联保主任"由各保推举充任",其任务主要是便于各保间的联络,不能构成行政系统上的一级,"实无异一个空洞的临时办公处而已"。联保主任在职权上因不能指挥监督保长,保长是否称职和尽心公务,联保主任无法干涉。结果造成保甲长无人监督,基层徇私舞弊现象严重,联保主任甚至和保长相互为用。廖磊主皖后,为增强基层组织效率,将联保一律取消,"参考浙江、湖南、广西、江苏等省的乡镇组织",在保之上设立乡镇,实行区、乡镇、保、甲四级制。③以乡镇作为基层行政组织的主体,指挥监督各保推行政务,从而贯通了县与保甲之间的联系,加强了基层社会控制。

---

① 莫仲凡:《安徽省的基层行政》,安徽省政府秘书处编:《抗建中之安徽》乙编·政治,1940年版,第34页。
② 陈良佐:《廖主席与安徽基层行政之改造》,《安徽政治》1939年第2卷第26期,第38—39页。
③ 《为改编各县区乡镇保甲告全省公务员书》,《安徽政治》(特载)第1卷29、30期,第3页。

2. 集中基层事权,实行政教卫合一

基层政治、教育、自卫组织三者因承担的职能不同,本应相互独立。但在战时特殊环境下,廖磊深感县以下组织"各自为政,分道背驰","既不能平衡发展,复不能配合工作,抗战以来,困难丛生,一方面权力不能集中,收效甚微,一方面人才经济不能运用,诸事无法普遍推行"①,于是规定乡镇公所、乡镇小学、乡镇自卫预备队部合并一处办公,乡镇长兼任乡镇小学校长和自卫预备队队长;保公所、保小学、保后备队部合并一处办公,保长兼任保小学校长和保后备队队长。②公所、学校、队部合并办公,基层"一人三长",实行政治、教育、自卫三者合一。为加强战时国民教育,廖磊要求各地小学一律改为乡镇保小学,并积极增设,"期于每乡镇设完小一所,每保设初小一所",全省共设乡镇小学1 211所,保小学2 586所。③为加强乡村自卫力量,各保保长须将保内19至45岁未经训练的国民等编组为自卫后备队,并协助乡镇长将保内18至30岁壮丁编组为自卫预备队。④后备队和预备队作为乡村自卫力量,平时耕作并防匪,战时协助军队作战。政治、教育和自卫组织三位一体后,重构了基层行政管理体系,基层社会实现了"以政为中心,教卫同时循序推进"⑤。乡镇保长以行政力量推动乡村自卫和战时教育的实施,乡村自卫力量和战时教育又反过来影响行政的效果,有利于提高战时基层行政效率。

3. 整编乡镇保甲,严厉清查户口

针对基层行政组织编组不合理的状况,廖磊在主政安徽后,省政府先后颁布《安徽省战时各县区乡镇保甲组织大纲》、《安徽省战时各县乡镇公所组织暂行规程》和《安徽省战时各县保公所组织暂行规程》,从1939年1月

---

① 陈良佐:《廖主席与安徽基层行政之改造》,《安徽政治》1939年第2卷第26期, 第43页。
② 《各县乡镇保政教卫合一办法》,安徽省政府秘书处:《安徽省战时单行法规汇编》自治,1939年版,第29页。
③ 安徽省政府秘书处编印:《中华民国二十八年度安徽省政府工作报告》,1940年版, 第44页。
④ 《各县乡镇保政教卫合一办法》,安徽省政府秘书处编:《安徽省战时单行法规汇编》自治,1939年版,第29页。
⑤ 陈良佐:《廖主席与安徽基层行政之改造》,《安徽政治》1939年第2卷第26期, 第43页。

起,采取由上而下逐级编组的方式,按照"人必归户,户必归甲,甲必归保,保必归乡镇"的原则,编定乡镇,重组保甲。乡镇保甲之编成,以10进制为原则,但考虑交通、地形等因素,为避免人为造成割裂,可以8保以上、15保以下编为一乡镇。11保以上为甲级乡镇,10保以下为乙级乡镇。凡有5保以上并在城厢或市集之内的称为镇,其余为乡。① 保和甲亦按照8至15数的弹性规定进行编组。经重新编组后,1939年底,除沦陷区域外,全省共计甲级乡822个,乙级乡820个,甲级镇109个,乙级镇56个,保20 458个,甲233 088个。②

户口为基层行政之基础。安徽各地户口在抗战以前,因保甲组织松懈,调查不够准确,抗战军兴后,变动更大。"非彻底调查,不能谋基层行政之改善。"廖磊在整编乡镇保甲的同时,按照自下而上的方式,以乡镇为调查单位,严厉清查户口。由县政府在每乡选择3名高小毕业以上程度的青年为调查员,进行短期训练后,派往原乡镇协助乡镇保长实施调查。户口调查完毕后,办理五家联保连坐切结,并实行户口异动登记。③ 经过严厉编查,全省除沦陷区外,户数为3 496 739户,人口22 915 129人,其中男性12 545 405人,女性10 369 724人。④

4. 加强干部训练,注重任用青年

针对基层组织人员"多是老态龙钟,缺乏办事能力的"状况。⑤ 廖磊主皖后,深感要健全基层组织,"非训练一大批有为的、有血气的新青年去参加基层组织不可"⑥。于是在立煌设立政治军事干部训练班,各专署设立分班,

---

① 安徽省政府编:《安徽概览》民政,1944年版,第45页。
② 《安徽省各县区乡镇保甲统计表》,安徽省政府编:《安徽省二十八年度统计年鉴》,1940年版,第137页。
③ 《廖主席与安徽基层行政之改造》,《安徽政治》1939年第2卷第26期,第39页。
④ 《安徽省各县二十八年度户口统计表》,安徽省政府编:《安徽省二十八年度统计年鉴》,1940年版,第11页。
⑤ 《安徽省的基层行政》,安徽省政府秘书处编:《抗建中之安徽》乙编·政治,1940年版,第36页。
⑥ 《干训班创立的意义和各学员回乡工作的要点》,《安徽政治》(专载)1939年第1卷第29、30期,第10页。

分期调训县、区、乡镇各级工作人员,并招考各县具有中学以上文化程度的青年,经过两个月的训练结业后,按其毕业成绩和能力,分配至各县、区、乡镇担任工作人员。廖磊主政安徽一年,政治军事干部训练班共举办六期,结业学员6 486人,分配工作5 831人,其中乡镇长1 568人,乡镇助理员291人,保长131人。① 同时在各县设立保长训练班,重点调训乡镇以下的保长、小学校长以及教员等,并招收具有初中同等学力的优秀青年,经过1至2个月的训练结业后,充任基层工作人员。对经过干训班培养出来的学生,廖磊寄予厚望,要求他们"回到乡间工作,一定要和旧的腐化的乡村长有断然的分别","不要做变相的新土劣"②。廖磊将爱护干训生作为"各县长主要考绩之一",甚至宣称"如果藉故不用干训生,则县长都没有他们的份"③,为干训生在基层站稳脚跟铺平道路。廖磊十分注重基层干部的年轻化,认为"要改进中国政治,须要培养、信用与提拔大批青年干部"④。为淘汰年老平庸的基层干部,省政府对乡镇保甲长的年龄做出严格规定,规定乡镇长和保长人选,年龄必须在20岁以上40岁以下,甲长人选必须在20岁以上45岁以下。⑤

5. 惩治贪污土劣,刷新基层政治

贪污土劣为基层民众动员的一大障碍。廖磊对安徽基层政治不良深恶痛绝,甚至认为"安徽的官吏,找不到一个老百姓说他好话的。别省所没有贪赃枉法的事,安徽皆有"⑥。言语虽显偏激,但也反映出当时的安徽政治亟待整顿。廖磊主政安徽后,在颁布的《战时安徽施政纲领》中,表示要"澄

---

① 《安徽省政治军事干部训练班各期结业学员人数比较表》、《工作分配统计表》,安徽省政府编:《安徽省二十八年度统计年鉴》,1940年版,第125、131页。
② 廖磊:《认清目前环境担负起建设乡村的艰巨任务》,安徽省政府秘书处编:《廖主席言论集》,中原出版社1939年版,第184—185页。
③ 廖磊:《训练干部和推行新政》,安徽省政府秘书处编:《廖主席言论集》,第200—201页。
④ 《廖主席与安徽民众动员工作》,安徽省档案馆编:《安徽省动委会档案史料选编》,第329页。
⑤ 《安徽省各县乡镇保甲长资格及选委简章》,安徽省政府秘书处编:《安徽省战时单行法规汇编》保甲,1939年版,第10—11页。
⑥ 廖磊:《目前省政应注意的几点》,《安徽政治》(专载)1938年1卷23期,第3页。

清吏治,肃清贪污、豪劣,解除民众痛苦,领导民众参加政治"①。省政府布告明确提出"保甲不准任意抽捐"、"土劣必去,贪污必诛"②。除派人明密查访、严格执行视导制度外,廖磊还鼓励民众依法检举,对于证据确凿的贪污舞弊者给予严厉惩办。但在查办控案过程中,发现有些控告"并无其事,甚至原告亦无其人,即或实有其名,而一经传讯,本人昧不知情,纷纷前来声辩",为避免挟私诬告,省政府特颁布《人民呈讯书状简易程序》,要求检举人"须用真实姓名盖章或亲自签押",并有铺保作为担保。③"不依规定办理,不予受理",对于挟私诬告的则送交司法机关惩办。④因发现有些专员、县长对于检举案件,"往往延搁数月,犹未呈复,或则虽行呈复,而未依照规定手续征集证据,仅以模棱含糊之词敷衍塞责",于是要求各专员、县长查办案件期限至多不得超过一月,"如不能按照省府规定期限或自定期限呈报者,应酌予惩处",同时还对查办检举案件的程序作了具体规定。⑤

由于过去保甲人员均系"无薪给职",各保经费只能自筹,表面限制很严,但实际各保自收自用,漫无限制,因之浮收苛派的流弊甚多,民怨甚深。抗战时期,基层组织实行政教卫合一,任务更加繁重。于是廖磊将各乡镇保公所人员改为"有薪给职",按照工作繁简和责任轻重,给以最低限度的生活费,并规定薪级表,实行年功加俸。为避免浮收滥支,廖磊还统筹乡镇保经费,明定经费筹集办法,由乡镇保公所"按照全年经费编制预算,送交县财政委员会审核,再送省府核定,由县统收统支"⑥。在一定程度上避免了非法摊派现象。

基层组织的政教卫合一,使基层干部权力较战前大大增加,如果缺乏民意机构的监督,势必导致权力的滥用和基层政治的腐化。廖磊主皖后,规

---

① 《安徽省战时施政纲领》,安徽省档案馆编:《安徽省动委会档案史料选编》,第96页。
② 《安徽省政府布告》,《安徽政治》(特载)1938年第1卷25期,第1页。
③ 《人民呈讯书状简易程序》,安徽省政府秘书处编:《安徽省战时单行法规汇编》民政,1939年版,第55—56页。
④ 安徽省政府秘书处编印:《中华民国二十八年度安徽省政府工作报告》,1940年版,第7页。
⑤ 《查报控案程序》,安徽省政府秘书处编:《战时单行法规汇编》民政,1939年版,第56—58页。
⑥ 安徽省政府秘书处编印:《中华民国二十八年度安徽省政府工作报告》,1940年版,第13、17页。

定每保两个月必须召开保民大会1次,每户派1名年满18岁以上人员出席。保民大会主要报告当前重要时事和政令推行情况,通报本保公所收支数目,讨论预算决算和提交的议案,以及选举或改选保甲长等。讨论的事项必须经过与会者表决且半数以上通过后方可实行。[①]保民大会的召开,不仅使民众能及时了解政府发布的政令,提高民众参与政治的兴趣,而且可以在一定程度上起到监督乡镇保甲长的作用。

三、廖磊加强安徽基层行政组织建设的特点和评价

廖磊从1938年10月24日主政安徽,到1939年10月23日因积劳成疾而猝然离世,在短短的一年执政时间内,以"行新政,用新人"为施政理念,结合战时环境需要,借鉴治桂经验,全面加强基层行政组织建设,取得了明显成效。

1. 以加强新桂系统治为前提,借鉴治理广西的经验,巩固了新桂系在安徽的统治

抗战以前,安徽一直处在国民党CC系的控制之下。抗战爆发后,为羁縻新桂系抗战,蒋介石被迫将安徽地盘让与新桂系。新桂系初主皖政时,安徽省内主要存在三种力量,一是以朱蕴山、常恒芳等为代表的皖籍地方进步人士;二是掌握安徽政府和军队的新桂系;三是以方治、邵华等人为首的把持省党部和教育厅的国民党CC系。三派力量之间各有矛盾。[②]作为外省军阀,新桂系要立足安徽,必须加强基层组织建设以稳固自身统治。抗战前的广西,经过新桂系的经营和治理,成为当时全国的模范省,尤其在基层组织建设上,通过实行"三寓"和"三自"政策[③],积累了丰富的治理经验。廖

---

① 《安徽省战时各县保民大会规则》,安徽省政府秘书处编:《安徽省战时单行法规汇编》自治,1939年版,第8—9页。
② 《安徽省动委会概述》,安徽省档案馆编:《安徽省动委会档案资料选编》,第1—2页。
③ "三自",即自卫、自治、自给;"三寓",即寓兵于团、寓将于学、寓征于募。自卫就是推行民团制度,实行全省皆兵;自治就是推行保甲制度,强化基层控制;自给就是设法增加收入,不依赖国民党中央政府的补助;寓兵于团就是正规武装力量的兵源来自民团;寓将于学就是正规军的干部来源由各级学校培养;寓征于募,就是以征兵制代替募兵制,用募兵的手段来达到征兵的要求。

磊治皖的各项政策措施明显受到新桂系治桂经验的影响。为辅助廖磊治皖，李宗仁和白崇禧特地选派在广西任职多年的陈良佐担任安徽省民政厅厅长。白崇禧在回忆录中就指出，"皖省政治组织，自廖主席主政后，县以下基层组织，仿造桂省组织办法，组训民众"，"皖省县以下组织，与桂省名异而实同"①。廖磊加强安徽基层行政组织建设的很多措施正是以"广西经验"为蓝本。如基层政教卫合一、运用青年干部、惩治贪污土劣等都是新桂系在广西行之有效的治理经验。廖磊通过政治军事干部训练班，培养了大批干训生，分发各地充任基层干部，成为新桂系加强基层控制、推动地方建设的骨干力量。干训生的任用、保甲组织的改造、基层政权的巩固，使廖磊的意志和省府的一切政令"便可自上而下，如同身之使臂、臂之使手一样灵便自然，贯彻而无遗了"②。新桂系在安徽的统治得以巩固，统治安徽长达12年之久，直至1949年安徽解放。

2. 适应战时环境需要，严密基层组织和集中基层事权，提高了基层行政组织的效率和抗战动员能力

"战时地方政治工作，当以军事为中心，以适应战时需要，增厚抗战力量为主要原则。"安徽处于抗战最前线，"所有一切政治的设施，自应悉合乎战时之范畴"③。廖磊主皖时，安徽行政范围较战前大为缩小，富庶之地多陷于敌手，政府掌握的资源大幅减少，只有严密基层组织，集中基层事权，才能更加有效地动员大量人力、物力、财力支援前线作战。在基层组织纵向关系上，廖磊将区署由行政机关改为督导机关，将虚的联保一级废除，增设实的乡镇一级，并以乡镇为主力整编保甲组织。同时将保的一级确定为行政组织最基层的一级，并扩大保长职权，使其负本保一切政务的责任，将保长办

---

① 台北"中研院"近代史研究所编印：《白崇禧先生访问录》上册，1985年版，第387页。
② 葛正权：《桂系基层行政改革简况》，安徽省政协文史资料委员会编：《抗战风云》，安徽人民出版社1987年版，第130页。
③ 曾佩涵：《战时地方行政改革的几个基本问题》，《安徽政治》（论著）1938年第1卷第9期，第6—7页。

公处改为保公所,确定为基层行政机关。①通过基层组织的优化和重构,推进了基层政权下移,密切了基层组织之间的联系,建立起自上而下严密的基层行政网络,使基层行政组织贯彻政令的效率更加提高,更加适合战时环境的需要。基层组织经过整编以后,"过去纷繁复杂之现象渐次纠正,一切行政设施也较为便利"②。在基层组织横向关系上,按照"三位一体"的原则,实行政教卫合一,"用以节省人员,减少经费,统一事权"③。"不但补救了人才缺乏和解决了经费困难,并且使民政、教育、自卫三者的权责得以集中"④。基层组织设置的合理化和基层权力的集中化,适应了战时环境的需要,增强了基层组织的协同力和组织力,提高了基层组织的效率和抗战动员力。

3. 加强基层干部训练,将健全组织与改良政治相结合,在一定程度上刷新了安徽基层政治

"安徽政治原缺乏强固基础,各级政治组织不严密,政治风尚不优良,尤其下层更可谓为绅治统治,贪污舞弊、繁衍偷安的习气非常普遍。"⑤为提高基层干部素质,廖磊不仅设立各级干部训练班,分批调训现任基层干部,而且招考知识青年,经过训练结业后充任基层干部。为克服基层非法摊派和舞弊的现象,廖磊将健全基层组织与改良基层政治结合起来,健全视导及考核制度,由省府经常派员明密查访,并鼓励民众依法检举,规范检举程序和查办程序。许多敲诈勒索的保甲长遭到逮捕和撤职查办,如霍山县诸佛庵保长能海庵、石家河保长秦仲恒、黑石渡保长熊义元等。⑥一年之内"破获惩办的贪污案件不下数十起"⑦。廖磊还"利用保民大会予民众以检举之权",

---

① 《为改编各县区乡镇保甲告全省同胞书》,《安徽政治》(特载)1939年第1卷29、30期,第6页。
② 安徽省政府编:《安徽概览》民政,1944年10月版,第45页。
③ 安徽省政府编:《安徽概览》民政,1944年10月版,第45页。
④ 操云岑:《三位一体制在安徽的实施》,安徽省政府秘书处编:《抗建中之安徽》乙编·政治,1940年版,第43页。
⑤ 廖磊:《安徽建设的展望》,安徽省政府秘书处编:《抗建中之安徽》甲编·总论,1940年版,第16页。
⑥ 转引自童志强:《桂系主皖与安徽省民众总动员委员会》,《抗日战争研究》1994年第4期,第116页。
⑦ 张明诗:《澄清吏治与建设安徽》,安徽省政府秘书处编:《抗建中之安徽》乙编·政治,1940年版,第10页。

保民大会的召开使基层组织有了民意机构,保甲事务在一定程度上反映了民意,对防止保甲长假借政令为非作歹起到了一定的作用。针对"过去保甲人员名为无给,实际上藉口保甲经费,向民众暗中私行摊派,予取予求"的状况,廖磊给予乡镇保人员最低生活费用,并"明定筹给办法,由县统一收支",结果保甲经费虽有所增加,人民负担反而减轻。①通过严厉惩治贪污舞弊和提高保甲人员待遇,在一定程度上遏制了非法摊派现象,有利于基层政治的刷新。

4. 利用动员委员会协助基层组织建设,在健全基层组织的同时,中共力量也在民众动员的过程中得到发展壮大

安徽是工农红军的发祥地之一,大别山地区曾是红军鄂豫皖革命根据地的中心区域。抗战初期,为发展和壮大党的力量,中共中央曾要求南方各游击区对邻近的国民党区域"利用一切旧关系打进旧政权,去充当保甲长或区长及职员等等"②。当时,安徽各地的国统区、日伪区和新四军驻防区交互错杂,廖磊对基层组织的健全和改造,不仅是出于增强抗战动员能力、巩固大别山根据地的需要,也是藉此防范中共力量在基层扩张和渗透的手段。抗战爆发后,中共中央及时发出了开辟大别山区工作的指示,派遣彭康、张劲夫等到六安,组建安徽省工作委员会,短短半年内就在大别山核心区域相继成立了"霍丘县委、立煌县委、六安临时县委、舒城县委、霍山支部、岳西支部"③。廖磊前任李宗仁主政安徽时,为动员民众抗日,吸收皖籍进步人士成立安徽省民众总动员委员会。"省动委会名义上是国民党的安徽省政府所属的官方组织,但实际上由中共党组织通过与进步人士的合作而起到政治领导作用。"④中共安徽省工作委员会书记彭康在给长江局的报告中指出,

---

① 白崇禧:《关于安徽省保甲组织剥削和危害民众情形致蒋介石电》,《中华民国史档案资料汇编》第5辑第2编·政治,第103页。
② 《中共中央关于南方各游击区域工作的指示》,马洪武编:《新四军和华中抗日根据地史料选》第1辑,上海人民出版社1982年版,第14页。
③ 彭康:《关于安徽党的组织和武装工作等致秦邦宪同志信》,《彭康纪念文集》,西安交通大学出版社2009年版,第117页。
④ 张劲夫:《长江局时期的安徽工作》,《抗战初期中共中央长江局》,湖北人民出版社1991年版,第635页。

各县动委会的指导员大半都是中共的同情者,其中派往滁县、霍山、六安等地的指导员还是中共秘密党员,省动委会直属工作团"有几团有同志,其他也有私人关系","利用这些工作团的同志,在没有基础的县份去开展党的工作,比较顺利"①。廖磊主皖后,在限制中共力量发展的同时,与中共又保持一定的合作关系,在健全各地动委会组织机构的同时,利用动委会力量协助基层组织建设,规定各地动委会的首要任务是"协助政府健全保甲组织,完成肃奸清乡运动"②。经过动委会内中共党员和进步人士的共同努力,大别山根据地内围的立煌等11县很快"户口已经调查完毕,保甲组织较为健全","青抗、农抗、妇抗及盘查哨、递步哨、运输队分布每一个乡村"③。中共以动委会的合法身份掩护党的活动,利用党善于发动群众的优势,在协助新桂系健全基层组织的同时,通过动委会内的秘密党员,团结进步青年,秘密发展党员。"一些思想进步的国民党政府人员被吸收入党"④。在廖磊主政安徽时期,中共安徽基层党组织的力量得到发展壮大。

虽然中共地下党组织利用民众动员机构,在协助政府健全组织的过程中得到一定程度的发展壮大,这是廖磊始料未及的。但廖磊对安徽基层行政组织的改造和建设,强化了政府对基层社会的控制,在抗战时期的这一特殊环境中,提高了基层民众的组织化程度,增强了基层动员能力,解决了抗战所需的人力、物力、财力问题。据统计,1938年4月至1943年7月,安徽国统区共征募兵额355 414人,其中在廖磊主政的1939年就征募71 165人,而在此前的1938年4月至12月安徽只征募36 221人。⑤1938年因受战事等影响安徽田赋实征额只有33 541.56元,但1939年就增

---

① 《彭康关于安徽工作给秦邦宪的报告》,《中共中央东南局》下卷,中共党史出版社2007年版,第580—581页。
② 《第五战区安徽省民众总动员委员会战时动员工作纲领》,安徽省档案馆编:《安徽省动委会档案史料选编》,第198页。
③ 《廖主席与安徽民众动员工作》,安徽省档案馆编:《安徽省动委会档案资料选编》,第330页。
④ 《安徽省动委会概述》,安徽省档案馆编:《安徽省动委会档案资料选编》,第14页。
⑤ 《六年来征募兵额》,安徽省政府统计室编:《安徽省统计简编》兵役,1944年版,第150页。

加至1 677 253.05元。①基层组织的改造和建设，为支撑安徽抗战大局、巩固大别山抗日根据地发挥了重要作用。经过廖磊的苦心经营，大别山地区成为"中原唯一的抗日游击根据地"②。李宗仁在其后来的回忆中指出"廖磊在大别山苦心孤诣经营的结果，竟形成令人羡慕的小康之局"，"大别山根据地内的军政设施已粗具规模"③。白崇禧更是表示，"安徽甚多县份在八年抗战中始终能守住，这基础是他建立的"④。廖磊去世后，国民政府明令褒扬，认为廖"年来兼主皖政，艰难筹措，建白尤多"⑤。

但同时也应看到，廖磊的基层行政组织建设是一把双刃剑。虽然增强了政府的社会控制和动员能力，但由于政府汲取乡村社会资源能力的增强，民众负担大大增加。据当时省政府年鉴统计，1937年安徽省库收入是13 404 413.49元，1938年上半年是2 384 629.00元，1939年是15 474 222.91元。⑥1937年底安徽沦为战区后，富庶之地基本沦陷，因此1938年省库收入锐减，但1939年经过廖磊的整顿后，省库收入迅速增加，甚至超过1937年收入，民众负担的增加亦可见一斑。国家与社会的力量虽在对日作战中暂时形成整合，但政府与民众的合力必然因政权汲取资源的增多而日渐疏离，一旦抗战结束，政府与民众的合作将随之结束，代之则是更多的矛盾、对立和冲突。

（本文原载《安徽史学》2013年第5期）

---

① 《安徽省各县三年来田赋额征实征数目表》，安徽省政府编：《安徽省二十八年度统计年鉴》，1940年版，第180页。
② 《安徽省动委会民国二十八年工作报告》，安徽省档案馆编：《安徽省动委会档案史料选编》，第271页。
③ 李宗仁口述、唐德刚撰写：《李宗仁回忆录》下册，华东师范大学出版社1995年版，第556页。
④ 台北"中研院"近代史研究所编印：《白崇禧先生访问录》下册，第645页。
⑤ 《国府明令褒扬皖主席廖磊》，《广西日报》，1939年11月11日，第1版。
⑥ 《安徽省历年来省库收支比较表》，安徽省政府编：《安徽省二十八年度统计年鉴》，1940年版，第164页。

晚清社会思潮与陈独秀启蒙思想的形成

董根明

作为五四新文化运动的代表人物,陈独秀的启蒙思想可以说是国人文化观念现代化的一个比较清晰的界碑。人们在充分肯定这位"思想界的明星"、"新文化运动的旗手"如何对传统思想文化进行革新的同时,却很少梳理其启蒙思想与晚清社会思潮之间的传承关系。五四启蒙运动就其本质而言是一批时代精英禀承晚清社会进步思潮并结合时代需要而重新评估古今中西思想以谋求民族生存与发展的运动。晚清社会所产生的各种进步思潮可以说是陈独秀五四启蒙思想的源流。

一、禀承晚清经世之风

经世致用是儒学思想的一个重要传统。鸦片战争以来,中国出现了前所未有的社会变局,内忧外患的困境唤醒了一大批有识之士。魏源以通经致用为宗旨,提出"变古愈尽,便民愈甚"的主张,呼吁改变传统的夷夏之防,主张向西方学习,以实现国富民强。维新派思想家冯桂芬在《校邠庐抗议》中更是明确提出"采西学"、"制洋器",主张"以中国之伦常名教为原本,辅以诸国富强之术"。晚清所出现的这种以追求经世致用为特点的社会思潮,是在近代外患日蹙、国势日衰的情况下,社会精英分子为反抗外国资本主义侵略以争取民族独立,或为反对清王朝的专制腐败统治以谋求社会进步的主流思想。诚如蒋方震为梁启超《清代学术概论》作序所言:"由复古而得解放,由主观之演绎进而为客观之归纳,清学之精神,与欧洲文艺复兴，实有同调者焉。"①陈独秀生长于崇尚"经世之学"的桐城故里，姚莹、吴汝纶等人的经世思想对陈独秀的影响很大。②从陈独秀成长的环境看，他与晚清桐城派有着难以割舍的联系。

晚清桐城派在学术上的影响远非文学所能概括，特别是以姚莹、曾国藩、薛福成、吴汝纶和严复等为代表的晚清桐城派，他们在经学、史学、教育学和社会学等领域的努力，对于中国传统文化转型和西学的传播无疑都产生过重要的影响。"晚清桐城派在近代向西方学习、求新求变的进步思潮中，其主流是积极进步、与世俱进的。"③特别是在曾国藩的努力下，桐城派不仅继承了文以载道的主张和经世致用的传统，而且还发展成为一个开放的能够容纳新思想的学派。曾国藩在《劝学篇》中劝其弟子在每日课程中必修四门——德行、学问、艺术和经济，试图使桐城文章在文以载道和经世致用思想的指导下，摆脱与实际脱节，与济世无补的风气。"曾国藩可说是桐城派中兴的明主。……桐城派的思想到他便已改了模样，其后，到吴汝纶、严复、林纾诸人起来，一方面介绍西洋文学，一方面介绍科学思想。于是经曾国藩放大范围后的桐城派，慢慢便于新要兴起的文学接近起来了。后来参加新文化运动的，如胡适之、陈独秀、梁任公诸人起来，都受过他们的影响很大，所以我们可以说，今次文学运动的开端，实际还是被桐城派中的人物引起来的。"④陈独秀的嗣父陈衍庶与方守敦、邓绳候家族都是皖江著名的理学世家，服膺桐城。尽管桐城派在清末民初开始走向衰落，但其积极的入世精神和对"士"的使命的高扬，却在皖江新一代青年人身上开始复活。陈独秀、邓仲纯、邓以蛰、潘赞化、易白沙、刘文典、光明甫、高语罕、高一涵和谢无量等既是辛亥革命时期安庆反清的中坚力量，也是后来新文化运动的原始动力，是早期《新青年》的主要作者群。⑤著名学者陈万雄先生在《五四

---

① 蒋方震：《清代学术概论序》，梁启超：《清代学术概论》上海古籍出版社1998年版，第109页。
② 施立业：《姚莹与桐城经世派的兴起》，《清史研究》2004年第5期，第27—32页。
③ 曾光光：《桐城派与晚清社会思潮》，《江海学刊》2001年第6期，第131页。
④ 周作人著：《中国新文学的源流》，华东师范大学出版社1995年版，第48页。
⑤ 汪军：《关于皖江文化：从朱书〈告同郡征纂皖江文献书〉说起》，《安庆师范学院学报》2005年第1期，第16页。

新文化的源流》一书中就曾指出:"五四新文化运动的滥觞,既以《新青年》杂志的创刊为标志,要清楚了解该运动倡导中心力量的结集过程及其性质,自然也应先以《新青年》杂志的作者为研究对象。"①"《青年杂志》首卷作者有名有号可考诸人中,只有谢无量和易白沙非安徽省籍。不过谢无量虽然是四川籍,但是父亲历任安徽诸县县长,自己在安徽公学任教,与安徽籍知识分子熟稔。易白沙虽本籍湖南却长期居皖从事教育和革命工作,与皖政界和文化界关系极密。至于其他作者都是安徽籍,在《新青年》创刊前,早与该刊主编陈独秀熟稔,交谊甚深。"他在仔细考察《新青年》首卷作者群背景后,得出这样的结论:"《青年》杂志的初办是以陈独秀为首的皖籍知识分子为主的同仁杂志,且互相间有共事革命的背景。"②回顾陈独秀爱国心确立的基本路径和文学理念的革命性,我们当不难发现其与谋求匡时济世之道的晚清学术转向相印合。陈独秀身上所表现出来的勇于承担责任,敢作敢为,富于积极入世精神的个性品质显然与晚清以来的经世传统存在着很强的关联性。

二、深受康梁维新思想之影响

陈独秀曾经有这样一段自白:"吾辈少时,读八股,讲旧学,每疾视士大夫习欧文谈新学者,以为皆洋奴,名教所不容也;前读康先生及其徒梁任公之文章,始恍然于域外之政教学术,粲然可观,茅塞顿开,觉昨非而今是。吾辈今日得稍有世界知识,其源泉乃康、梁二先生之赐。是二先生维新觉世之功,吾国近代文明史所应大书特书者矣。"③这段话出现在驳康有为的文章中,当是肺腑之言。正是通过康、梁的言论与文字,陈独秀才强烈地感受着国破家亡的刺激。"甲午之役,兵破国削,朝野惟外国之坚甲利兵是羡,独康

---

① 陈万雄著:《五四新文化的源流》,生活·读书·新知三联书店1997年版,第1页。
② 陈万雄著:《五四新文化的源流》,第6页。
③ 陈独秀:《驳康有为致总统总理书》,《独秀文存》,安徽人民出版社1987年版,第68页。

门诸贤,洞察积弱之原,为贵古贱今之政制学风所致,以时务知新主义,号召国中。尊古守旧者,觉不与其旧式思想,旧式生活状态相容,遂群起哗然非之,詈为离经叛道,名教罪人。湖南叶德辉所著《翼教丛篇》,当时反派言论之代表也。吾辈后生小子,愤不能平,恒于广座为康先生辩护。乡里瞽儒,以此指吾辈为康党,为孔教罪人,侧目而远之。"①甲午战争给当时的中国人刺激是相当沉痛的,泱泱大国居然被弹丸岛国弄得割地赔款。面对着举人和康党的选择,陈独秀义无反顾的成了康梁的信徒。康梁的维新变法虽昙花一现,但他们在亡国灭种的情势面前勇于通过制度变革来拯救民族危机的壮举,却激发了广大民众的爱国热忱,唤起了民族意识的觉醒。陈独秀强烈的爱国思想和执着地渴望改革社会制度以求得民族生存与发展的人生理想不能不说深受康梁的影响。

梁启超被誉为五四新文化运动的先驱,他的新民学说以及小说界革命、诗界革命、文界革命、史界革命影响了整整一代知识分子,成为五四新文化运动的思想前驱。梁启超创办《新民丛报》和《清议报》并撰写了大量倡导新思想和文化的文章,成为时人摆脱愚昧、开阔眼界、了解新学的重要途径。梁启超对于新学的拓荒工作,开启了五四知识分子解剖国民人格,反思传统旧学,重塑现代道德的先河。"五四"新青年以反思传统、学习西学为文化价值取向,其主要内容是改造国民性,提倡白话文,革新旧道德,而这一切均由梁启超奠定了良好的基础。从某种意义上说,"新青年"所做的工作只是对先前"新民说"的继承和超越。近代中国是在封建制度腐败已极的刺激和在西方列强坚船利炮的逼迫下走上近代化道路的,思想启蒙和救亡图存纠缠到了一起。梁启超、陈独秀等启蒙思想家们先后认识到,唯有国民整体素质的提升和思想文化的革新,才是解救民族危机的不二之途。梁氏于戊戌前后所建构的社会启蒙思想,以道德觉醒为中心,通过新民德、开民智、鼓民力而塑造一代"新民"。他以"新民子"自诩,自觉地承担起"新民"这一伟

---

① 陈独秀:《孔子之道与现代生活》,《独秀文存》,第80页。

大使命,试图把这具有严重劣根性的民族改造成一个新鲜活泼的民族。梁启超以他提出的一套新的人格理想与社会价值尺度,对中国国民性的缺陷作了鞭辟入里的剖析。而陈独秀之所以从国民性入手开展启蒙工作,正是受到了梁启超的影响。李泽厚先生认为梁的启蒙工作"构成当时人们(主要是青年一代)思想发展前进中的一个不可缺少的过渡环节。在政治上,它安排了一根由不满清朝政府而走向革命的思想跳板,在观念上,它安排了由接受初步启蒙洗礼而走向更开阔更解放的思想境界的媒介"[1]。戊戌和五四两代知识分子,都从分析中国积弱之由开始。梁启超认为,中国致弱之故多多,要之,国民素质低下乃最大之病根。因此,"凡一国能立于世界,必有国民独具之特质,上自道德法律,下至风俗习惯、文学美术,皆有一种独立之精神。"[2]"欲其国之安富尊荣,则新民之道不可不讲。"新民之道,首在培养国民的"公德",疾呼"新民为今日中国第一急务"[3],当陈独秀宣布伦理道德的觉悟"为吾人最后觉悟之最后觉悟"时[4],无疑是对梁启超"新民"说的一个呼应。陈独秀敬告青年要做具有独立人格的人,要用理性和科学衡量一切,敢于冲破封建伦理道德的束缚,推倒骗人的偶像,以求实的科学精神,排万难而前行以推动社会进步。由此可见,陈独秀等人提出的"新青年"与梁启超的"新民"说确有传承关系。1917年初胡适、陈独秀相继发表《文学改良刍议》和《文学革命论》,他们主张文学从形式上和内容上都来一次彻底的改革,极大地推动了五四新文学运动的发展。无疑,陈独秀与胡适在文学革命方面改革的力度要比梁启超的新文学主张激进得多,其影响也要深远得多。但不可否认的是,他们都在不同程度上受到了梁启超的影响。

---

[1] 李泽厚著:《中国近代思想史论》,人民出版社1979年版,第429页。
[2] 梁启超:《新民时代·梁启超文选》,天津百花文艺出版社2002年版,第49页。
[3] 梁启超:《新民时代·梁启超文选》,第44—45页。
[4] 陈独秀:《吾人最后之觉悟》,《独秀文存》,第41页。

三、发蒙于进化论学说

在晚清卓越的思想家中，严复对后世影响巨大，尤其对五四一代影响更甚，陈独秀就是深受其影响的青年知识分子之一。严复的《论世变之亟》、《原强》、《辟韩》、《救亡决论》以及译著《天演论》、《群学肄言》、《原富》和《群己权界论》等对当时中国的思想届起了重要的启蒙作用。严复的最大成就在于向国人介绍了进化论思想的译著《天演论》。他的《天演论》已经不是赫胥黎《进化论与伦理学》的逐字逐句的翻译，而是融合了他本人对达尔文生物进化论、赫胥黎进化论、斯宾塞社会有机体说及中国优秀传统思想文化的理解所产生的适应当时中国社会状况的一种具有创造性的"进化论"，充分体现了作者深邃的思想内涵，该书一经问世便产生了广泛的影响力。1897年，陈独秀在杭州求是书院第一次接触到严复翻译的《天演论》，并很快接受了进化论思想。"近代文明之特征，最足以变古之道，而使人心社会划然一新者，厥有三事：一曰人权说，一曰生物进化论，一曰社会主义，是也。"[①]《天演论》之所以有如此大的魅力，是由于其向世人指出了中国走向富强的道路：西方社会之所以强大，根本原因在于其思想观念均循进化之途，而中国之所以落后不是因为中国不在进化之列，而是因为中国的进化过程受阻。中国如能顺应进化规律而实行变法维新，就会由弱变强，反之则将被淘汰。这一思想对于当时仍在苦思冥想寻找改变中国悲惨境遇的仁人志士来说，无疑是石破天惊。陈独秀继承和发展了严复等人的进化论观点，认为进化论不仅适于生物、自然界和人类社会，而且适于伦理道德、文学艺术等一切思想文化领域。他认为"宇宙间精神物质，无时不在变迁即进化之途。道德彝伦，又焉能外？"[②]"盖道德之为物，应随社会为变迁，随时代为

---

① 陈独秀：《法兰西人与近世文明》，《独秀文存》，第10页。
② 陈独秀：《孔子之道与现代生活》，《独秀文存》，第81页。

新旧，乃进化的而非一成不变的，此古代道德所以不适于今之世也。"① 文学艺术"莫不因革命而新兴而进化。"② 在《天演论》中严复以进化论为武器反对宗教神学和中国传统的"天命"理论，而陈独秀便利用进化论宣传无神论，反对鬼神迷信思想。五四前期陈独秀所倡导的科学主要是进化论的科学观，因此，他在《敬告青年》一文中明确指出"社会遵新陈代谢之道则隆盛，陈腐朽败之分子充塞社会则社会亡"③。根据这个原则，他提出做新青年的六条标准，其中第一条是贯彻民主思想——自主的而非奴隶的，而其他五条都是贯彻科学思想——进步的而非保守的，进取的而非退隐的，世界的而非锁国的，实利的而非虚文的，科学的而非想象的。陈独秀希望用这六条人生观昭示青年一代，呼吁他们循进化之理，自觉接受现代新思想、新道德和新文化，彻底与封建主义决裂。

进化论不仅是陈独秀科学观的基础，也是他解剖社会的思想利器。陈独秀认为，欧洲近世文明所以日进无疆，得力于达尔文的进化论。他说："自英之达尔文持生物进化之说，谓人类非由神造，其后递相推演，生存竞争优胜劣败之格言，昭垂于人类，人类争吁智灵，以人胜天，以学理构成原则，自造其祸福，自导其知行，神圣不易之宗风，任命听天之惰性，吐弃无遗，而欧罗巴之物力人功，于焉大进。"④ "西洋民族以战争为本位，东洋民族以安息为本位"；"西洋民族以个人为本位，东洋民族以家族为本位"；"西洋民族以法治为本位，以实利为本位；东洋民族以感情为本位，以虚文为本位"。⑤ 相比之下，中国文化是一种反进化之文化。基于这种比较，陈独秀认为，中国传统文化与自由平等的现代精神是不相融合的。陈独秀进而指出："万物之生存进化与否，悉以抵抗力之有无强弱为标准。"抵抗力愈强，说明一个民族和文化的进化力愈强，反之则弱。中国文化抵抗力和进化力的不足，是由

---

① 陈独秀：《答淮山逸民》，《独秀文存》，第668页。
② 陈独秀：《文学革命论》，《独秀文存》，第95页。
③ 陈独秀：《敬告青年》，《独秀文存》，第3—6页。
④ 陈独秀：《法兰西人与近世文明》，《独秀文存》，第11页。
⑤ 陈独秀：《东西民族根本思想之差异》，《独秀文存》，第27—29页。

三种原因造成的:"一曰学说之为害也。老尚雌退,儒崇礼让,佛说空无。义侠伟人,称以大盗;贞直之士,谓为粗横。"导致民族精神不振,抵抗力衰竭。"一曰专制君主之流毒也。全国人民,以君主之爱憎为善恶,以君主之教训为良知。生死予夺,惟一人之意是从。人格丧亡,异议杜绝。""一曰统一之为害也。列邦并立,各自争存,智勇豪强,犹争受推重。政权统一,则天下同风,民贼独夫,益无忌惮。"①佛老之道、专制制度、大一统的社会秩序,使中国人丧失了抵抗力。陈独秀指出,中国人要成为与天争胜之民,就必须从根本上横扫此种反进化之文化,反进化之制度和社会。要改变中华民族衰败,积弱不振的局面,就必须以科学和民权并重。不难看出,进化论思想奠定了五四时期陈独秀科学观和社会观的基础。

四、完型于伦理之觉悟

陈独秀在《青年杂志》开篇之作《敬告青年》中向青年人六点要求,实际上是向世人宣告了新文化运动的主题和基本内容,目的是建立自由平等和独立人格为核心的新道德。陈独秀认为:"我有手足,自谋温饱;我有口舌,自陈好恶;我有心思,自崇所信;决不让他人之越俎,亦不应主我而奴他人;盖自认为独立自主人格以上,一切操行,一切权利,一切信仰,唯有听命各自固有之智能,断无盲从隶属他人之理。"②陈独秀将个人的完全发展看成是人类进化和发展的目的,这种发展首先应是每个人具有独立、自主、平等人格基础上的发展。整个五四时代尊重个性、主张个性自由和个性解放,无不以此为出发点。回望过去,晚清以降的政治变革和思想解放也无不同提倡个性解放和人格独立相关联。重视国民性改造,特别是国民新道德的培养,以适应中国社会发展的需要,可以说是中国近代进步知识分子的共同追求。

维新变法时期,资产阶级维新派就已注重伦理道德革新对中国社会变

① 陈独秀:《抵抗力》,《独秀文存》,第22—25页。
② 陈独秀:《敬告青年》,《独秀文存》,第4—5页。

革的作用，他们运用西方进化伦理观、卢梭的自由平等观和英国功利主义伦理观来抨击中国传统的伦理道德，严复和梁启超更是明确提出了"新民德"的主张，并将其作为变法维新的基本目标之一。1895年，严复在《原强》中便提出了"新民德"的主张，梁启超的《新民说》则对之作了继承和发展，系统阐述了"新民德"的内容和意义，将它视为新民和新国的首要任务。辛亥革命时期，章太炎首倡"个性解放"，把争取个性独立、人格解放同批判封建伦理道德结合起来。孙中山认为中国国民性难以完成民主共和的大任，提出"不知不觉"的民众需要"先知先觉"的革命党人来教育和领导，反映了对国民人格培养的极端重视。由此可见，陈独秀重视伦理革命在中国社会变革中的重要作用和强调国民性改造的思想主张，是与晚清以降的道德变革一脉相承的，只不过这种继承在理论品格上更加激进而已。

首先，针对袁世凯等人将"尊孔"树为政治逆流的招牌，陈独秀将新伦理道德与儒家伦理道德完全对立起来，并认为儒家伦理道德是中国传统文化的核心，是中国落后的根源，从而将彻底打倒儒家伦理道德与全盘否定中国传统文化直接联系起来。这样，便将中国近代以来批判儒家伦理道德的斗争提高到前所未有的全面和彻底地反传统的高度，在全社会范围内对儒家伦理道德的负面因素和危害作了全面的清理。而资产阶级维新派和革命派则不同。康有为、梁启超和严复等人虽然也对中国儒家伦理道德的危害进行过不同程度的抨击，但他们并没有对儒家伦理道德进行全盘否定，而是对它作了不同程度的继承和发展，更没有将批判儒家伦理道德与否定中国传统文化划等号。思想激进的谭嗣同高喊"冲破封建伦常名教之网罗"，但他的《仁学》仍将"仁"作为伦理观的最高标准，体现了对儒家伦理道德的某种继承和改造，他也没有将伦理道德的革命与彻底否定传统文化等同起来。而资产阶级革命派对待传统道德大多比维新派要温和。章太炎倡导保存和发扬"国粹"，即中国传统文化。孙中山对传统伦理道德则力求在继承儒家伦理道德优良传统的基础上，引进西方近代伦理观来创造新的伦理道德。因此，如果从对中国传统伦理道德破坏的广度、深度和强度来说，陈独秀及其领导的新文化伦理革命无疑要大大超过以往的资产阶级维新派和革命派。

其次,陈独秀系统总结了近代以来传入中国的"民主"和"科学"思想,并将之作为伦理革命的两大理论武器。在资产阶级维新派和革命派那里,科学和民主的观念已经得到不同程度的宣扬和运用,梁启超和严复等人不仅对西方的民主和科学作了相当多的介绍,而且还将国人民主和科学精神的缺乏视为国民性低劣的根源。在谭嗣同、章太炎和孙中山等人的伦理思想中,同样不乏以民主和科学为其立说立论之处。然而,他们都没有对科学和民主进行十分自觉的系统的理论阐述,并运用它来分析和批判儒家的伦理道德。陈独秀不但把独立人格的建立与社会民主的实现等同起来,而且还深入系统地阐述了科学精神与方法对新伦理观建立的时代意义。正是因为有陈独秀高扬"科学"和"民主"这两大思想利器,才使得新文化运动对中国传统伦理道德的审视和批判达到前所未有的深度和广度。

综上所述,晚清社会思潮对陈独秀的影响是相当深远的。以陈独秀为主帅的激进知识分子之所以提出"重估一切价值"的口号,主张以"评判的态度"研究古代学术,如若离开清代学者的叛逆精神和批判意识,离开清代学者奠定的研究基础,是难以发生如此广泛而深刻的影响的。诚如陈万雄先生所说言,"作为五四新文化运动的重要内容,无论是反传统思想,白话文的倡导,西方文学理论的介绍等等,都可在晚清追溯到其渊源"[①]。陈独秀通过对传统文化的反思与批判,对晚清学术思想精华的有益汲取与消化,从一个新的角度探寻中国落后的原因及匡世济时之道。可以说,五四时期陈独秀的启蒙思想既是对晚清学术思想的一种继承,也是根据时代发展和社会需要所作出的一种创新。

(本文原载《中国社会科学院研究生院学报》2006年第6期)

---

① 陈万雄著:《五四新文化的源流》,序言第3页。

世界史研究

18世纪英国国教会述析

李义中

18世纪是英国社会变革不断趋向加速加深的时期,在这个通常以"理性"和"现代性"为标识的时代,代表主流宗教的英国国教会自然难逃遭受"理性"和"现代性"冲击的命运。面对趋于复杂严重的诸多挑战和冲击,18世纪的英国国教会的确暴露出自身的一些弱点并渐渐露出衰微的光景,而这种情形则为当时及其后来来自不同方面的批评者提供了口实。其中,一方面的批评来自包括国教福音派及牛津运动中"书册派"在内的19世纪一些不同派别的宗教人士,而由这些早期批评者们所建构起来的国教会的负面形象,很长一段时间里也几乎成了有关18世纪国教会的主导看法。[①] 这种局面迄20世纪80年代始得以改观,随后推出的一系列有关该时期英国国教会的著述,在不回避其弱点的同时,对国教会在18世纪的遭遇及其表现,给予了更具肯定性的评价。[②] 有关18世纪国教会及其所反映出的宗教变化趋向的另一种观点则与通常所谓世俗化理论密切关联,尽管从长期的趋势看,英国社会的世俗化是一个无法否认的事实,但就18世纪的情形而言,倘若一味依据世俗化的理论逻辑而简单地断言国教会的危机和衰落意味着宗教之在整体上趋于衰落,则难免有时代错误之嫌。事实上,就在国教会日趋衰落的同时,一定程度上正是由于国教会的危机和衰落,才给以福音运动为代表的宗教复兴运动及其他教会或教派的发展带来了机遇和发展

---

① David Hempton, *Religion and Political Cuture in Britain and Ireland: From the Glorious Revolution to the Decline of Empire*, Cambridge University Press, 1996, p.1.
② Jim Smyth, *The Making of the United Kingdom, 1660–1800: State, Religion and Identity in Britian and Ireland*, Pearson Education Limited, 2001, p.171. David Hempton, *Religion and Political Cuture in Britain and Ireland*, p.10.

空间，不仅如此，甚至国教会自身也因深感危机的压力而被迫走上一条通过改革积弊以图重焕生机之路。就此而言，主流教会的危机并不意味着宗教的衰落，毋宁说，主流教会与其他教会或教派的起落消长，预示着的是英国宗教多元竞争的变动趋势。

一

作为国家教会，18世纪的英格兰教会处于得享政治经济特权的独尊地位，政治上，国教会通常被认为是与国家彼此独立而又相互依赖的联盟机构，是英国宪法的基础①，国教会的主教和大主教是英国议会上院的当然成员；经济上，国教会独享国家所给予的捐赠，它还拥有征收什一税的特权，同时还成为大量俗产的拥有者。按罗伊·波特的说法，在整个18世纪里，安立甘教会堪称英格兰"最大且最为富有"的国家机构。②居于这个机构顶层的是26位主教（包括坎特伯雷大主教和约克大主教），主教们收入颇丰，据称，到该世纪中期，一些主教的年收入超过5 000英镑。每位主教都分别领有一个主教堂，在各主教堂任职的其他教职人员（除主教外）总计约1 000人左右，主教及主教堂的教士们属高级教士，他们构成了国教会的上层。其下则是分布于全英格兰的约10 000个教区（一译堂区），它们由教区长（rector）和教区牧师负责管理，而由于不少教区牧师系非在住（non-resident）牧师，因此，其所在堂区的日常教务便交由助理牧师（curate）处理，助理牧师收入微薄，地位低下，属于教士中的最底层。③

至于18世纪英格兰教会在履行其宗教职责方面的情形，在较长一段时间里占优势的看法是，此一时期国教会及其教士们的表现整体上相当不如人意甚至非常糟糕。比如，在谈到18世纪英国的主教们时，19世纪著名国

---

① 参见［英］柏克撰，何兆武等译：《法国革命论》，商务印书馆1999年版，第132页。
② Roy Potter, *English Society in the Eighteenth Century,* Penguin Books Ltd, 1982, p.188.
③ Roy Potter, *English Society in the Eighteenth Century,* pp. 188–189.

教福音派人士、曾任利物浦主教的莱尔指出,主教当中的有些人"无疑是学识渊博、生活作风无可指责的仁人志士",但他同时强调的是:"……说实话,大部分主教都是俗世之人,并不称职。"①对此,一些当代学者则并不认同,如斯佩克就认为,的确,主教中存在某些忽略其精神职责、过于俗世化,以至趋炎附势、追名逐利者,如18世纪初的班戈主教(Bishop of Bangor)本杰明·霍德利(Benjamin Hoadly)以及1724—1743年出任约克大主教的布莱克本(Lancelot Blackburne)等,但以此类个例来评判18世纪的所有主教,则显然是错误的。实际上,与霍德利同时的其他一些主教,如索尔兹伯里主教伯内特(Burnet of Salisbury)、卡莱尔主教尼科尔森(Nicolson of Carlisle)以及先后出任林肯主教和坎特伯雷大主教的韦克(Wake)等人,则堪称勤勉努力、恪尽职守的典范。②值得一提的是,他们是在政治活动占据其相当一部分时间的情况下做到这一点的,故而显得尤为难得。这里,有必要说明的是,就18世纪的情形而言,主教们参与政治活动如出席上院会议等,很大程度上是出于当时的政治需要,属于一种政治义务,因为其时上院的权利和影响力还很大,政府方面往往需要仰赖上院的支持才能达到特定的目的。据称,在每年议会会期内,主教们要花6—8个月的时间待在伦敦,以应付议会政治之需。③当然,从另一方面说,由于主教的任命及其升迁均由政府中的核心人物如乔治一世时期的沃波尔及后来的纽卡斯尔公爵等人所操控,因此主教们也不得不听命于政府的召唤。④这就决定着主教们不仅要履行其精神职责,同时还要承担相当繁重的政治义务,斯佩克指出,就此而言,18世纪的主教们堪称是颇为出色地履行了加之于他们身上的双重任务。而诺曼·赛克斯则更是认为,就主教们的表现而言,18

---

① [英]莱尔(J.C.Ryle)著,梁曙东等译:《英国复兴领袖传》,华夏出版社2007年版,第6页。
② W. A. Speck, *Stability and Strife, England 1714–1760*, Edward Arnold (Publishers) Ltd., 1977, pp.94–97.
③ Ian R. Christie, *Wars and Revolutions, Britain 1760–1815*, Edward Arnold (Publishers) Ltd., 1982, p.34.
④ W. A. Speck, *Stability and Strife, England 1714–1760*, p.97.

世纪的英格兰教会可以声称其更多地应得到褒奖而不是受到责备。①

不仅主教们自18世纪以来备受其同时代人及后来人的责备,18世纪其他各阶层的教士也一直受到有关他们注重享乐和物质利益、罔顾教牧职责等等的指责。②对于此类观点,一些当代学者同样提出了异议,如斯佩克就倾向于认为,不宜只看到那些只注重享乐而置自身职责于不顾的教士,同时也应该看到那些兢兢业业、履职尽责的普通教士,斯佩克甚至强调,至于这两类截然不同的教士形象哪一种更真实地反映了当时的现实,目前尚难确定。其言下之意无非是,说不定长期以来人们对18世纪教士形象所做的负面描述根本就不是那么回事。不仅如此,他还特别提醒人们,以18世纪助理牧师们的微薄收入,要维持他们自身及其家庭的生存已属艰难,何谈追求过度的物质享乐,实际上,即便他们有如此想法,其收入也根本不足以令他们承受奢侈生活所需的开支。③而戴维·亨普顿(David Hempton)则认为,大体上,18世纪国教会的教士们在履行其职责方面,既谈不上虔诚奉献,也并非极端令人反感地玩忽职守,作为教士,他们在事业方面没多少雄心大志,但通常他们都还是尽职的。④这里,有必要指出的是,就18世纪的情况而言,社会各方对于国教会教士们在宗教方面的职责要求其实并不太高。一方面,作为国家机构的一个分支,国教会担负着维护国家稳定和社会和谐的任务,这就决定着国家和国教会上层在对各级教士提出职责要求时,会相应考虑到政治和社会方面的现实需要,而不单是着眼于如何强化宗教或维护信仰。实际上,正是出于对17世纪因清教徒的宗教热情而导致内战等因素的考量,18世纪大部分时间里,国教会上层始终对宗教狂热及其后果心有余悸且避之唯恐不及,为此,他们力倡一种在宗教教义和仪式方面能够兼容并包的"宗教放任主义"态度。可以想见,从这种态度出发,国教会

---

① W. A. Speck, *Stability and Strife, England 1714-1760*, pp.96-97, 95, 96.
② W. A. Speck, *Stability and Strife, England 1714-1760*, pp.97-98.
③ W. A. Speck, *Stability and Strife, England 1714-1760*, p.99.
④ David Hempton, "Enlightenment and Faith", in Paul Langford edited, *The Eighteenth Century, 1688-1815*, Oxford University Press, 2002, p.84.

对于普通教士的基本职责要求自然不会太高。另一方面，普通民众因受社会商业化及后来的工业化的影响，对世俗生活的关注和投入相应增多，故而对信仰的热情趋淡，对教士在履职方面也几乎没有多少要求。例如，18世纪一位作者在谈及该世纪80年代的情况时写道："如果一位教区长在礼拜天履行了举行礼拜仪式的职责，而在有人生病时又能应约前去探视病人，则这便被视为其在履职方面是相当充分了。"①

二

晚近的有关研究表明，直至18世纪后期新的社会变化发生之前，英格兰教会在适应当时的社会、政治环境方面一直表现良好。②不过，这也并不意味着国教会从未遇到过麻烦甚或遭遇挑战，事实上，早在威廉三世尤其是安妮女王统治时期，一些高教会人士就曾针对"光荣革命"后国教会所面临的形势，发出了"（国）教会在危机中"的呼吁。③尽管当时高教会人士有关国教会危机的呼吁中不免掺杂了一些政治因素，但他们对于"光荣革命"后因"宽容法令"（1689）的颁布以及"（出版）许可证法"的废止（1695），国教会出现特权受损甚至地位动摇局面的担忧，却也并非空穴来风。就18世纪初期的情况看，对国教会形成挑战的已不再是新教非国教派或天主教，而是自然神论者（deists）和思想自由的提倡者们（freethinkers）。④就在"许可证法"失效不久，约翰·洛克的《基督教的合理性》（*The Reasonableness of Christianity*，1695年）与深受洛克思想的约翰·托兰德（John Toland）的《基督教并不神秘》（*Christianity*

---

① Roy Potter, *English Society in the Eighteenth Century*, p.189.
② David Hempton, *Religion and Political Cuture in Britain and Ireland*, p.2; David Hempton, "Enlightenment and Faith", in Paul Langford edited, *The Eighteenth Century, 1688–1815*, pp.83–84.
③ 参见：W. A. Speck, *Stability and Strife, England 1714–1760*, pp.91–93.
④ W. A. Speck, *Stability and Strife, England 1714–1760*, p.100.

not Mysterious，1696年）两书相继问世，尤其是托兰德的《基督教并不神秘》一书，更是被《英国自然神论：起源和结果》一书作者约翰·奥尔视为"英国自然神论繁盛时期"（1696—1741）到来的标志。随后不久，"自然神论书籍和小册子就你方唱罢我登场，而且其中大多数都引发了一些反自然神论者的回应，直到这个国家被笔墨官司所淹没。在基督教的历史上，它的信仰以及圣经还没有在此前的任何一个时期遭到过如此广泛的口诛笔伐，也没有哪一个时期产生过比18世纪上半叶更为卷帙浩繁的护教之作。英国变成了一个辩论场，而这个辩论的主题就是宗教"①。无疑，自然神论者之间在理论取向及具体观点上存在一定差异甚至是明显分歧，但作为一个整体，他们仍有其共通之处，按约翰·奥尔的说法："自然神论者这个术语所指称的，自始至终是这样一些人：他们承认一个造物主，但却不承认这个造物主在创世之后干涉过自然法则的运作；他们倡导一种自然的理性宗教，反对任何建立在特殊的或者说超自然启示上的宗教。"②

尽管17世纪末18世纪初的一些自然神论者并不全然排斥基督教，但当他们将理性引入宗教神学和哲学时，其结果则必然导致对诸如基督教之类实定宗教的否定，如同詹姆斯·C.利文斯顿所说："17世纪末期和18世纪早期的大多数自然神论者都力图表明，上帝的完善性，必然意味着一种对全人类开放的拯救之路，而局限于特定的时间特定的人群的实定性（历史性）启示，则缺乏普遍性。真正的宗教，应该是人类的自然理性在任何时间任何地点都同样容易接近的。"③显然，自然神论者的主张已从根基上威胁到基督教之类"实定性（历史性）"宗教的生存，而当那些以超自然启示为依托的实定宗教受到攻击时，附着于这些教会的教士们也就自然难逃被攻击的命运了。自然神论者推崇理性，他们争辩说，理性是宗教信仰的唯一仲裁者，

---

① ［美］约翰·奥尔著，周玄毅译：《英国自然神论：起源和结果》，武汉大学出版社2008年版，第137、139页。
② ［美］约翰·奥尔著：《英国自然神论：起源和结果》，第9页。
③ ［美］詹姆斯·C.利文斯顿著，何光沪译：《现代基督教思想——从启蒙运动到第二次梵蒂冈公会议》上卷，四川人民出版社1999年版，第41页。

而诸如三位一体教义以及圣经中有关奇迹的种种记述，因其与理性不一致，故只能成为信仰的绝对障碍。① 而一些更为激进的自然神论者如马修·廷德尔（Matthew Tindal）、安东尼·柯林斯（Anthony Collins）等人，则大张旗鼓地主张反教会与反教士主义，他们将基督教之类"启示宗教"（revealed religion）视为教士阶层出于自身权力和利益考虑而强加于世界的伪信仰体系；并用"教士的阴谋"（priestcraft）之类最具轻蔑意味的词汇对教士阶层大张挞伐。②

面对自然神论者的攻势，国教会被迫动员各种力量以尽力做出回应。1736年，达勒姆主教约瑟夫·巴特勒（Joseph Butler）发表《宗教类比》（Analogy of Religion）一书，通过将自然神论者所推崇的自然宗教与作为启示宗教的基督教进行对比，巴特勒"以有力的前后一致性证明：自然宗教绝不因为完全合理而拥有比基督教启示优越的特权地位。比起圣经启示的完善性来，自然的完善性绝不更明显一些。信仰作为自然创造者的上帝，也就要求把种种或然性或可能性集中起来，作为对基督教启示上帝的信仰"③。自然宗教与启示宗教一样，各有其不完善之处，既如此，则两者之间自应相互支持，而不应彼此攻击。④ 至此，在18世纪初国教会与自然神论的激烈论战中，国教会终于因着巴特勒深刻而有力的理论回应而占了上风。此后⑤，自然神论声势渐趋减退，但其思想影响仍持续存在。⑥

很大程度上，作为国教会与自然神论者之间争论的突出后果便是，"宗

---

① W. A. Speck, *Stability and Strife, England 1714–1760*, p. 100.
② W. A. Speck, *Stability and Strife, England 1714–1760*, p.104.
③ 有关巴特勒著作及其观点的深入讨论，参见［美］詹姆斯·C.利文斯顿：《现代基督教思想——从启蒙运动到第二次梵蒂冈公会议》上卷，第92—100页。
④ W. A. Speck, *Stability and Strife, England 1714–1760*, p.104.
⑤ 有关对自然神论的回击，詹姆斯·C.利文斯顿指出，在由马修·廷德尔（Matthew Tindal, 1655-1733）所著、被称为"自然神论者的圣经"的《基督教与创世同样古老》一书于1730年出版之后不久，"自然神论本身就在两条战线上面临着摇毁性的进攻。一方面，有巴特勒主教等正统捍卫者，他们力图揭示自然宗教的信仰中有种种难题，从而提高了对启示的信仰，在另一个侧翼，则出现了怀疑主义大师大卫·休谟。"而"休谟的著作将证明是对理性宗教最后的致命打击。"参见［美］詹姆斯·C.利文斯顿：《现代基督教思想——从启蒙运动到第二次梵蒂冈公会议》，上卷，第41、48页，第103页。
⑥ Ian R. Christie, *Wars and Revolutions, Britain 1760–1815*, p.35.

教淡漠"(religious indifference)在各种不同的教会与教派信徒中呈日益增长之势,而这种情形在当时的上层阶级中则表现得尤为突出。其所以会产生如此后果,一个重要的原因或许在于,在国教会与自然神论者的论争中,巴特勒主教实际上是将自然宗教与启示宗教等量齐观,即是说,使双方都处于一种因各自存在的不完善性而同样易于受攻击的地位,才使得自然神论者不得不在巴特勒著作的理论锋芒及其潜在威力面前主动退却;但与此同时,从正统教会的立场看,巴特勒的胜利却是以很大代价换来的:当巴特勒将自然宗教与启示宗教置于同一地位时,实则意味着启示宗教本身也并非无懈可击。从这个意义上说,在自然神论与正统神学之间的论争当中,双方都算不上真正的赢家。进而言之,既然不论是历史性的启示宗教抑或是自然的理性宗教都只能立足于"或然性"的根基之上,那么,又有什么理由和必要去在宗教问题上过分执着呢?或许正因为如此,才使得宗教淡漠情绪在社会各界尤其是上层阶级中蔓延开来。据1750年的一篇布道词称,"大多数富人和大人物们(不仅)从不经常出入上帝的教堂……而且还把向上帝祈福讥讽为迷信"①。把这种现象与17世纪清教徒们的宗教热情抑或天主教会之注重仪式等等相比,称之为"宗教淡漠"便是情理之中的事了。

值得一提的是,社会上层阶级中普遍流行的"宗教淡漠"情绪也与17世纪末即已在国教会上层中出现的"宗教放任主义"(latitudinarianism,一译宗教自由主义)态度密切相关。②宗教放任主义可以看成是对诸如17世纪发生在清教徒当中的宗教"狂热"(fanaticism)③情绪的一种反拨,在人们的记忆中,宗教狂热曾经给这个国家带来长期而巨大的痛苦和灾难,为避免悲剧重演,"光荣革命"后的国教会上层如坎特伯雷大主教约翰·蒂洛森(John Tillotson)等人开始倡言宗教宽容,主张在宗教教义及形式方面

---

① W. A. Speck, *Stability and Strife, England 1714–1760*, pp.103–104.
② W. A. Speck, *Stability and Strife, England 1714–1760*, pp.99–100.
③ 在18世纪的语境中,人们更经常地用enthusiasm一词来指称宗教狂热现象。参见W. A. Speck, *Stability and Strife, England 1714–1760*, pp.104, 105.

抱持开放与中庸的态度,反对任何形式的宗教狂热。[①]事实上,这种态度说到底便是对宗教问题采取一种较为理性与宽和的态度,就此而言,17世纪末开始出现于国教会上层的宗教放任主义,不啻为随后到来的自然神论的"繁盛"大开了方便之门,而蒂罗森大主教本人甚至也被归入"理性的超自然主义者"亦即理性宗教的倡导者之列。[②]有意思的是,随着自然神论的兴盛,而国教会则忙于应付自然神论者的攻击时,宗教放任主义又进一步成为国教会主要护教者当中占优势地位的态度和立场。[③]于此可见,在宗教放任主义与自然神论之间,存在的不只是一种简单的敌对关系,同时更有某种因双方都看重理性(尤其是理性地对待宗教)而使得理性地对待宗教问题这一态度和观念,愈益得到更多人的认可。从这个意义上说,在几乎整个18世纪里,宗教放任主义之得以畅行,作为国教会对手的自然神论者亦可说是功不可没。

三

如果说18世纪前期,国教会尚能勉强适应当时的社会、政治环境,那么,此后,面对进入快速变动时期的英国社会,国教会就显得有些力不从心甚至无所适从了。在18世纪后期的诸多变化当中,首先且最为明显的表现便是英国人口的快速增长以及人口分布状况的重大调整;而由于同期正处于工业化、城镇化起步并不断取得进展的时期,由此而导致诸多变动因素之间发生相互作用与影响,使情形变得更加复杂难解。据统计,1750年时,英格兰和威尔士的人口从1700年的大约六百万上升为六百五十万左右,半个世纪里总人口仅增加五十万;但随后人口增长明显加快,自18世纪60年代

---

① Roy Potter, *English Society in the Eighteenth Century*, p.186.
② 参见[美]詹姆斯·C.利文斯顿:《现代基督教思想——从启蒙运动到第二次梵蒂冈公会议》上卷,第25—28页。
③ W. A. Speck, *Stability and Strife, England 1714-1760*, p.104.

起,英格兰和威尔士的人口呈加速增长态势,1801年,英国首次正式的人口调查表明,当年英格兰的人口总数达到了前所未有的870万人,短短五十年间,英国人口增加了二百余万。与此同时,大约从1750年开始,人口出现向北向西移动的趋势,原先人口稀疏的西部北部地区,日益成为人口集中的新兴工(商)业地区。① 人口激增以及人口重心的转移,与此同时更兼有工业化和城镇化之夹杂其间,使英国原有的教区建制以及教区划分立即暴露出其完全不足以应对新形势要求的弱点,例如,1750年时,曼彻斯特人口已达20 000,却只有一座国教会教堂;1800年时,马里波尼(Marylebone)计有人口40 000之众,但却仅有一座200个座位的国教会教堂。迟至1812年,伦敦所拥有的国教会崇拜场所总数为186个,而新教非国教派的崇拜场所则达到256个。② 由于增设教区及增加教士数量就会相应减少现有教区和教士的各项收益,且需要专门立法,因此,这一问题直至19世纪才逐渐得以改善。于是,18世纪晚期基层教区的一个突出问题便是非在住教士的大量存在,据晚近的一份研究材料估计,1780年时,36%的国教会教士系兼职教士,仅有38%的堂区拥有在驻牧师。③ 另据伊恩·R.克里斯蒂(Ian R.Christie)所说,1809年,在总数为11 194名领圣俸的教士当中,就有不少于7 358人系非在住教士,而一些地方性研究则表明,在18世纪的一些时段,非在住牧师的数字可能更高。至于出现堂区教士不常驻教堂的原因,当事教士往往以身兼学校教师或大学的研究员、或身为达官贵人的私人牧师抑或大教堂的教士成员等作为借口或理由。④ 这里,值得一提的是,教士(包括助理牧师)兼职现象实际上也与俗人控制圣职推荐权这一体制性问题密切相关,据称,在18世纪的英格兰,大约50%的圣职推荐权掌握在私人手中,而由于这些人往往不一定从实际需要出发而是根据个人喜好甚

---

① 参见〔法〕保尔·芒图著,杨人楩等译:《十八世纪产业革命——英国近代大工业初期的概况》,商务印书馆1983年版,第280—286页。
② Roy Potter, *English Society in the Eighteenth Century*, pp.190–191.
③ David Hempton, *Religion and Political Cuture in Britain and Ireland*, p.5.
④ Ian R. Christie, *Wars and Revolutions, Britain 1760–1815*, p.34.

至个人利益来选择教士,由此而难免导致教士兼职现象的存在。不仅如此,近期的有关研究还表明,教士兼职现象不只是因为俗人推荐权的大量存在以及一些教士的贫困所致,甚至当圣职推荐权从俗人转归教士之后,也依然存在。①

较之于经济、社会变动所带来的冲击,对国教信仰及国教会地位造成更大冲击的则是非国教各教会及教派力量的增长及其在宗教和政治方面的日趋激进,以及由卫斯理等人所领导的福音运动的兴起和发展。就各非国教派别的情况看,大致说来,新教非国教派包括长老宗、公理宗、浸礼宗以及贵格会(Quakers),在18世纪的大部分时间里,这些教派多倾向于在法律许可的范围内开展活动,成为各自独立甚至有些排外的信众团体,对国教会的特权地位采取默认的态度,也不太注重从组织上发展自身。正如E.P.汤普森所说:"它们在光荣革命后经历了相同的发展趋势,随着迫害日益减轻,宽容日益扩大,教徒们的热情日益减少,财富逐渐增加。"② 不过,至18世纪晚期,新教"不从国教派"在政治和宗教信仰方面所表现出的消极和淡漠态度开始发生改变。一方面,各种老的非国教派受社会政治变动与各种宗教思想及宗教运动的影响,开始在宗教和政治方面有所变化或有所行动。其中,长老宗受索齐尼主义(Socinianism)的影响较大,部分成员因而愈来愈明确地追随理性,反对三位一体等神秘教义,成为一位论者。浸礼宗和公理宗则受到国教会内外福音派的影响,而公理宗所受影响尤著。福音派不仅为这两个教派提供了一些热衷于信仰的教徒,同时也使其原有的加尔文主义信念在福音主义的影响下逐渐淡化。两派的教徒人数开始增加,但具体数目难以确认,据认为,迄1811年时,新教非国教徒与卫斯理派循道宗教徒加在一起,其总数大概占到英格兰和威尔士人口的1/10。随着教徒人数的增加,三大教派开始寻求在政治上采取行动,以图解除加之于他们身上的一些

---

① David Hempton, *Religion and Political Cuture in Britain and Ireland*, p.5.
② [英]E.P.汤普森著,钱乘旦等译:《英国工人阶级的形成》(上),译林出版社2001年版,第13页。

法律限制。①另一方面，则是新的非国教派的出现。先是公开否认基督神性和三位一体教义，强调上帝位格单一的一位论派（Unitarians）的声势渐壮。18世纪初，一位论思想只是在少数教士中存在，到该世纪末，一位论派则已成为一个公开宣示其主张的少数派了；同时，该派的信徒人数日益增加，尤其是在像科学家、出版商、作家、改革人士、教育界人士等职业人士中拥有大量信徒。②至18世纪末，由卫斯理所领导的福音运动则在卫斯理去世之后不久，于1795年脱离国教会形成了独立的循道宗。一位论派的声势和影响增加与循道宗的形成，使不从国教派的队伍得以壮大，也为之注入了新的活力。此外，到18世纪后期，随着天主教徒处境之逐步得以改善，其在苏格兰、英格兰和威尔士的人数从1700年的大约8万人上升到1778年的大约11万人。③此后，随着爱尔兰移民的大量涌入，天主教徒的人数更是有了明显增加。

与非国教各教会或教派重新恢复活力、力量不断壮大的势态相比，另一股来自国教会内部的宗教复兴浪潮似乎声势更大。本来，卫斯理等人的目的"只是要在教会中恢复真正的宗教，使流落在外的广大群众归向教会"④。但循道派之诉诸人们尤其是下层民众的宗教情感，它之强调个人转化、重生、悔罪、虔信等，及其采用户外布道、俗人布道、巡回布道的方式以及建立自身组织机构等做法，从一开始就注定其不为国教会内部主流观点所接纳。在如此情势之下，不难想见，随着运动的不断向前推进，循道派与国教会之间的距离势必会越拉越大，最终，在卫斯理去世之后的1795年，循道派从国教会中分离出去。

循道宗的成功固然得益于多种因素的共同作用，但它的成功与工业革命之在时间上的重合却颇具历史深意。如果说，卫斯理的组织、管理能力及

---

① Ian R. Christie, *Wars and Revolutions, Britain 1760–1815*, pp.38-39.
② Roy Potter, *English Society in the Eighteenth Century*, p.197.
③ Jim Smyth, *The Making of the United Kingdom, 1660–1800*, p. 189.
④ ［美］G.F.穆尔著，郭舜平等译：《基督教简史》，商务印书馆2000年版，第286页。

其在传教方式上的诸多创新等构成了卫斯理运动成功的主观因素,那么,18世纪中后期开始的工业革命则成为推动卫斯理运动迅速发展的最有利的客观因素。面对工业化和城镇化所带来的种种变化,国教会无法也不愿迅速做出有效反应。相反,"卫斯理兄弟使传道活动面向城市和大市镇的群众,以及矿区,因为这些人一向为教会所忽视,不关心宗教,往往还道德败坏,酗酒习以为常并成为越来越严重的恶习"①。1741年之前,卫斯理的活动中心在英国南部和西部地区,以伦敦、布里斯托尔和金斯伍德为中心。不久,随着米德兰及英格兰北部地区日益成长为新兴工业中心,卫斯理的传道活动迅速转向这些地区。处于社会边缘、一向为国教会所忽视的穷苦工人们热情地欢迎卫斯理及其差派的传道士,诚如汤普森所言:"循道派打开教堂的大门,为工业革命中流离失所、无家可归的人提供了某种团体,以取代正在瓦解的旧社团模式。"②可见,工业化时代并不缺乏宗教需求,缺的只是因应这种精神需求的意愿和能力。

仅就规模而言,迄18世纪末,循道宗仍然只是诸多教派中一个较小的派别,1791年,整个不列颠诸岛的循道派信徒仅为72 000人。然而,循道宗的影响却大大超越了其规模,随着卫斯理领导的福音运动的不断取得进展,受其影响,大约自18世纪70年代开始③,英国国教会内部也出现了一批具有循道派气质、追求灵魂拯救、热情虔信的"福音派"④,到18世纪末19世纪初时,国教福音派已拥有300—500名身为国教会教士的忠实支持者,其在出身上层阶级的国教会平信徒中也正在形成有效影响,如以威廉·威尔伯福斯(William Wilberforce)、亨利·桑顿(Henry Thornton)等为代表的"克拉潘教派"(Clapham Sect)即是显例。⑤不仅如此,卫斯理的宗教热情也对新教非国教派乃至英格兰境内的天主教徒产生了较大冲击,自

---

① [美]G.F.穆尔:《基督教简史》,第285页。
② [英]E.P.汤普森:《英国工人阶级的形成》(上),第440页。
③ Roy Potter, *English Society in the Eighteenth Century*, p.192.
④ 通常以英文首字母大写(Evangelical),以区别于卫斯理宗福音派。
⑤ Ian R. Christie, *Wars and Revolutions, Britain 1760–1815*, pp.35-36.

18世纪70年代起,诸如公理宗和浸礼宗这样的新教非国教派重新恢复其活力和热情,"新不从国教派"(New Dissent)开始将目光对准快速增长的工业地区的工匠们,在他们当中发展和吸收成员,其中,公理会教徒由1750年的15 000增加到1800年的35 000人,同期浸礼会中的特选浸礼会派(the Particular Baptists)成员则由10 000人增加到24 000人。[①]

一面是国教会的危机和衰退,一面则是非国教各教会及教派的日趋活跃与不断壮大,18世纪末英国宗教生活中呈现出的如此场景,预示着的则是英国宗教多元竞争时代的前景。1851年英国首次宗教调查结果显示,英格兰地区参与教堂礼拜仪式的各新教非国教派信徒人数(不包括天主教徒)已近乎占到当日参加教堂礼拜仪式的信众总数的一半,至此,国教会尽管依然处于国家教会的传统地位,但它已只是宗教多元竞争态势中诸多参与其中的教会之一而已。

(本文原载《北京大学学报(哲学社会科学版)》2013年第4期)

[①] Roy Potter, *English Society in the Eighteenth Century*, pp.197-198.

"不从国教派"的复兴与
19世纪英国宗教多元化问题述析

李义中

    对于英国新教"不从国教派"（Dissent）①来说，自1689年"宽容法令"的颁布至1828年议会通过立法正式废除"（宗教）审查与市政团法"的130余年间，构成了其发展史上一个重要历史时期。"宽容法令"结束了对不尊奉英国国教的新教诸教派的政治压制甚至强力迫害，各教派自此获得举行敬拜活动的自由，信仰自由的原则基本确立；尤为重要的是，各教派由此得到法律上的正式认可，宗教多样性成为英国的历史现实。②大致说来，除法令颁布之初有一个较短时期的增长外，自1689年至18世纪中期前后，"不从国教派"总体呈现出一种衰落和"萎缩"（atrophy）之势：各教派信徒人数大幅减少，其在宗教精神方面致力于不断排除其内部的清教因素，而在宗教态度方面则一改其清教徒前辈的"热情"（enthusiasm）而趋于"宗教冷淡"，政治上亦少有作为。据称，至1740年时，新教非国教各派成员总数较之1700年减少一半，针对这一情形，同时代的艾萨克·沃茨（Isaac Watts）感叹道，"除了出现在有关的一些著述当中，'不从国教派'正在迅速地趋于

---

① 19世纪四五十年代起，此前被称为Protestant Dissent的新教"不从国教派"主动放弃旧称，自觉改称"新教非国教派"（Protestant Nonconformity），简称'Nonconformity'，其教徒则为Protestant Nonconformist（s），简称Nonconformist（s）。参见Ian Sellers, *Nineteenth-Century Nonconformity*, Edward Arnold, 1977, pp.10, 59–60。通常一些学者不加区别径直以Nonconformist（s）称呼所时段的新教"不从国教派"。
② A. D. 吉尔伯特则认为，"宽容时代"是英国朝向"真正的宗教多元化"（genuine religious pluralism）迈进的一个关键阶段。参见A. D. Gilbert, *Religion and Society in Industrial England, Church, Chapel and Social Change, 1740–1914*, Longman, 1976, p.17.

无处可寻了"①。

不过，大约自18世纪中期前后开始，新教"不从国教派"的衰落和"萎缩"之势逐渐得以扭转，新教非国教派由此步入一段持续较长时间的增长期。尽管学者们在有关新教"不从国教派"的复兴及其迅速发展的时间、规模、原因及影响等方面观点不一，但在18世纪中期至19世纪初，作为一个整体的"不从国教派"经历了一场由衰落到重新恢复活力进而发展壮大的命运变化这一点上，基本达成共识。值得注意的是，由于诸教派各有所持，取法各异，18世纪中期至19世纪初新教非国教各派的发展情形呈现出分化明显、样态复杂的特点，不可一概而论。

国外有关此一时期宗教史的著述颇丰，大致包括两类：其一为各教派（或教会）从自身立场出发而撰成的教派史，此类著述往往带有一定的教派印记，需谨慎对待；其二则系由相关学者撰写的学术著作，尤其是20世纪60年代以来，英国学界对宗教问题的关注明显增多，一大批有影响的宗教—社会史著作相继问世。② 比较而言，近年来，国内有关18、19世纪英国宗教史的研究成果呈增长趋势，但有关18世纪后期19世纪初英国"不从国教派"的专门论述尚不多见，对一些基本问题仍缺乏系统了解，有鉴如此，本文拟就18世纪下半叶19世纪初"不从国教派"的发展情形做一大致梳理，旨在厘清此一过程中若干重要细节，揭示此一时期"不从国教派"的发展壮大是19世纪尤其是1828年之后英国宗教多元化持续向前推进的重要因素。与此同时，通过揭示"不从国教派"内部时时存在的差异和分歧，意

---

① A. D. Gilbert, *Religion and Society in Industrial England, Church, Chapel and Social Change, 1740-1914*, p. 16. 罗伊·波特则认为1700—1740年间，"不从国教派"教徒总数减少了40%，参见Roy Potter, *English Society in the Eighteenth Century*, Penguin Books Ltd, 1982, p.195.

② 有关英国学界对19世纪英国宗教史研究方面的系统而详尽的介绍，参见D. G. Paz, ed., *Nineteenth-Century English Religious Traditions: Retrospect and Prospect*, Greenwood Press, 1995. 近期的著作如：Dale A. Johnson, *The Changing Shape of English Nonconformity, 1825-1925*, Oxford University Press, 1999; L. Husselbee and Paul Ballard (eds.), *Free Churches and Society*, Continuum International Publishing Group, 2012.

在说明"不从国教派"从来就不是一个"统一体"①,此一特点虽不利于其力量整合,但却暗合了宗教多元化的内在要求。

一、福音运动与"新不从国教派"的形成

18世纪40年代前后,就在"不从国教派"衰落最甚之际,一场由卫斯理兄弟(John Wesley 1703—1791; Charles Wesley, 1707—1788)和怀特菲尔德(George Whitefield, 1714—1770)等人领导的宗教复兴运动——"福音运动"(Evangelicalism)——正在悄然兴起并不断加速传播。福音运动旨在改变国教会内外普遍存在的宗教冷淡情形,唤醒人们对基督教的热情,恢复人们的宗教信心,受其影响,"不从国教派"阵营内部开始发生分化,部分倾心于福音主义的新教不从国教教派(或部分教派成员)开始改变原有的宗教冷淡态度,并模仿循道派的做法,广泛传教,从而推动传统"不从国教派"逐步走向复兴。与此同时,随着福音运动的不断发展,循道派自身则与国教会渐行渐远,尽管卫斯理终其一生坚决反对循道派脱离英国国教会而独立,但来自循道派内部的呼声及政府方面的外部压力,最终还是促使该派在卫斯理去世之后的1795年脱离国教会,形成了独立的循道宗(Methodism)。循道宗的形成,壮大了"不从国教派"阵营,为"不从国教派"注入了新的活力,就其作为比传统"不从国教派"晚出的新兴教派及其所秉持的与"老不从国教派"迥异的宗教信念和追求而言,它无疑当属真正的"新不从国教派"②。

卫斯理运动成功的因素很多,这其中人们经常提及的往往多为一些社会性因素,诸如作为英国社会转型之表征的工业化、城市化、人口增长与人

---

① 参见David M. Thompson (ed.), *Nonconformity in the Nineteenth Century*, Routledge & Kegan Paul, 1972, p.1.
② David M. Thompson (ed.), *Nonconformity in the Nineteenth Century*, p. 2; A. D. Gilbert, *Religion and Society in Industrial England, Church, Chapel and Social Change, 1740–1914*, pp.36–37.

口迁移以及随之而来的社会阶层分化及宗教道德危机等外在因素。诚然，这些因素构成了卫斯理运动成功发展的重要外部条件，但问题在于，处于相同社会环境中的英国国教会却并未从中受益，其衰落之势反倒因此而加剧，从而与卫斯理运动恰成鲜明对照。可见，社会转型既可能带来宗教复兴，也可能导致宗教衰退，如果说18世纪后期英国国教会的衰落，是因为国教会在面对转型社会的巨大变动时，不愿也不能主动适应环境变化并适时做出有效回应的结果，那么，循道派运动的成长壮大，则显然是卫斯理等人创造性地利用社会转型时期诸多外部条件以服务于宗教复兴和宗教发展的产物。①

早期循道派运动在利用外部环境方面的创造性，从运动起始之初即显示出来。卫斯理的目的是要使那些不信教者以及信仰不坚定者皈依或重新皈信基督教，使他们成为"真正的基督徒"而不仅仅是名义上的基督徒，他为此采用的做法则是看似寻常且简单易行的传统宣教方式：布道。不过，作为标志卫斯理运动开端的布道形式却并非在教堂里举行的常规宣教，而是走出教堂开展的户外布道。之所以选择户外布道的方式，除了因为遭到国教会的拒斥外，主要原因就在于，卫斯理等人发现，在他们首次开展户外布道的布里斯托尔矿区以及其他一些新兴工业地区，聚集着大批被国教会所忽视，同时又为"不从国教派"所排斥的不信教的下层民众，他们不信教的原因不在于他们自身，更多的则是因国教会和"不从国教派"的忽视或排斥所致，而对这些人的灵魂拯救工作就成为卫斯理的使命。早在1739年6月，卫斯理就写道："我把整个世界看成是我的教区；我把向一切愿意听的人宣布救恩的好消息当成我应尽的义务。"②而为了尽可能向更广泛地区的更多人传道，除打破常规进行户外布道外，随着运动的发展和循道派徒众的增加，卫斯理又进一步引入俗人布道、妇女布道，尤其是巡回布道等创新性

---

① 有关约翰·卫斯理与福音运动的详细论述，参见拙文《约翰·卫斯理与福音奋兴运动》，《英国研究》第5辑，南京大学出版社2013年版。
② [美]布鲁斯·雪莱著，刘平译：《基督教会史》，北京大学出版社2004年版，第383页。

传道方式，有力地推动了循道派运动的扩展。

从户外传道开始，卫斯理通过创造性地运用一系列行之有效的方式、方法与建立系统严密的组织网络，逐步将自己的追随者整合凝聚在一起，形成一场日益显示出其影响力的运动。为严肃会众纪律，强化对循道派成员的严格管理，同时准确掌握成员人数的变动，自1766年起，卫斯理要求对循道派成员定期进行精确统计，数据表明，1767年，循道派成员数为22 410人，至1791年卫斯理去世时，成员数增加到56 605人，迄循道宗正式脱离国教会后次年的1796年，其教徒人数已达77 402人。[①]循道派的发展并未因约翰·卫斯理的去世停滞不前，事实上，自18世纪90年代至19世纪40年代[②]，循道宗却幸运地迎来了一段加速增长的大发展时期。这其中的缘由不难理解，首先，卫斯理等人已从多方面为循道宗后来的发展奠定了较为坚实的基础，早期循道派在其艰难发展历程中积累的一系列成功经验，如户外巡回布道等成为其后循道宗进一步发展的现成资源；其次，这一时期正值英国工业化加速推进、人口高速增长、人口结构加快变动之际，又值法国革命、拿破仑战争、英爱合并、辉格派的崛起等内外变化迭次发生的时期，这些外部因素固然并非全都有利于循道宗的发展，但像人口激增与人口结构变动等无疑构成了推动循道宗发展壮大的重要因素。[③]1801年，循道派教徒人数为87 010人，1811年增至135 863人，1821年则为188 668人，1831年达到232 883人，如加上从循道宗中分裂出去的"新宗派"（New Connection）等宗派成员在内，其总数则为288 182人。[④]始自18世纪末

[①] A. D. Gilbert, *Religion and Society in Industrial England, Church, Chapel and Social Change, 1740–1914*, pp.30–31.

[②] David Hempton, *Religion and Political Culture in Britain and Ireland*, p.28.

[③] 1801年，英格兰人口为8 664 490人，1831年增长到13 283 882人，同期新出生人口为13 211 295人，死亡人数为8 191 762人。参见J. C. D. Clark, *English Society, 1688–1832, Ideology, Social Structure and Political Practice during the Ancien Regime*, Cambridge University Press, 1985, p.373.

[④] A. D. Gilbert, *Religion and Society in Industrial England, Church, Chapel and Social Change, 1740–1914*, p.31.

的快速增长使得循道宗后来居上,一跃成为"不从国教派"阵营中发展最快、人数最多的教派。

二、传统"不从国教派"的复兴及情形差异

对于18世纪中期以后的"不从国教派"而言,卫斯理运动的重要性不仅在于循道派自身渐趋于成为"不从国教派",还在于该运动加之于传统新教非国教诸教派的持续影响上。一方面,卫斯理运动所具有的开放性和包容性使其对包括"不从国教派"教徒在内的各教派人士都可能产生一定的吸引力,约翰·卫斯理强调,任何人申请加入会社时,循道派"不强加……任何观点于人,他们可以实行特别的赎罪方法,也可以实行普遍的赎罪方法;可以执行绝对的天意,也可以执行有条件的天意;可以是国教徒,也可以是非国教徒;可以是长老派,也可以是独立派,这些都不是问题。……独立派和再浸礼派(可以)举行自己的宗教仪式,教友派也可以这样做,没有人会在这些方面和他们过不去。……我们只有一个条件,唯一的条件,就是真正地追求灵魂的拯救。"[①] 与此同时,卫斯理等人所表现出的对于"真正"基督教信仰的热切追求及其对于传播基督福音的巨大热情与不懈努力,或许还有卫斯理运动所取得的显著成效,也不免会对一些"不从国教派"教徒产生较大感染力和刺激作用,从而激发他们从精神上进行自我反省,进而改弦更张,成为循道派的同路人。随着时间的推移,这种影响不断加强,迄18世纪末19世纪初,几乎所有新教非国教派都不同程度地受到循道宗的影响,对此,伊恩·塞勒斯(Ian Sellers)指出:"福音运动的影响几乎及于所有教派,甚至包括贵格会,而其主要后果则是导致浸礼派和独立派在19世纪初的增长。"[②]

---

① [英] E. P. 汤普森著,钱乘旦等译:《英国工人阶级的形成》上卷,译林出版社2001年版,第27页。
② Ian Sellers, *Nineteenth-Century Nonconformity*, p.3, pp.1-6; David M. Thompson (ed.), *Nonconformity in the Nineteenth Century*, p.3.

传统上，自"划一法案"(Act of Uniformity, 1662年)颁布后正式形成、其后经1689年"宽容法令"的颁行而得到官方认可的"不从国教派"包括四个教派：长老宗(Presbyterians)、公理宗(Congregationalists, 亦作独立派Independents)、浸礼宗(Baptists)和贵格会(Quakers, 亦作公谊会, Society of Friends)，其中，前三个教派均承认三位一体教义，属于新教非国教中的正统派，故有时亦被统称为"正统不从国教派"(Orthodox Dissent)或"正统新教非国教派"(Orthodox Nonconformity)，而贵格会因持有较为激进的宗教观点，属不在正统之列的另类教派。数据表明，18世纪早期，"不从国教派"的大致情况是：长老宗教徒约为17.9万人，独立派(公理宗)教徒约为5.9万人，浸礼宗教徒约为5.8万人，贵格会教徒约为3.8万人。如上所述，这些教派在18世纪前期均处于明显的衰退状态，教徒人数锐减，按罗伊·波特的说法，1700年至1740年间，"不从国教派"教徒总数可能减少了40%。①

卫斯理运动的不期而至使传统"不从国教派"的衰落之势逐渐得以改变，其中，公理派和浸礼派率先仿效循道派，迈出了重振"老不从国教派"的步伐。英国学者A. D.吉尔伯特通过对登记在册的"不从国教派"敬拜场所(places of worship)数量变化情况进行比较分析后认为，这一复兴大约起始于18世纪60年代。自1761—1770年起，公理派和浸礼派登记在册的崇拜场所开始超过它们此前登记的数量，且这种增长趋势一直延续到19世纪初。② 与此同时，公理派和浸礼派的成员数也在不断增长。公理派和浸礼派在教会体制问题上观点一致，二者都主张教会的基本形式应是由各地方信众组成的会众团体(congregation)，故各地方会众团体应是自治而不从属于任何更高教会权威的独立机构。双方的差异在洗礼问题上观点不一。浸礼派的情况较为复杂，其中"普救浸礼派"(General Baptist)信

---

① Roy Potter, *English Society in the Eighteenth Century*, p.195.
② A. D. Gilbert, *Religion and Society in Industrial England, Church, Chapel and Social Change, 1740–1914*, pp.34–36.

奉"阿明尼乌主义",认为拯救是"普遍地"施与所有人的,该派教徒人数较少。数量更多的则是持正统加尔文主义立场的"特救浸礼派"(Particular Baptist),他们认为拯救的可能性仅及于作为上帝选民的"特定"人群。"普救浸礼派"内部随后围绕着是否转向福音主义发生严重分歧,1770年,从"普救浸礼派"当中分离出追随福音运动的"普救浸礼派新宗派"(General Baptist New Connexion),余下成员则依然坚持原有立场和态度,成为"普救浸礼派"当中的保守势力,大卫·汤普森称之为"老普救浸礼派"教徒(Old General Baptists)。①

数据表明,公理派从1750年的1.5万人增长到1800年的3.5万人,此后的一段时间因缺乏统计数据无法得到确切数字,但1838年的数据(12.7万人)则足以表明,进入19世纪后,公理派的增长速度明显加快,其规模也大为扩展。浸礼派的情形基本相似,"特救浸礼派"从1750年的1万人增加到1800年的2.4万人,迄1838年,再增至8.6万人。"普救浸礼派新宗派"是18世纪70年代新独立的小派别,该宗派自始即仿效循道派,注重对其成员的数据统计,其较完整的统计数据显示,该宗派成员呈稳步增长趋势,尽管基数小,但增长率却很高。②

公理派和浸礼派("普救浸礼派"部分保守成员除外)的转变表现在诸多方面,最突出的则是对循道派"巡回布道"方式的仿效。两教派逐步改变原有的精神麻木状态与自我封闭倾向,走出传统的清教主义堡垒,开始像循道派一样四处传道,以促使人们皈依或重新归信基督教。除在国内传教外,尤为值得一提的是,1792年,威廉·凯里(William Carey)建立"浸礼派传道会"(the Baptist Missionary Society),由此带动海外传教活动的勃兴。与此相关,则是两教派在教义方面所做的变通,比较而言,公理派在教义方面要求相对宽松,故该教派基本达到整体转向福音主义;而浸礼派

---

① David M. Thompson (ed.), *Nonconformity in the Nineteenth Century*, p.3.
② A. D. Gilbert, *Religion and Society in Industrial England, Church, Chapel and Social Change, 1740–1914*, p.37.

中的"特救浸礼派"因信奉较严格的加尔文主义,故转变难度较大。不过有关神学方面的问题往往被那些四处布道的传道士们所忽略,他们的布道通常是"经验性的、实用的、虔敬的"而"非教条式的",他们所看重的是传道的成效而不太顾及逻辑上是否一以贯之。① 在布道对象方面,两教派也一改旧式精英主义路线,开始目光下移,更多地面向社会中下层民众布道,注重吸引社会中下层成员入教,在这方面,浸礼派较之公理派表现得更为突出。这些转变为公理派和浸礼派带来新的活力,两教派成员数稳步上升。

比较起来,长老派和贵格会的发展情形则颇为不同。这两个教派都倾向于停留在17世纪和18世纪初的传统当中,倾向于走精英主义的、排斥性的成员发展路线,同时也都不愿意在教会体制与教会礼仪等方面适时做出变动,对卫斯理运动及受其影响的其他教派所表现出的宗教"热情"(enthusiasm)、教派意识的淡薄,以及对教士在职业和文化标准方面的无所要求等更是深表反感甚至厌恶,总之,较之公理派和浸礼派,长老派和贵格会较晚也较少受卫斯理运动的影响。② 作为18世纪初"不从国教派"阵营中最大的教派,长老派随后的发展经历却呈现出一条不断趋于萎缩而几近消失的命运变化轨迹,迄1838年,长老派教徒人数甚至已从18世纪初的17.9万人急剧下降至不足1万人,下降幅度堪称惊人。19世纪后期的长老派则不再是原来意义上的英格兰长老派,除少量英格兰教徒外,其教徒及教士多系苏格兰移民,新的长老派已变成由苏格兰移民重组而成的教派。③ 贵格会的情形与长老派颇有几分相似,据称其成员数在1800年之前的120年间减少了一半,而在随后的1800—1860年间又进一步减少了33%。1800年,贵格会教徒总数为19 800人,1840年下降至16 277人,1847年再度下

---

① Ian Sellers, *Nineteenth-Century Nonconformity*, p.2; David M. Thompson (ed.), *Nonconformity in the Nineteenth Century*, p.3.
② A. D. Gilbert, *Religion and Society in Industrial England, Church, Chapel and Social Change, 1740–1914*, p.40.
③ A. D. Gilbert, *Religion and Society in Industrial England, Church, Chapel and Social Change, 1740–1914*, pp.41–42.

降至15 345人,1861年则降至13 384人。①

18世纪"不从国教派"阵营中还有一位特殊的后来者:"一位论派"(Unitarianism,亦作"唯一神教派"),该教派的合法地位直到1813年才得到正式认可,而其成为事实上的教派则始于1773年,当年,西奥菲勒斯·林赛(Theophilus Lindsay)宣布脱离英国圣公会,在伦敦创立一位论派教堂,由此初步奠定"一位论派"作为新兴教派的发展基石。"一位论派"是18世纪理性主义的产儿,受"索西尼主义"(Socinianism)影响,"一位论派"否认基督神性和三位一体教义,强调上帝位格单一。18世纪初,一位论思想只是在少数教士中存在,到该世纪末,一位论派已成为一个公开宣示其主张的少数派。②

有意思的是,"一位论派"虽然形成较晚,但它通常不被视为"新不从国教派",而是被归入"老不从国教派"一类。这其中的原因大抵有二:一则因"一位论派"持守理性主义立场而不愿接受福音主义影响,故其在总体风格上仍与"老不从国教派"相仿,如不愿面向各类群体尤其是下层民众广泛传教,坚持走精英主义发展路线,厌恶福音派在信仰方面所表现出的热忱和激情等等。再则,作为新兴教派的"一位论派",其成员基本上系由原有的新教非国教诸教派或英国国教会教徒转化而来,而不像循道派那样,更多的是通过传教布道使不信教者皈信入教,对此,19世纪30年代初《公理派杂志》(The Congregational Magazine, 1833)的一篇文章作者挖苦道:"一位论派有如那些寄生性植物,它们不是从大地汲取水分,而是从那些更高贵也更为古老的树干那儿窃取它们成长所需的营养"。其中,"一位论派"与长老派之间的关系尤为特殊,一方面,该教派的最初成员主要来自长老派,长老派被戏称为作为旁枝的"一位论派"的"树干";另一方面,其与长老派长期保持组织联系,二者间界限模糊,故而在该教派形成后的最初近半

---

① A. D. Gilbert, *Religion and Society in Industrial England, Church, Chapel and Social Change, 1740–1914*, pp.40–41.
② Roy Potter, *English Society in the Eighteenth Century*, p.197.

个世纪，有关"一位论派"的统计数据通常是与长老派的相关数据关联在一起的。①

较为晚出的"一位论派"在政治态度上一度颇为激进，这种激进立场既可能是该教派所持的理性主义"政治神学"的当然逻辑结果，也可能是因其作为新兴的异端教派，为争取与其他"不从国教派"同样的合法地位而刻意为之的主动表现。②尽管"一位论派"规模不大且形成时间较晚，但自18世纪晚期至19世纪初，在"不从国教派"阵营中充当政治领袖角色的，则多半是"一位论派"教徒。③

三、"不从国教派"与19世纪英国宗教多元化

至此，基于对18世纪中期至19世纪初新教非国教诸教派发展状况的简要梳理，以及由此而对该时段"不从国教"诸教派各自的命运变化及相互差异的基本了解，则我们可以在不至遮蔽有关重要历史细节的前提下笼统地认为，此一时期，"不从国教派"整体上经历了一段从复兴到快速扩展的大发展时期。正是基于"不从国教派"的复兴及其快速增长，才使得"不从国教派"（或其中的一些教派）有可能成为推动19世纪英国向"真正"宗教多元化——不同信仰群体在政治及社会生活领域享有平等权利——持续迈进的重要力量，一定程度上，"不从国教派"的复兴及其快速增长，从多方面影响甚至决定着19世纪英国宗教发展变化的路径。

首先，"不从国教派"的复兴及其快速增长有力地推动了宗教平等意义上的"真正"宗教多元化（genuine religious pluralism）④时代的开启。

---

① A. D. Gilbert, *Religion and Society in Industrial England, Church, Chapel and Social Change, 1740–1914*, p.41.
② G. I. T. Machin, *Politics and the Churches in Great Britain, 1832–1868*, Clarendon Press, Oxford, 1977, p.10.
③ G. I. T. Machin, *Politics and the Churches in Great Britain, 1832–1868*, p.12.
④ A. D. Gilbert, *Religion and Society in Industrial England, Church, Chapel and Social Change, 1740–1914*, pp. 17, 142.

从英国宗教多元化发展史的角度看,自1689年"宽容法令"的颁布至1828年废除"(宗教)审查与市政团法"的这段时期,由于信仰自由的范围逐步扩大,多种宗教并存的局面已然成为英国的历史现实,故而理应被视为英国趋向"真正"宗教多元化的"关键阶段";[①] 但与此同时,"宽容"时代又因为宗教歧视和排斥的存在而具有宗教不平等的特点,诸如"(宗教)审查法"、"市政团法"等诸多排斥性法律的存在,导致国教会教徒与包括"不从国教派"在内的非国教教徒之间因信仰不同而在政治及其他社会权利方面处于明显不平等地位。这种在不同宗教信仰之间人为制造等级差别的做法,使"不从国教派"实质上沦为英国的"二等公民",废除"(宗教)审查与市政团法"也因此成为"不从国教派"努力追求的主要目标。1828年,英国议会通过相关法案,最终废除"(宗教)审查与市政团法",此举为"不从国教派"教徒的政治参与扫清了障碍,标志着英国宗教平等化迈出了最初的步伐,"不从国教派"的核心诉求由此前的争取宗教"宽容"转向不断争取宗教平等。值得注意的是,通常认为,在推动英国议会于1828年废除"(宗教)审查与市政团法"的各种力量组合中,"不从国教派"自身所起的作用非常有限,其"原则"及其政治实力尚"不足以打破旧秩序",而真正促使议会废止这一事关"不从国教派"基本公民权立法的,更多地应归因于爱尔兰罗马天主教徒争取"解放"的民族运动所显示出的较强实力及其所形成的巨大政治压力。[②] 诚然,就当时的情形而言,这一结论自有其合理之处,但有必要强调指出的是,虽则"不从国教派"所起的作用较小,但这并不意味着可以低估甚至忽略其作用。对于低估乃至无视"不从国教派"在争取其自身"解放"过程中作用的情形,英国学者曼宁(B. L. Manning)在其所著《新教不从国教派(会议)》一书中曾予以严厉批驳,曼宁指出:大多数历史教科书都把

[①] A. D. Gilbert, *Religion and Society in Industrial England, Church, Chapel and Social Change, 1740–1914*, p.17.

[②] J. C. D. Clark, *English Society, 1688–1832, Ideology, Social Structure and Political Practice during the Ancien Regime*, p.389.

大量注意力放在1829年的罗马天主教解放问题上，而对废除"宗教审查与市政团法"往往只用寥寥数语加以打发，这寥寥数语通常给人留下的印象是，"宗教审查与市政团法"的废除只是作为罗马天主教徒解放的前奏而自动发生的，未给任何人带来麻烦。针对这种观点，曼宁断言："唯有无视'不从国教派代表（会议）'的历史，方能令这种观点站住脚。"①事实上，不仅"不从国教派"尤其是作为其政治代言机构的"不从国教派代表（会议）"，在推动废除"宗教审查与市政团法"的过程中做出了大量努力②，如同D. M.汤普森所言，倘若没有"不从国教派"在19世纪初的快速增长，则"宗教审查与市政团法"的废除也许根本就不可能发生。③

其次，"不从国教派"的复兴及其持续发展壮大也为其随后成为维多利亚时代英国"真正"宗教多元化的主力之一奠定了基础。在获得平等政治权利之后，"不从国教派"尤其是其中的传统教派如浸礼宗和公理宗等并未就此止步，而是更加自信也更为主动地为争取改变在社会生活领域中长期遭受的诸多歧视性对待而持续展开抗争，维多利亚时代英国宗教史进程表明，"不从国教派"在为自身争取与国教会教徒享有平等社会权利的同时，也有力推动了作为国家教会的英格兰教会走上"渐进式政教分离"（gradual disestablishment）④之路。

"不从国教派"之所以成为维多利亚时代英国宗教多元平等格局形成的持续推动者，与其中的一些教派长期遭受社会生活领域部分权利被剥夺等不公正对待有很大关系。早在1833年，一份由"不从国教派"组成的"联合委员会"在向当局提出的"冤情"（grievances）陈述中就列出了"不从

---

① Bernard Lord Manning, *The Protestant Dissenting Deputies*, ed. by Ormerod Greenwood, Cambridge University Press, 1952, p.220.
② 有关19世纪20年代"不从国教派代表（会议）"在推动废除"宗教审查与市政团法"的过程中所做努力的详尽描述，参见：Bernard Lord Manning, *The Protestant Dissenting Deputies*, Part Ⅲ, chapter Ⅰ, pp.217–253.
③ David M. Thompson (ed.), *Nonconformity in the Nineteenth Century*, p.22.
④ A. D. Gilbert, *Religion and Society in Industrial England, Church, Chapel and Social Change, 1740–1914*, p.163.

国教派"的主要不满:"不从国教派"教徒结婚时,其婚礼须按照国教会的仪式在国教会教堂举行;"不从国教派"教徒须按期交纳为国教会教堂所用的教堂税;其出生和死亡时因缺乏相应的民事登记机构而须得在国教会教堂登记;"不从国教派"不能在属于国教会的堂区教堂墓地按其教派的仪式举行葬礼;牛津和剑桥大学入学或获得学位时须通过宗教资格审查等。① 由于这些被剥夺的权利大多属于与"不从国教派"教徒日常生活息息相关的权利,因此,不难想见,当"不从国教派"尚未获得政治参与权方面的突破时,其对于诸多剥夺行为以及由此而造成的伤害尚能默默忍受,而当他们获得政治上的平等权利后,这些剥夺行为及其所带来的伤害很快便使得他们无法继续忍受了。于是,自"大改革"之后的19世纪30年代至20世纪初的70余年间,新教非国教派争取各种社会权利的斗争始终贯穿其间,构成了英国宗教—政治舞台上反复上演且又不断更新的抗争系列剧。这些持续性的抗争不断取得实际成果:一份由英国学者吉尔伯特开列的1836—1898年间与新教非国教派社会权利相关的议会立法清单(部分而非全部),从一个侧面展示出维多利亚时代新教非国教派争取平等权利斗争所取得的显著成效。② 由于这些斗争几乎都针对英国国教会所享有的相应特权,故而新教非国教派经过抗争所取得的一切成果,也相应地意味着英国国教会特权的丧失或减少,从这个意义上说,新教非国教派争取与国教会教徒享有平等社会权利的历程,同时也成为英国"渐进式政教分离"的过程。

值得一提的是,在推进19世纪英国宗教平等化的过程中,"不从国教派"常常并不是作为一种整体力量出现的,针对不同时段的不同问题,其内部诸教派往往既难以在态度、意见上达成共识,也无法做到行动一致。此一特点实则自其形成以来即长期存在于"不从国教派"阵营当中,只不过随着"不从国教派"的复兴和队伍不断壮大而表现得愈益明显而已。事实

---

① G. I. T. Machin, *Politics and the Churches in Great Britain, 1832–1868*, pp. 42–43.
② A. D. Gilbert, *Religion and Society in Industrial England, Church, Chapel and Social Change, 1740–1914*, p.163.

上,"不从国教派"从来就不是真正意义上的统一体,其内部诸教派(甚至同一教派内部不同观点的群体或派别)各有所持,隐伏着相互矛盾、冲突乃至分裂的可能。如上所述,"不从国教"诸教派间自始即存在神学立场上的明显分歧,各教派在教义、教仪、教会体制等方面各执一端,而在有关教会群体与世俗社会(包括国家)关系方面也同样是立场不同,取法各异。其中既有正统派与非正统或异端派的区别,也有福音派与非福音派的差异,既有阿明尼乌主义与极端加尔文主义的分歧,又有注重理性与讲求"热情"的差异,等等。不仅如此,甚至同一教派内部也屡有分歧或因冲突而走向分裂的情况发生,例如,自卫斯理于1791年去世后,其内部分歧开始显现,一些人主张循道派作为辅助性会社继续留在国教会之内,另一些人则希望成为事实上的独立教派,应具有属于本教派的圣礼教仪。不久,循道宗内部围绕教士和平信徒的权利问题再起争论,其中一些成员因反对循道宗年会(the Conference)仅由巡回传道士组成,主张教士与平信徒在年会中享有同等代表权,而从卫斯理派循道宗中分离出去,另组"循道派新宗派"(the Methodist New Connexion)。19世纪初,从循道派传统中又产生出其他若干独立于卫斯理派循道宗的宗教团体,包括1806年的"独立循道派"(the Independent Methodists)、1811年的"始初循道派"(the Primitive Methodists)以及1815年的"圣经基督徒"(the Bible Christians)。① 如此等等,一方面使得"不从国教派"难以形成统一力量,另一方面则预示着维多利亚时代英国宗教发展变化的取径,暗合了英国宗教平等竞争、多元发展的内在要求。

(本文原载《安徽史学》2018年第5期)

---

① David M. Thompson (ed.), *Nonconformity in the Nineteenth Century*, pp.2–3.

美国学术界中的赫伯特·胡佛研究

查 泉

赫伯特·克拉克·胡佛（Herbert Clark Hoover, 1874—1964）无疑是美国历史上最具争议性的人物之一。1874年，他出生于艾奥瓦州的西布兰奇小镇，父母和家族成员都是贵格会信徒[①]，受此影响，他后来也成为贵格会的一员。由于父母病故，胡佛10岁时便寄养在俄勒冈州的叔父家中。1891年胡佛进入斯坦福大学地质矿产学院学习，1897年胡佛受雇于英国的比维克—莫宁矿业公司，离开美国，开始了在海外长达20年的矿业工程师的生涯，并取得了极大的成功。在第一次世界大战期间，胡佛结束了自己的采矿事业，受托组织了比利时救济委员会，美国参战以后，胡佛被政府任命为食品管理局局长，主管战时国内外的食品调配工作。胡佛慈善救济的举动和出色的管理才能，为自己赢得了"慈善事业家"、"伟大的人道主义者"等称号[②]，战后，他在全世界范围都享有崇高的声誉，"伦敦的《民族》杂志称胡佛是'战争期间协约国一方出现的最伟大的人物'"[③]。20世纪20年代，胡佛入阁担任了8年的商务部长，将此前弱势的商务部改造成美国政府中最重要的部门之一。1928年，胡佛以巨大的选票优势成为美国第31任总

[①] 贵格会（Quakers），又名教友派、公谊会，正式名称为the Religious Society of Friends，兴起于17世纪中期的英国及其美洲殖民地，创立者为乔治·福克斯。"贵格"为英语Quaker一词之音译，意为颤抖者，源自贵格会建立之初，在聚会时常有人激动得颤抖而得名。该教派崇尚个人与上帝直接联系，无需任何中介，包括《圣经》，信徒个人依"内心灵光"而获得的对上帝的直接体验，目前，全世界的贵格会信徒主要集中在美国。

[②] Gene Smith, *The Shattered Dream: Herbert Hoover and the Great Depression*, New York: Morrow, 1970, p.38.

[③] ［美］理查德·霍夫施塔特著，崔永禄、王忠和译：《美国政治传统及其缔造者》，商务印书馆2015年版，第339页。

统。然而突如其来的大萧条使得美国经济迅速跌入谷底，胡佛疲于应对，却始终未能摆脱困境，时至今日，人们仍不免将胡佛与20世纪30年代的那场经济大危机联系一起，"饥饿总统"、"萧条总统"的形象挥之不去。1932年总统大选中，胡佛败给了富兰克林·罗斯福，惨淡下野。胡佛曾经自嘲道："除了赫伯特·克拉克·胡佛之外，几乎没有其他美国人曾听到过更热烈的赞颂或更尖刻的批评"①。

自1933年以来，美国学术界的不同学派和众多学者，尤其是历史学家、经济学家和政论家，对胡佛的政策以及政策理念进行解读和探讨，分析和评价，尤其与罗斯福"新政"的比较研究，至今仍是重要的争论课题。我国史学界对于胡佛的研究在80年代开始起步，重点主要集中在胡佛反危机政策的分析上，取得了一些重要的成果。② 本文试图结合不同的时代背景，回顾和梳理美国学术界，尤其是史学界关于胡佛及其政策研究的发展脉络，以期更好地了解胡佛研究的发展现状，改变我们在认识胡佛方面存在的简单化、标签化倾向，抛砖引玉，促进国内学术界对该课题的进一步探讨。

---

① 赫伯特·胡佛总统图书馆和博物馆举办的胡佛生平展时，也曾以这句话作为开场白。参见https://baike.baidu.com/item/赫伯特·克拉克·胡佛/1140934?fr=aladdin。
② 中国史学界研究赫伯特·胡佛的代表文章有，黄安年：《论胡佛总统反危机的自愿联合政策》，《世界历史》1986年第10期；刘绪贻：《试论胡佛政府对付1929—1933年经济危机的政策》，《历史教学》1986年第11期；韩铁：《重新评价赫伯特·胡佛》，《世界历史》1989年第4期；胡国成：《胡佛与新政》，《世界历史》1989年第4期；陆甡颖：《胡佛与美国1929—1933年大萧条——重评胡佛的反萧条措施》，《华东师范大学学报（哲学社会科学版）》2002年第1期；许国林：《胡佛的自由放任主义哲学与反危机政策的失败》，《历史教学问题》2009年第5期；黄安年先生和刘绪贻先生主要集中在大萧条时期胡佛的政策特征和施政思路，前者认为胡佛是新旧时期的过渡人物，后者认为胡佛纯粹是一位抱守"自由放任"理念的总统。胡国成教授虽然承认胡佛的政策中有新政的"影子"，但批判了胡佛是"新政派"先驱的看法，总体评价上和刘绪贻先生是相似的。韩铁教授的文章从时代的背景出发，认为胡佛既不是19世纪自由放任主义的典型代表，也不是20世纪30年代主张国家干预的新政派的先驱，表现为"有限的政府干预"，不能全盘否定胡佛在危机期间的作为，但同时自身的阶级局限性明显。总体说来，我国学者对于胡佛的研究基本围绕着大萧条展开，深受40、50年代美国进步主义史学流派的影响，基本上把胡佛定性为"自由放任"、"无所作为"，即使出台的应对之策也被解读为无奈、勉强和被迫之举，甚至成为罗斯福"新政"改革的反面教材，评价定位也多以批评为主。国内史学家尚未有研究胡佛的专著出现，对美国史学界有关胡佛研究的学术前史也未作梳理。限于篇幅，本文对我国学者有关胡佛的研究未作具体介绍。

一、早期自由派和保守派的争论（30年代—50年代中期）

长期以来，无论是政治官员、政论家还是学术界的研究学者总是习惯把胡佛的政策放在罗斯福"新政"的对立面来进行解读。胡佛本人也在1932年10月31日麦迪逊广场花园竞选演说中讲道："这场竞选活动不只是两类人之间的竞争，不只是两个党派之间的竞争，它是两种政府哲学之间的竞争"①。胡佛的意思是，美国人民必须在传统的美国体制和"新政"之间做出抉择。似乎从一开始，胡佛——罗斯福对立的主题就被胡佛自己清晰的阐明了。从1933年到60年代初，围绕着谁的政策才是解决大萧条的正确途径，谁的政策理念才是真正捍卫美国人民的利益，谁的政府哲学才是符合美国社会发展的方向，学术界内部的自由主义和保守主义派别展开了激烈的论争，并且带有明显的政党间意识形态的分野。②

这一时期，早期自由派学者多是罗斯福总统的拥趸者，均认定胡佛在大萧条中采取的是传统共和主义秉持的自由放任、无为而治的政策，因此他们对胡佛抱有强烈的批判态度，支持罗斯福在国内进行的"新政"改革。其中

---

① William Star Myers and Walter H. Newton, *The Hoover Administration, A Documented Narrative,* New York: C. Scribner's Sons, 1936, p.516.
② 在美国的政治实践和意识形态领域中，始终存在着自由主义和保守主义两大主流的政治思潮，它们都是源自英国亚当·密斯和约翰·洛克的古典自由主义。与欧洲流行的概念不同的是，美国保守主义者所维护的是西方政治思想中最富有自由主义成分的原则，对于保守派而言，政府不应干涉人们的生活，提倡个人主义和自由企业，相信市场完全有能力进行自我调节和决策，反对政府过分干预经济活动。而美国的自由主义，随着历史的演变和美国两党制的形成，尤其是19世纪末期美国进步主义运动和30年代的"新政"之后，成为带有"社会主义"成分的自由主义，政府应该在经济活动中发挥更多的作用，主张政府调控市场、调节社会财富分配、建立劳动保障制度等，是一种带有福利社会、国家主义色彩的自由主义，也被称为新自由主义或现代自由主义（new liberalism）。一般而言，民主党具有较为浓厚的自由主义色彩，而共和党保守主义更多一些。20世纪以来，在美国学术界的诸多探讨中，无论是内政还是外交研究中，也相应地存在着自由主义和保守主义派别之间的争论，其中既有学理性的也有意识形态性的，并且双方在发展过程中相互影响、此消彼长。具体参见［美］爱德华·S.格林伯格，高鉴国译：《美国作为一个自由主义社会的文化环境》，转载于《美国研究参考资料》，1993年第4期，第5—6页；刘军宁：《保守主义》，东方出版社2014年版，第26—28页；李强：《自由主义》，东方出版社2015年版，第208—212页；［美］刘易斯·哈茨，张敏谦译：《美国的自由主义传统》，中国社会科学出版社2003年版，第233—238页。

代表人物有小阿瑟·施莱辛格（Arthur M. Schlesinger Jr.）、威廉·洛克滕堡（William Leuchtenburg）、约翰·希克斯（John D. Hicks）以及罗斯福的密友雷克斯福德·特格威尔（Rexford Tugwell）等。他们指责胡佛自满、保守，顽固地反对大政府的思维，致使牺牲了人民的福祉，批评胡佛无力解决当代的问题，更无法捍卫传统价值。胡佛被这些学者塑造成"死守着旧式的、已经名誉扫地的、僵硬的共和主义的守护神"①。同时，他们欢迎罗斯福的广泛的政府权力概念、对新思想的开放态度和乐于试验的做法，赞同对于联邦责任的迅速扩大。② 在施莱辛格的代表作《旧秩序的危机》中，他从美国历史发展的角度对比罗斯福和胡佛，认为罗斯福"新政"是美国自由主义传统的延续，是美国历史上自由主义——保守主义更迭循环的一个阶段，其意义远超过仅仅是应付经济衰退所做出的反应行动，并且在他的领导下，政府将旧秩序转变成新的和更加切合实际可行的体制。施莱辛格指出，胡佛在商务部长期间，"对社会改革漠不关心，极力压制激进主义"，而在总统任内，"由于否定并且抵制大政府的经济分析和政治解决，是一个倔强的，误入歧途的空想家，全神贯注地去祭拜一个死亡的过去时代"③。在自由派的视野中，胡佛的政策理念被贬斥、成绩被抹杀，他被描述为一个可怜的悲剧性人物，缺乏吸引公众的超凡魅力和政治技巧，看不清既有体制中的经济弱点，不能设计出切实可行的复兴计划。胡佛还用一连串乐观的言论误导了民众，使他们相信固有体制优越性和方案的可操作性，而实际情况却是完全相反。自由派认为，胡佛的失败从根本而言，是他的政策理念出了

---

① Kathleen A.S.Sibley, *A Companion Warren G Harding*, Calvin Coolidge, and Herbert Hoover, John Wiley & Sons, Inc, 2014, p.385.
② 参见 Rexford Tugwell, *The Democratic Roosevelt*, N.Y.: Doubleday, 1957, p.197; Robert Emmet Sherwood, New York: Harper and Bros., 1950 edition, *Roosevelt and Hopkins*, pp.46-48.
③ Arthur M. Schlesinger, Jr., *The Crisis of the Old Order 1919-1933*, Boston: Houghton Mifflin, 1957, pp.85, 246-247. 该著作是小施莱辛格《罗斯福时代》（1957—1960）三卷本中的第一部，另外两部著作为《新政来临》（*The Coming of The New Deal*, 1958）和《政治动荡》（*The Politics of Upheaval*, 1960）。这些著作和他的多篇论文，基本都是持有批判胡佛政策的态度。

问题，他是一个过时的政治哲学的囚徒，维护着一个被时代抛弃的信仰，这些政治哲学是伪善并且是无效的，而胡佛却被其迷惑了。①换句话说，自由派认为胡佛延续了哈定、柯立芝的传统自由放任的路线，"是保守的共和主义的头号空想理论家"②，而罗斯福延续的是西奥多·罗斯福、威尔逊的进步主义路线，他们赞同新总统对于政府权力的重新塑造和加强，认为"新政"才是最有效的模式，罗斯福的方案因此也成了批判胡佛工作的重要参考③。

在经济学界，批判胡佛是意见的主流，但是却有着不同的立场表达。经济学家加尔布雷斯（John Kenneth Galbraith）认为，大萧条产生的原因在于旧有的经济秩序存在内在缺陷：国民收入分配失调，商业结构头重脚轻，银行体制虚弱不堪，国际贸易格局失衡，经济政策错误等。④因此，传统自由放任式的市场调节已经过时，重建经济秩序才是解决之道，而要完成这些就需要强有力的政治领导机构，需要扩大联邦的责任和权力。简而言之，罗斯福总统的行事风格和"新政"对克服和缓解经济大萧条是至关重要的，而胡佛在总统任内的"不作为"和固守传统，不肯为新时代的来临做出改变，失败也就不可避免了。但是，大通曼哈顿银行（Chase Manhattan）的首席经济学家本杰明·安德森（Benjamin M. Anderson），提出了与上述自由派相反的看法，认为"新政"的诸多政策

---

① 参见 Richard Hofstadter, *The American Political Tradition and the Men Who Made It*, New York: Alfred A. Knopf, Inc., 1948, pp.282, 289–90, 302. Basil Rauch, *The History of the New Deal 1933–1938*, New York: Creative Age Press, Inc., 1944, pp. 15, 18; Dixson Wecter, *The Age of the Great Depression*, 1929–1941, New York: Macmillan Co., 1948, p.44; William E. Leuchtenburg, *The Perils of Prosperity, 1914–1932*, Chicago: University of Chicago Press, 1958.
② John D. Hicks, *The Republican Ascendancy 1921–1933*, New York: Oxford University Press, 1960, pp. 216–17.
③ Earnest Kidder Lindley, *The Roosevelt Revolution: First Phase*, pp. 15, 272; Rexford Tugwell, *The Democratic Roosevelt*, p. 197; Robert Emmet Sherwood, *Roosevelt and Hopkins*, pp.46–48.
④ 参见 John Kenneth Galbraith, *The Great Crash 1929*, Boston: Houghton Mifflin Co., 1954, pp. 181–88.

并非罗斯福首创,最早可以追溯到1924年,美国联邦储备委员会在那一年扩大信贷以应对经济的迅速下滑,尤其是在农业部门,从而成功地稳定了经济动荡,而"新政"则复制了这种通胀政策,并在1933年之后长期执行。安德森同样强烈地批判胡佛,但角度立场与"施莱辛格—洛克滕堡—希克斯"自由派学者截然不同,他不认同胡佛是经济自由主义的顽固分子,而是谴责他是"不规范的"经济干预者和干涉主义分子(economic meddler and interventionist),批评其不成熟的经济管理工作加剧了萧条。[1]

保守主义学者对自由派有关胡佛的评论进行了反驳,对于胡佛和他的反危机政策持有肯定和正面的立场,对他的智慧、领导力和历史声誉表示钦佩,指责"新政"是不必要的、灾难性的措施。保守派基本从两个方面为胡佛进行辩护,一是认为胡佛并非是"无为而治"的总统,在经济上也绝非"自由放任",他在大萧条时期甚至开创先例,制定了很多积极的政策并起到了经济复苏的作用;二是认为胡佛始终坚守着自由民主、个人主义和分权政府的价值观,是传统秩序的守护者,在执政时期时刻警惕着"既存的、传统的美国体制转变成新的福利国家,并极有可能发展成为极权主义独裁国家"的倾向。[2]在30年代,雷·韦尔伯(Ray Lyman Wilbur)、亚瑟·海德(Arthur M. Hyde)、威廉·迈尔斯(William S. Myers)、沃尔特·纽顿(Walter H. Newton)等保守派纷纷著书立说为胡佛辩护。[3]40年代,

---

[1] 参见 Benjamin M. Anderson, *Economics and the Public Welfare: A Financial and Economic History of the United States, 1914-1946*, New York: D. Van Nostrand, 1949.

[2] John Thomas Flynn, *The Roosevelt Myth*, New York: Devin-Adair Co., 1948, p. 165.

[3] 迈尔斯(William Starr Myers)编的2卷本《赫伯特·胡佛国务文献和公开文件集》(*The State Papers and Other Public Writings of Herbert Hoover*,2 volumes, New York, 1934)是胡佛总统期间的著作和演说的权威的原始资料。另外,威尔伯(Ray Lyman Wilbur)和海德(Arthur M. Hyde)合编的《胡佛政策》(*The Hoover Policies*, New York, 1934),书中除了按照主题编选了胡佛的演讲和著作以外,还叙述了他1920年至1934年的公务生活;书中有为胡佛辩解的评论。迈尔斯(William Starr Myers)和纽顿(Walter H. Newton)的《胡佛政府:文件实录》(*The Hoover Administration, A Documented Narrative*),对胡佛任总统期间的言行按年代综述,提供了大量资料,而且对他的作为进行了有力的辩护。

则以约翰·弗林（John Flynn）和埃德加·罗宾逊（Edgar E. Robinson）等人为主要代表，在研究罗斯福总统的专著中，为胡佛代言而批评罗斯福。在1945年罗斯福去世后，胡佛再度活跃于政界，以元老身份参与制定共和党的各项政策，成为共和党保守派的首领，50年代，胡佛本人也通过三卷本《胡佛回忆录》，对自己的政策进行阐释和辩解。

  胡佛总统负责与国会联络的秘书纽顿和迈尔斯认为，胡佛"在动员人民的经济资源，在为了解决萧条问题号召个人主动接受联邦的领导方面，是我们历史上第一个开此先例的总统"①。在他们看来，面对大萧条的来临，胡佛的反应迅速而有力，展示出了史无前例的行政主动性，他召开一系列的白宫会议，与商界、工业界、劳工界和政治领袖商讨对策，并且赢得了他们的支持与合作。保守派认为，尽管受到国外的混乱状况和国内政治环境的影响，胡佛的方案还是在经济上取得了一定的成功。在1932年7月，经济下滑到最低点之后，经济开始重新复苏，但是罗斯福高调的选举，引起了经济新的下滑。胡佛整顿经济所进行的工作被破坏了，脆弱的复兴方案和商业信心被罗斯福财政和金融实验打乱了，"萧条的力量被明确地检验了，并且在胡佛政府时期，全面复兴的道路并没有受到阻碍"②。

  保守派还对罗斯福的"新政"和可能造成的后果进行了批判。弗林认为，胡佛的成就是在保证美国体制完整性的前提下来制定经济复兴的方案的，称赞胡佛成功地阻止了某些对美国体制破坏的企图，而罗斯福总统倡导的"计划—集体主义"（planning-collectivist）模式会导致将既存的、传统的美国体制转变成新的福利国家，并极有可能发展成为极权主义独裁国家。③同样在此问题上，罗宾逊认为胡佛体现了美国传统价值观中的领袖品质，而罗斯福通过一系列复杂的改变把国家与它的过去进行分

---

① William Star Myers and Walter H. Newton, *The Hoover Administration, A Documented Narrative*, p. 3.
② William Star Myers and Walter H. Newton, *The Hoover Administration, A Documented Narrative*, p.276.
③ John Thomas Flynn, *The Roosevelt Myth*, p.206.

割,这无疑就是一场革命,罗斯福急剧的革新对于美国传统体制而言是一个无用而又中庸的替代品,而这一体制在胡佛那里是完好无损的。① 他们认为经济大萧条并非是由于胡佛政策所引起,而是第一次世界大战经济配置失调和1929年欧洲的经济崩溃所导致的,胡佛在任期内已经致力于防范外国因素的影响,确保美国恢复繁荣,奈何罗斯福的"新政"才打断了这一进程,胡佛未能连任,是因为民众误判时局,又受到不负责任的言论的影响,并非胡佛领导无方,胡佛本可以带来经济复兴而又能保证真正的自由体制。

在这一阶段,学术界围绕着胡佛的争论,其党派之见明显,胡佛基本被民主党人攻击为最后一个"自由放任"意识形态的捍卫者,而多数共和党人则将他尊称为"意识形态上的最后英雄"。胡佛屡屡被贴上"反罗斯福"的标签,在众多研究大萧条和罗斯福"新政"的著作中,胡佛常成为反面教材而接受批判。② 自由派在这场论争中始终占据上风,其原因在于:(1) 面对大萧条对美国社会带来的巨大冲击和破坏,大多数学术界的学者们开始放弃自由放任这一古典自由主义的传统,转向主张政府对经济和社会生活进行干预,同时"凯恩斯主义"和罗斯福的"新政"试验似乎初见成效,新自由主义在思想界全面勃兴。而在这一时期的史学界,进步主义史学流派占有话语权,多数历史学者在研究中"强调著述的核心观念是经济和政治冲突"③,胡佛与罗斯福的对立冲突无疑提供了最佳范例;(2) 由于胡佛文件档案尚未公开,加上政治理论基础不够牢固,保守派为胡佛辩护的论见因而被视作政治斗争中企图自我辩护、卸责脱罪之辞,并未受到广泛重视,而自由派的强势立场和较为广泛的公共传播,故而自由派的论说也

---

① Edgar E. Robinson, *The Roosevelt Leadership, 1937–1945*, Philadelphia: J. J. Lippincott, 1955, p.400.
② 参见Dixon Wecter, *The Age of the Great Depression, 1929–1941*, New York: Macmillan, 1948; Basil Rauch, *The History of the New Deal, 1933–38*, New York: Creative Age Press, 1944; Mario Einaudi, *The Roosevelt Revolution*, New York: Harcourt, Brace, 1959.
③ Richard Hofstadter, *The Progressive Historians: Turner, Beard, Parrington*, Chicago, 1968, p.473.

成为这一时期美国学术界对胡佛政府期间各项政策研究的主流观点。例如洛克滕堡的名作《繁荣的危险》是研究两次世界大战之间美国历史的权威著作，书中认为胡佛是自由放任资本主义达到顶峰的标志，这本书后来成为美国大学的标准教科书，其所塑造的胡佛的形象影响了三代美国大学生。[①] 由此看来，保守派和自由派唯一的共识，就是都将胡佛与罗斯福看作是对立面，他们关于国家政府应该扮演什么样的角色和功能有相反的哲学理念。

二、"新保守主义"学派和"新左派"的重新解读（50年代末—60年代中期）

长期以来，早期自由派学者对胡佛和罗斯福的解读占据着权威性的立场，但是三种情形的出现为胡佛形象的重新解读提供了条件。(1) 时间节点上，由于在大萧条时期，当事人的记载往往带有比较浓厚主观色彩，再加上党派利益的争夺，无意中混淆事实或者文过饰非，而新一代的学者不再受大萧条的直接影响，感受不到前辈对于同时代人物的直接好恶，从而可以更加客观冷静地去认识胡佛。(2) 民众心理上，此时冷战已经发展到高峰，美苏冲突加剧，而美国国内已经经历了长期的繁荣，美国民众普遍恐惧共产主义会威胁自己的富裕生活，普遍强调自己国家制度的稳定性，否定任何变革或革命，不愿涉及当代争论的问题。(3) 史学思潮发展角度上，美国进步主义史学到了50年代趋于衰落，新保守主义学派和"新左派"史学先后兴起。新保守主义史学家为了投合现实政治斗争的需要，强调美国社会历史发展具有基本的延续性与若干共识因素，美国的历史和社会发展史"和谐"与"一致"的，因而也被称为"和谐史学"（又称"共识史学"，"和谐一致论

---

① Kathleen A. S. Sibley, *A Companion Warren G Harding, Calvin Coolidge, and Herbert Hoover*, John Wiley & Sons, Inc, 2014, p.385.

史学"），成为50年代的主要思潮。①而到了60年代，美国社会内部冲突加剧，黑人民权运动，学生的反文化运动以及群众性的反战风潮，促发了"新左派"史学的兴起，他们从激进主义的立场出发，探寻美国历史冲突、压迫、侵略和扩张的根源。在诸多问题上，新保守主义学派和"新左派"史学的观点严重对立，但是有趣的是，在胡佛的研究和解读方面，却都质疑旧有的史学评论构架，认定之前所谓的"官方史学家"②们的论著已经难以阐释胡佛的政策及哲学价值，对自由派和保守派之间的论战感到厌恶，更加强调两者之间是有延续性的。

新保守主义学者指出，美国历史，不是充满冲突与间断的，美国传统价值的核心，即自由平等原则、个人主义、进取精神等因素在美国历史上具有一致性和持久性，是始终忠于洛克自由主义原则的，独特的"美国体制"不断有革新出现，因而能与时俱进，符合现代需要。如今的研究应该要重视历史的连续性与共通价值，这是以前史学研究所忽略的。在这种新思维的框架下，他们掀起了对"胡佛与罗斯福对立，'新政'系自创的新事物"这种之前主流史学观点的质疑声浪。

其实早在30、40年代，学术界就有一种声音强调胡佛和罗斯福身上的共通之处。历史学家沃尔特·李普曼（Walter Lippmann）在1935年提出了"胡佛—罗斯福路线"（Hoover Roosevelt continuum）的观点，

---

① 国内学界认为，进入20世纪的美国史学大体上经历了三次大的变革，即以特纳和比尔德等人为代表的进步主义史学派，他们构成了20世纪美国历史学家中的第一代；以霍夫斯塔特和路易斯·哈茨为代表的新保守主义学派，有别于美国共和党的传统保守主义，因此被称为"新保守主义"，他们构成第二代；以威廉·威廉斯为代表的"新左派"史学则属于第三代，他们是20世纪60年代前后美国激进主义史学的代表；70年代后的多元文化主义史学成为史学发展的新的趋向。具体参见罗荣渠：《当前美国历史学的状况和动向》，载《美国历史》1982年第5期；李剑鸣：《关于二十世纪美国史学的思考》，载《美国研究》1999年第1期；同样参见何兆武、陈启能主编：《当代西方史学理论》，上海社会科学院出版社2003年版，第478—497页。

② "Court Historian"官方历史学家，指的是从罗斯福新政时期到冷战初期，在研究探讨政府的内政外交方面，带有明显的辩护色彩的历史学者，如小施莱辛格、托马斯·贝莱（Thomas Berley）、赫伯特·菲斯（Herbert Feis）等，最初由亨利·巴恩斯（Henry Barnes）提出这一词汇，参见Harvey Wish, *The American Historian: a Social-Intellectual History of the Writing of the American Past*, New York: Oxford University Press, 1960. p.284.

他在考察了"新政"各项政策之后认为,"所有政策(指罗斯福新政)的实质内容——金融管理,年度预算,农业差距认知和工业稳定——在原则上并没有被打破,并且……罗斯福的措施是胡佛措施持续的演进"①,因而,他得出结论,"1929年秋天,胡佛总统开始的政策在美国历史上是完全开创性的事业"②。米歇尔(Broadus Mitchell)也赞同李普曼的分析,认为胡佛与罗斯福并非对立,而是不同形态的国家资本主义(State Capitalism)。③

在50年代新保守主义史学思潮的影响下,哈里斯·沃伦(Harris G.Warren)在《胡佛与经济大萧条》中将胡佛的反萧条施政措施视为联结美国新旧传统的时代举措。该书讨论了胡佛政府主动积极地对抗大萧条的作风,赞扬胡佛是"他那一辈最伟大的共和党人士"④。不过,即便如此,沃伦认为胡佛未能看出社会真正所需要的,未能控制或者包容已登上政治前沿的势力,也跟大企业走得太近。 1963年,史学家卡尔·德格勒(Carl N. Degler)在《耶鲁评论》期刊上撰文,引述评论家怀特1933年的问题:究竟胡佛是"新政总统之第一人"抑或是"旧式总统之最后一人"?德格勒认为胡佛两者兼具,是转型期的人物,也是20世纪以来美国联邦政府积极介入经济事务的代表,"胡佛最好被理解为在萧条岁月里作为积极的力量介入政府发展过程中一位过渡性的人物"。此外,戴格勒认为,胡佛在出任总统前后的政策,都呈现出显著的进步主义色彩,"胡佛的原则是清晰而又公开的进步主义……在处理工业经济复杂性上,胡佛认可政府的新角色,是他最先

---

① Walter Lippmann, "The Permanent New Deal," *The Yale Review* 24 (1935), reprinted in Richard M. Abrams and Lawrence W. Levine (eds.), *The Shaping of Twentieth-Century America*, Boston: Little, Brown Co., 1965, p. 436.
② Walter Lippmann, "The Permanent New Deal," *The Yale Review* 24 (1935), p. 430.
③ Broadus Mitchell, *Depression Decade*, New York: Holt, Rinehart and Winston, 1947, pp. 38, 57, 77, 80–81, 114–16, 306, 341, 404–405.
④ Harris G. Warren, *Herbert Hoover and the Great Depression*, New York: Oxford University Press, 1959. p.55.

打破常规直接去处理大萧条"①。胡佛已经非常接近"新政",但却最终被胡佛自身的理念所限制。

类似的论点也出现在阿尔伯特·罗玛思科(Albert U. Romasco)所著的《富裕的贫困:胡佛,国家与大萧条》一书中,虽然胡佛政府的档案尚未公开,该书却是迄当时为止,对胡佛的应对方案、救济方案、财政信用措施,以及总统与国会关系,探讨资料最为完备的著作。罗玛思科认为,胡佛严守自己的思想体系,以致罔顾现实状况,采用民间合作的解决方案,却并不奏效。胡佛的信念,来自相信经济周期可以控制,他绝非"无为而治"或者"经济自然法则"的信徒。他甚至是一位强势的总统,缔造与组织了自愿性、职业团体参与的合作机制。但由于这种方式并未带来胡佛所期望的恢复繁荣与社会自治,导致民众反而相信,只有动用联邦权力,才是可行之道。②

新保守主义学派最鲜明的地方是强调胡佛和罗斯福的共同之处,认为他们的政策是有连续性的,并以"改革者"的角色来定位胡佛。他们的重新解读影响了后来学者的观察视角,将胡佛从保守主义阵营拉到了"进步主义——自由主义阵营",如此一来,不仅胡佛的历史地位需要重新评价,而且罗斯福也要重新定位,大萧条期间美国应对危机的主题由"胡佛与大萧条"、"罗斯福与大萧条"变成了"胡佛—罗斯福政府与大萧条"。他们认为胡佛后期的方案愈加接近新政,却最终被传统的政府理念所限制,这其中主要是他对于个人主义和平衡预算的承诺。因而,对胡佛最佳的定位是,"在萧条岁月里,政府在介入经济发展过程中的一位过渡性的积极的人物"③。新保守主义学派的论述被认为是对胡佛和罗斯福传统对立观点(一个

---

① Carl N. Degler, "The Ordeal of Herbert Hoover," *The Yale Review* 52 (1963), reprinted in Richard M. Abrams and Lawrence W. Levine (eds.), *The Shaping of Twentieth-Century America*, Boston: Little, Brown Co., 1965, pp. 358–359.
② 参见 Albert U. Romasco, *The Poverty of Abundance: Hoover, the Nation, the Depression*, New York: Oxford University Press, 1965, pp.11, 60–62, 76.
③ Richard M. Abrams and Lawrence W. Levine (eds.), *The Shaping of Twentieth-Century America*, p.364.

捍卫旧传统，一个引向新秩序）的一次"反动"，但是在胡佛的评价上依旧是负面的。

60年代，激进派史学家兴起，其中"新左派"史学的领袖、历史学家威廉·威廉姆斯（William Appleman Williams）认为，共和党时代并非是孤立主义与自由放任时期，胡佛也不是自由放任的信徒，恰恰相反，胡佛深刻了解现代资本主义的矛盾和自由放任的弊端，强调各行业部门应在政府的"帮助"下构建新的合作型组织以应危机，反对动用联邦"统制"权力而非联邦权力。胡佛的合作政策理念具体而言，是劳工、企业和政府之间的自愿性合作，这相较于罗斯福提倡的"政府大规模的介入和控制"更加具有远见。威廉姆斯与新保守主义学派的论述不同，他不认为"新政"是胡佛路线的延伸，反倒是胡佛预见政府强制干预的弊端，并警告罗斯福不要误入歧途。在其代表著作《美国历史的轮廓》一书中，他用连续性的视角考察了两届政府的危机应对政策。他认为，"在阻止大萧条的过程中，胡佛掏出了进步主义者曾经拥有过的每一件反危机的工具，并且这些政策给罗斯福的方案提供了基础"[①]。但是，胡佛在扩大政府角色方面拒绝激进的措施，他的这种态度不是出于对传统的虔诚和尊重，而是出于对个人的约束，对国家若被给予统治性地位所产生的危险性的担忧。他赞扬胡佛是由进步主义过渡到"新政"自由主义之间的基石，是"法团主义时代"的代表人物，促使合作型资本主义得以维系，目的是改善资本主义充分发展之后的制度弊端和矛盾冲突。威廉姆斯强调胡佛胜过罗斯福，能看出大政府的危害，罗斯福由于缺乏胡佛的经验和防范意识，极力尝试革新，使得潜在的危险变成了现实，在整个"新政"期间，造就了工会主义国家（Syndicalist Nation）。在这个体制下，资本代表和政府领袖结成联盟，占据社会经济生活的支配地位，而这些都是胡佛担忧以及致力于预防的事

[①] William Appleman Williams, *The Contour of American History*, Chicago: Quadrangle, 1966, p.438.

情。①威廉姆斯对于胡佛的论述，完全是站在与传统保守派不同的政治立场上来呈现的，但对于胡佛温和的态度和褒扬的笔调，最后却似乎是在附和保守派对于胡佛的辩护。

简而言之，"新保守主义"史学家和"新左派"都不认为胡佛是"自由放任"的，均承认胡佛启发了甚至实施了后来"新政"的部分内容，但前者认为胡佛受自身的局限没有进行彻底的政府干预，而后者认为，胡佛深谋远虑，清楚罗斯福式的"新政"改革只会是饮鸩止渴。在这样的研究影响之下，其他领域的学者不再把胡佛定位在"反对罗斯福"与"自由放任"的框架中展开研究。如社会学家乔治·莫里（George E. Mowry）便将胡佛视为"开明的保守派人士"与"20世纪的工业人"，认为胡佛在领导政府干预经济与社会事务方面，有超乎前人的突破，他只是败在没有处理好都市救济的政治性议题上。②经济学家罗斯巴德（Murray N. Rothbard）在《美国大萧条》中，做出了一个著名的论断，"如果我们这样定义'新政'，它是通过拓展政府的经济计划和干预——包括抬高工资率和物价，扩张信贷，扶持濒临破产的企业和增加政府开支（比如，对失业人口进行经济补贴，为公共工程融资）——而达到反萧条的目的，那么胡佛则应该被认为是新政在美国的创立者。……胡佛的失败应该被看作是政府计划的一场失败，而不是自由市场的失败"③。他认为，胡佛确实应该为大萧条负责，不是因为他做得太少，而是错在他做的太多，猛烈抨击胡佛是一个"新政制定者的原型"（proto-New Dealer）。这些重要论断的出现、对旧说的质疑声音，更新了学术界对于胡佛应对危机的印象。

---

① William Appleman Williams, *The Contour of American History*, pp. 428, 437-38.
② George E. Mowry, *The Urban Nation, 1920-1960*, New York: Hill & Wang, 1965.
③ Murray N. Rothbard, *American's Great Depression*, Princeton: D. Van Nostrand Company, Inc., 1963. p.168. 译文参考［美］罗斯巴德著，谢华育译：《美国大萧条》，上海人民出版社2009年版，第182页。

三、新史料基础上的胡佛研究（60年代末—70年代）

1964年，胡佛逝世，此前没有公开的文献档案得以解密，从1966年开始，有关的公文、书信和文件等资料由胡佛研究所[①]开始陆续公之于世，这些档案极大拓展了胡佛研究的深度和广度[②]。如果此前学术界有关胡佛的论述带有政策评论和派别论争的色彩，那么由于有了丰富的档案材料，这一时期的各种胡佛传记、研究著作和文章开始注重对胡佛本人及其政策进行更加细致的考证，研究的范围更广，成果的数量和质量都有很大程度的提高。学者们的著书立说也不再拘泥于自由主义还是保守主义，对胡佛的敌意也开始减退，研究也采取更加谨慎的态度，再加之1974年时胡佛诞辰100周年，各种纪念活动和论坛也促使胡佛研究进入一个繁荣时期。

基恩·史密斯（Gene Smith）的《幻灭之梦：赫伯特·胡佛与大萧条》与埃德加·罗宾逊及沃恩·伯内特（Edgar Eugene Robinson and Vaughn Bornet）合著的《美国总统胡佛》是最早在新解密的胡佛档案基础上撰写而成的胡佛传记。史密斯在新史料的基础上，把胡佛描述成为一名典型的美国人实现美国梦的形象。胡佛对国家给予他的机会非常感激，他也致力于自己的事业和工作，他富有理想、坚持原则，但也意识形态古板，缺乏前瞻性的规划。他认为解决方案只能来自耐心地收集信息和仔细分

[①] 胡佛研究所，全名胡佛战争、革命与和平研究所（The Hoover Institution on War, Revolution, and Peace），由赫伯特·胡佛在1919年创办，最早称作"胡佛战争图书馆"。最初的目的是收集、研究一战和俄国十月革命的文史资料，目前，胡佛研究所已成为有关20世纪政治、经济、社会和教育方面变化的国际性资料研究和出版中心。它是美国著名的公共政策智囊机构，以保守著称，被视为"右翼思潮的思想库"。参见https://en.wikipedia.org/wiki/Hoover_Institution.

[②] 该批史料现存于胡佛的出生地艾奥瓦州的韦斯特布兰奇镇（West Branch）胡佛自己捐赠成立的"胡佛总统图书馆"，隶属于"国家档案局"管理。公开的原始资料包括：100箱总统任内文件（1929—1933）、646箱商务部长任内文件（1921—1928）、14箱战时食品管理局长任内文件（1917—1919）、1 700箱出任公职及卸任总统后文件（1947—1949、1953—1955）、43箱"美国儿童健康协会"主任任内文件，445箱"比利时—美国教育基金会"主席任内文件，共计4 076箱。参见Arnold S.Rice, ed., *Herbert Hoover, 1874-1964*, Dobbs Ferry, New York: Oceana Publicans, 1971, pp.105-106.

析，不能来自那些吵闹的政客或职业的煽动者。胡佛相信自己的政策，但是不幸的是失败了，史密斯用尼采的话来总结胡佛的失败，"对政治家而言，最重要的不是要有坚定信念的勇气，而是要有质疑自己信念的勇气。显然，胡佛缺乏这样的勇气"①。罗宾逊与伯内特的著作极力褒扬胡佛，认为他是一位伟大的领袖，但被同时代的人误解，包括国会和政党领袖。胡佛试图在现代企业社会中保持个人主义的意识，强调计划和效率。他对国家弊病的解决方案是普遍实行个人自愿合作的方式。作者强调，他的计划没有问题，之所以解决危机的政策没能成功，是其他政治领导人的失误，作者写道："他们没能理解，更不欣赏他的远见和政治哲学。传统的政党活动摧毁了胡佛政府本可以完成的许多事情。"②

随着对新史料的进一步发掘，有的学者有意避开胡佛与罗斯福、胡佛与大萧条这样的传统研究领域，从其他的视角来考察胡佛的公职生涯。如大卫·布尔纳（David Burner）重新评估了1928年的总统大选，推翻旧说，认定该次大选的性质，是民主党候选人阿尔弗雷德·史密斯（Alfred E. Smith）的"地方主义"（provincialism），与共和党候选人胡佛的"世界主义"（cosmopolitanism）两种意识形态的对垒。③乔丹·施瓦茨（Jordan A. Schwarz）则从美国国会的研究入手，考察胡佛总统和国会以及国会中的两党之间的博弈，研究发现，当时国会中的民主、共和两党并非剑拔弩张，其实双方有着一致的目标和某种程度上的政策认同，在野的民主党领袖很多是坚定支持胡佛的施政方案的。④克雷格·劳埃德（Craig Lloyd）则从公关关系的角度评价胡佛的表现，认为胡佛虽然性格内向、敏感，不善言辞，但他在民众面前和政治社交圈中的确发展了一套自己的公关

---

① Gene Smith, *The Shattered Dream: Herbert Hoover and the Great Depression*, p.119.
② Edgar Eugene Robinson and Vaughn Bornet, *Herbert Hoover: President of the United States*, Hoover Institution Press, 1975. p.15.
③ David Burner, *The Politics of Provincialism: The Democratic Party in Transition*, 1918-1932, New York: Alfred A. Knopf, 1968, pp. 179-216.
④ Jordan A. Schwarz. *The Interregnum of Despair: Hoover, Congress, and the Depression*, Urbana: University of Illinois Press, 1970.

法则，只是缺乏政治敏感度，再加上民主党新政治势力攻击，以致他难以招架，在选举中不敌罗斯福。① 佩里·阿诺德（Peri Arnold）则是以政治学者格兰特·麦康奈尔（Grant McConnell）的理论架构为基础，研究胡佛如何成功地将政府机关与民间的利益团体相结合，发展出一套在个人自愿的基础之上新的团队管理模式，这种合作模式是胡佛政策的核心，并且被他认为是"美国体制"的重要一环。阿诺德认为，胡佛在这方面的成就与创新，对于历史的贡献，超过罗斯福的"新政"②。其他学者也指出，胡佛是行政体系的创新者，致力于改革行政机构，使之能配合现代发展的需求，同时又不会损害个人自主与地方创新。一系列研究显示，胡佛尝试整顿煤矿业、鼓励社会规划、管制谷物期货、提供灾害救济。调动信贷资源，改善印第安人的处境、控制石油污染等③；这些社会经济政策，都能使民众享有现代管理的便利，提高效率，并且可以避免垄断、统制、行政集权的弊端。研究胡佛的著名历史学家艾利斯·霍利（Ellis W. Hawley），在新史料的基础上考察了胡佛担任商业部长期间的活动和政策，指出胡佛积极推动政府的行政改革和扩大商务部的管理职权，使这个1903年才建立的机构一跃成为美国政府中最重要的部门。胡佛是现代合作社运动组织的先驱，努力为"合作型国家"

---

① Craig Lloyd, *Aggressive Introvert: A study of Herbert Hoover and Public Relations Management*, Columbus: Ohio State University Press, 1972.
② Peri Arnold, "Herbert Hoover and Continuity of American Public Policy," *Public Policy*, 20(Fall 1972), pp. 525–544.
③ Ellis W. Hawley, "Secretary Hoover and the Bituminous Coal Problem", *Business History Review*, 42(Autumn 1968), pp.253–270; Barry D. Karl, "Presidential Planning and Social Science Research", *Perspective in American History*, 3 (1969), 347–409; William R. Johnson, "Herbert Hoover and the Regulation of Grain Futures", *Mid-America* 51 (July 1969), pp.155–174; Bruce A. Lohoff, "Herbert Hoover: Spokesman of Humane Efficiency", *American Quarterly*, 22(Fall 1970), pp.690–700; James S. Olson, "The End of Voluntarism: Herbert Hoover and the National Credit Corporation", *Annals of Iowa*, 41(Fall 1972), pp.1104–1113; Kenneth Philip, "Herbert Hoover's New Era: A False Dawn for the American Indian", *Rocky Mountain Social Science Journal*, 9 (April 1972), pp.53–60; Douglas Drake, "Herbert Hoover, Ecologist: The Politics of Oil Pollution Control, 1921–1926", *Mid-America*, 55(July 1973), pp.207–228; Carolyn Grin, "The Unemployment Conference of 1921：An Experiment in Cooperative National Planning", *Mid-America* 52(April 1973), pp.83–107.

(Associative State)的目标而奋斗,主张政府与民间各个社团合作,集专家政治、个人自愿主义,以及法团主义准则于一体。①

1973年,一本重要的论文集《胡佛与美国资本主义的危机》出版,其中收录了4位学者的文章,分别是霍利、罗斯巴德、罗伯特·希默尔伯格(Robert F. Himmelberg)和杰拉德·纳什(Gerald Nash)。②霍利把胡佛描绘成一个"联合进步主义者"(associational progressive),寻求将一个传统的、自我调节的商业理念与符合新时代特色的效率和技术革新相协调。胡佛自20年代起就希望走一条中间路线,在1929年的危机之后,他不仅拒绝屈从于左派要求建立积极的、干涉主义的政府的压力,而且也拒绝了右派像杰拉德·斯威普(Gerard Swope)蓝图中构建计划性的、强制合作的秩序的企图。罗斯巴德不仅拒绝对胡佛做"自由放任"的传统解读,还进一步强调胡佛是"一个有着高度政治和权力导向的人",他不仅是罗斯福经济的有力推动者,而且是一个令人震惊的复制品。与霍利和罗斯巴德相比,希默尔伯格认为胡佛是威尔逊政府监管和竞争政策的延续者。纳什的论文则集中讨论了胡佛意识形态中两个不同的元素,这两种元素相互之间的相互强化:一是科学,它强调理性、普遍主义和无私;二是贵格派的宗教信条,它强调社会责任和个人主义相结合。③

除了内政问题之外,另有学者琼·威尔逊(Joan Hoff Wilson)、梅尔文·莱弗勒(Melvyn P. Leffler)、迈克尔·霍根(Michael J. Hogan)等人,纷纷对胡佛政府的外交政策进行研究。威尔逊认为,胡佛时期,商业在

---

① Ellis W. Hawley, "Herbert Hoover, the Commerce Secretariat, and the Vision of an 'Associative State,' 1921-1928", *Journal of American History* 61 (June 1974), pp.116-140.
② J. Joseph Huthmacher and Warren I. Susman, eds. *Herbert Hoover and the Crisis of American Capitalism*, Cambridge, Massachusetts: Schenkman, 1973. 这4人均是研究胡佛、罗斯福和大萧条领域的一流学者,该书的编者要求作者们相互之间指出对方研究的弱点,澄清混淆的观点,故而4篇文章呈现了4种不同的观点,且在某些方面互相排斥,他们对于若干问题看法都存在着分歧,也因此,该书极具特色而且有很高的学术价值。
③ 参见J. Joseph Huthmacher and Warren I. Susman, eds. *Herbert Hoover and the Crisis of American Capitalism*, pp.27, 35, 111.

塑造美国外交政策中起着主导作用，胡佛试图通过商业政策和商人缓解欧洲的紧张状态，如裁军、关税和商业政策、外国贷款监管、盟军的战争债务和德国的赔款等，另外提到了由于在拉丁美洲外交关系受挫，胡佛努力打开在远东，比如中国和其他未开发的非西方地区。莱弗勒认为胡佛的外交是政治上的孤立主义、经济上的扩张主义以及外交政策制定上的现实主义。[1]

在1974年庆祝胡佛百岁诞辰所举行的一系列研讨会中，胡佛形象在学术界逐渐正面化。诸多学者淡化派别之间的界限，称赞胡佛为解决美国社会在现代化转型过程中的各种问题所做出的努力，肯定了胡佛提出的合作、自愿性、法团主义机制来处理危机的模式。其中主要成果反映在1974年出版的研讨会论文集《重评胡佛政府》，这本书对胡佛政治生涯和施政过程进行了梳理和解读，对他的主动性、管理才能、改革理念，均给予了正面的评价。[2] 此外，威尔逊颇具分量的研究专著，《胡佛——被遗忘的进步主义者》在1975年出版，该书资料翔实，论争有力，他将胡佛公职生涯研究溯源至早年的经历，认为胡佛在20世纪20年代所表现的开创性行动，需要被更多的关注和研究，因为胡佛对美国现代化所面临的问题与组织结构改革的认知，要比同时代的人先知先觉，并且将他坚决地列入到了进步主义共和党人的行列。[3] 历史学者罗伯特·索伯尔（Robert Sobel）细致地考察了胡佛总统生涯的第一年，他发现胡佛不是一个逆潮流而动的人，而是一个能干的、积极的行动主义者，而且任职期间，几乎没有个人娱乐，"胡佛工作起来似乎永

---

[1] 具体参见Joan Hoff Wilson, *American Business and Foreign Policy, 1920–1933*, Lexington, Ken.: University Press of Kentucky, 1969; Melvyn P. Leffler, "Political Isolationism, Economic Expansion, or Diplomatic Realism", *Perspectives in American History* 8 (1974): pp.413–461; Michael J. Hogan, "Informal Entente: Public Policy and Private Management in Anglo-American Petroleum Affairs", *Business History Review* 48(1974): pp.187–205.

[2] Martin L. Fausold & George T. Mazuzan, *Introduction*, in Martin L. Fausold George T. Mazuzan, eds. *The Hoover Presidency: A Reappraisal*, Albany: State University of New York Press, 1974. pp.7–8.

[3] Joan Hoff Wilson, *Herbert Hoover: Forgotten Progressive*, Boston: Little, Brown, Co., 1975.

远不知疲倦,可以说他是白宫历史上第一位全职总统"①。他还注意到,胡佛的工程师背景,对技术、科学管理和合理化运动的重视,再加上胡佛对当时流行的反共产主义的态度的肯定,使得他显得是一个很"现代"的领导人,而实际上,"他的理念信条和商业灵魂仍旧是19世纪的"②。1979年布尔纳所著的《胡佛的公职生涯》,肯定了胡佛对现代化组织改革、制度创新所起的重要影响。胡佛所实施的方案和理念纵有不少瑕疵,但这是发展新观念必须经受的痛苦,其努力仍值得肯定,并且至少保全了19世纪自由主义的精神。③

  70年代以来,多元文化主义成为一种时代精神,在多元文化主义的框架内对美国史的重构方兴未艾④,具体到胡佛研究方面,史学界不再局限于宏观考察胡佛的大萧条政策,而是纷纷从微观视角和个案研究入手,并结合其他社会科学的方法展开新的探讨,拓展新的研究主题,此外,陆续开放的胡佛档案,尤其是商务部长时期和总统的任内文件,以及与其他政要的往来信札等,经人整理并出版为工具书,这对后来的学者研究胡佛大有裨益。⑤有学者研究胡佛总统任内的"复兴金融公司",认为它无疑为罗斯福"新政"期间的工业复兴法做好了重要铺垫⑥;有的学者从美加关系的个案入手,认为《斯穆特—霍利关税法案》的通过,致使两国关系在30年代初期迅速

---

① Robert Sobel, *Herbert Hoover, at the Onset of the Great Depression, 1929-1930*, Philadelphia: J. B. Lippincott Company, 1975, p.32.
② 参见 Robert Sobel, *Herbert Hoover, at the Onset of the Great Depression, 1929-1930*, p.32.
③ 参见 David Burner, *Herbert Hoover: A Public Life*, New York: Alferd A Knopf, 1979. perface. xi.
④ 李剑鸣:《关于二十世纪美国史学的思考》,第20—21页。
⑤ Francis W. O'Brien, ed, *The Hoover-Wilson Wartime Correspondence*, Ames, Ia.: Iowa State University Press, 1974; Francis W. O'Brien, ed., *Two Peacemakers in Paris: The Hoover-Wilson Post-Armistice Letter*, College Station, TX: Texas A. & M. University Press, 1978. *Public Papers of the Presidents of the United States: Herbert Hoover, 1929-1933*, 4 vols. Washington, D.C.: Government Printing Office, 1974-1977.
⑥ James S. Olson, *Herbert Hoover and the Reconstruction Finance Corporation, 1931-1933*, Ames, Iowa: Iowa State University Press, 1977.

恶化，而胡佛总统难辞其咎。①另外新关税的意图是鼓励国内本土商品的购买，通过提高外国商品的销售成本，并且为了保护农场主和增加联邦政府的税收，然而这一举动产生了事与愿违的效果，在全球范围内都传播了萧条，经济学家祖德·万尼斯基（Jude Wanniski）批评导致了1929年经济崩溃的该关税法案，认为美国国会正打算在1930年通过保护主义的关税进行见利抛售（profit-taking），卖空1929年秋天库存商品。②虽然万尼斯基将整个1929年经济崩溃的责任放到失误的关税政策上，似有偏颇，但几乎所有的经济学家和经济史学家都赞同此关税法是一个错误时间的错误药方。

唐纳德·里西欧（Donald J. Lisio）在新史料的基础上，还原了"讨偿远征军"（Bonus Expeditionary Force, BEF）事件的真相，恢复了胡佛的声誉，他指出，造成伤亡事件的责任人是执行驱散任务的麦克阿瑟将军，他没有听从胡佛的命令，而胡佛则容忍并且隐匿了这一违抗行为，其原因是"因为胡佛并不明智地接受了他的顾问所提出的阴谋论，并且因为反对者的批评也深深伤害了他，他第一次试图掩盖他的政府的错误，然后忽视了那些红色阴谋论并不存在的重要证据，最终也误导了公众"③。威尔逊和马丁·福索尔德（Martin L. Fausold）的两篇文章在新史料的基础上详细梳理了胡佛在担任商务部长和总统期间农业政策的制定过程，认为他面对20年代的农业危机，有自己的一套价值理念，并且与农业部进行了长期的路线斗争④。乔治·加西亚（George F. Garcia）考察了胡佛对待种族问题的态度，批评

---

① Richard N. Kottman, "Herbert Hoover and the Smoot-Hawley Tariff: Canada, A Case Study," *Journal of American History* 62(December 1975): pp.609-635.
② Jude Wanniski, *The Way The World Works: How Economies Fail — and Succeed*, New York: Basic Books, 1978.
③ Donald J. Lisio, *The President and Protest: Hoover, Conspiracy, and the Bonus Riot*, Columbia, Mo: University of Missouri Press, 1974, p.312.
④ Joan Hoff Wilson, "Herbert's Agricultural Policies, 1921-1928," *Agriculture History* 51(April 1977): pp.335-361; Martin L. Fausold, "President Hoover's Farm Policies, 1929-1933," *Agriculture History* 51(April 1977): pp.362-377.

胡佛是一个白人种族优越论者[①];贝斯特(Gary Dean Best)首次考察了胡佛作为一位著名的共和党人,在一战后初期是如何在威尔逊民主党政府中的开展政治实践的,在这样一个过渡时期,他是如何形成"个人主义"价值观的,认为他的个人主义带有明显的"技术专家政治论"(technocratic)和"社群主义"(Communitarianism)思维模式的色彩,另外胡佛在这一时期大部分的政策构想,如自愿性合作社的建立,都在后来执政时期都得到了实施[②]。

这些新的研究成果,并没有拘泥于胡佛总统是"保守主义"的还是"进步主义"的,是"自由放任哲学"的还是"新式"的人物,更是超越了传统上对"自由派"与"保守派"的争论,尽管对胡佛与罗斯福的政策差异有不同评价,但越来越多的学者肯定同情胡佛所处的时代背景,肯定其施政风格和经营管理才能,基本消除了之前学界中胡佛抱守"自由放任"原教旨主义的负面形象。

四、新思考:80年代后的胡佛研究

胡佛研究在经历了70年代中期一次高峰之后,从80年代至今,学术界相关的著作和文章相对减少,但历史学者和传记作家对于胡佛和他的时代的兴趣正在上升,其中一个重要原因,是美国在70年代末陷入了"滞胀"的困境,凯恩斯主义对此一筹莫展,巨额的福利支出成为联邦政府和纳税人的沉重负担,似乎胡佛所警惕的"福利国家"的弊端开始显现,民众对于政府力量的担忧使得罗斯福时代以来的"新政"思维受到极大的挑战。受到新自由主义兴起的影响,学术界开始冷静地思考罗斯福之前共和党时代的执

---

① George F. Garcia, "Herbert Hoover and the Issue of Race," *Annals of Iowa* 64 (Winter 1979): pp.507–517.
② Gary Dean Best, *The Politics of American Individualism: Herbert Hoover in Transition, 1918–1921*, Westport, Conn.: Greenwood, 1975.

政理念，边批判边总结以前学者的观点，促发了对胡佛各个专题更深入的研究。

这一时期，几部颇具分量的胡佛传记先后出版。乔治·纳什（George Nash）三卷本的胡佛传记《胡佛的生平》，为1918年之前的胡佛提供了最为详细的叙述。①纳什在书中分析探讨了年轻时代的胡佛，其商业头脑、管理才能和职业道德令所有人印象深刻，并且他似乎在他拿手的事业上都能取得令人瞩目的成功，胡佛是当时民众心中的实现"美国梦"的典型形象，成功的经历和巨大的成就，使得他近乎成为一个英雄人物。2010至2014年，麦克米兰公司出版了另一套《胡佛的生平》三卷本，由三位作者分别完成，巨细无遗地展示了胡佛自1918年从事欧洲救济工作开始到1964年去世，近40多年的公职生涯。②这总共6卷的胡佛传记，以翔实的资料全方位地展现了胡佛个人的生活史、事业史、生命史，并从侧面折射了美国在社会、民族、国家的前进历史。胡佛在一战期间和进入公职生涯之前的事情，传记作家都基本保持一致的观点和叙述，而之后胡佛的理念和反危机政策却引起了颇多争论，针对这点，克莱门茨（Kendrick A. Clements）提出，既然大萧条的原因在经济学界还尚且存在争议，那么史学界在批判胡佛这个问题上应该更加谨慎。③

早期学术界对于胡佛的评价背负着"新政"后时代的政治包袱。到了60年代中期，某些历史学家拒绝将胡佛视作维持现状的最后捍卫者，并且指出他的政策实践事实上开启了部分"新政"的内容。逐渐地，随着胡佛

---

① George H. Nash, *The Life of Herbert Hoover: The Great Engineer, 1874-1914*, New York: W. W. Norton, 1983; *The Life of Herbert Hoover: The Humanitarian, 1914-1917*, New York: W. W. Norton, 1988; *The Life of Herbert Hoover: Master of Emergencies, 1917-1918*, New York: W. W. Norton, 1996.

② Kendrick A. Clements, *The Life of Herbert Hoover: The Imperfect Visionary, 1918-1828*, New York: Palgrave Macmillan, 2010; Glen Jeansonne, *The Life of Herbert Hoover: Fighting Quaker*, 1928-1933, New York: Palgrave Macmillan, 2012; Gary Dean Best, *The Life of Herbert Hoover: Keeper of the Torch*, 1933-1964, New York, Palgrave Macmillan, 2014.

③ Kendrick A. Clements, *The Life of Herbert Hoover, Imperfect Visionary, 1918-1928*, p.xiii.

的名声在自由派历史学家和传记作家中的改善,保守派与自由派之间诸多的分歧也得以消除。当然,对于胡佛的批评大多数来自自由主义者,谴责他无为而治,但一些保守主义者和自由派学者指责他点燃了政府机构扩张的导火索,并且至今还在长久的保持着扩大趋势,甚至将国家导向社会主义的道路。历史学家保罗·约翰逊(Paul Johnson)沿着罗斯巴德的批判路线,探讨了胡佛的经济干预主义和他在社会管理上国家主义的倾向,认为胡佛在1929年6月份为了平息股票市场的投机行为而决定介入市场,和要求资方维持工资的行为,加速了1929年经济的下滑,并且延长了衰退的时间,最终演变成了大萧条。约翰逊否定了胡佛作为革新者和独立思想家的概念,因为胡佛应对大萧条的方法和罗斯福吹嘘的"新政"之间没有什么实质性的不同。琼·威尔逊批判胡佛,认为其处理危机的失败,根源在于太过自信,一方面对自己的政治理念太过自信,以至于并没有在公共利益领域屈从于精英主义,没有在工业、农业和劳工方面建立起平衡的关系;另一方面,对企业家的自愿精神太过相信,幻想着他们会维持低价格和高薪水,以保持高效率和竞争力[1]。斯蒂文·霍尔维茨(Steven Horwitz)更是把胡佛标榜为"新政"幕后的合谋者,大开销、大政府和过度管制、滥用行政权力的邪恶的策划者。他认为胡佛总统生涯最真实的教训是他过度干预的失败,而不是过度干预的缺失,如联邦农业委员会像一只八爪鱼一样延伸到乡村生活的每一个缝隙,阻止了常态的,有活力的恢复。作者相信胡佛干预政策延长了大萧条的时间,现如今,乔治·W.布什和奥巴马正在重蹈胡佛干预经济的错误,在应对2007年经济下滑时进行拙劣的工作,导致了美国现在的大衰退(the Great Recession),正确的过程是允许经济触底并且排挤出体制中的有害物质。[2]

---

[1] Joan Hoff Wilson, "Herbert Hoover: The Popular Image of an Unpopular President", in Lee Nash, *Understanding Herbert Hoover: Ten Perspectives*, California: Hoover Institution Press, 1987, p.16.

[2] Steven Horwitz, *Herbert Hoover: Father of the New Deal*. Cato Institute Briefing Paper No. 122. September 29. Washington DC: Cato Institute. 2011, in Katherine A. S. Sibley, *A Companion to Warren G. Harding, Calvin Coolidge, and Herbert Hoover*, pp.477–478.

历史学者都在反复思考的一个核心问题：政治上而言，胡佛处在什么位置？胡佛1929年来到白宫，真诚地相信他所领导的是一个改革的政府。琼·威尔逊称胡佛是"遗忘的进步主义者"，施韦卡特（Larry Schweikart）之后也写道，"胡佛代表着共和党进步主义这条线上的最后一截。他……因此继承的是西奥多·罗斯福、塔夫脱这一派别的共和党。"① 简森（Glen Jeansonne）和克莱门茨在《胡佛的一生》中也描述了胡佛进步主义的倾向，简森在传记中指出，胡佛认为自己是有组织劳工的支持者；他提议设置养老金和主要的医疗保险。另外，胡佛提议提高对富人（包括他自己）的征税额，并且提议大规模的公共工程去与1929—1930年的经济衰退都斗争。事实上，胡佛也说过自己是一位"独立的进步主义者"（Independent Progressive）。施莱辛格认为胡佛在商务部期间表现出"对社会改革的冷漠和对激进主义的压制"②，与这种观点相反，克拉伦斯·卡森（Clarence Carson）说"他是第一个使得商务部活跃起来的人"③。约翰逊描述胡佛是当时所有进步主义者中最活跃的行动主义者，"商务部的8年，胡佛显示出自己是一位合作主义者、一个行动主义者和一个国际主义者"④。事实上，胡佛就任总统之后，力图将他在商务部中的行动主义最大限度地延伸至政府中去，用进步主义的方式去解决问题，他相信这种解决问题的方式能在美国的传统和经验中得到了最佳的体现。胡佛在商务部的政策活动，为后来"新政"方案的开启做好了准备。⑤ 卡森写道，"他被进步主义的虫子咬到的影响要比他担任总统以来大多数评论家所认

---

① Larry Schweikart, *A Patriot's History of the United States: From Columbus' Discoveries to the War on Terror*, New York: Penguin, 2004.
② Arthur M. Schlesinger, Jr., *The Crisis of the Old Order 1919–1933*, Boston: Houghton Mifflin, 1957, p.85.
③ Clarence Carson, A Basic History of the United States, Volume Five, Wadley, AL: American Textbook Committee, 1986, p.17.
④ Paul Johnson, *Modern Times: The World from The Twenties to the Eighties*, p.242.
⑤ Glen Jeansonne, *The Life of Herbert Hoover: Fighting Quaker, 1928–1933*, New York, NY: Palgrave Macmillan, 2012.

为的更加重要"①。另外，胡佛作为战后联合救济委员会主席（the Allied Commission of Relief），常常以他的超越政治的人道主义为骄傲（正如胡佛认为自己在所有事情上都是"超越"了纯粹的政治），约翰逊也不同意这点，他指出胡佛救济并非完全出于慈善目的，"胡佛在食品外交政策上是有选择性的，它击败了贝拉·库恩在匈牙利的共产主义以及奥地利的哈布斯堡家族的复辟，支持的是盎格鲁—萨克逊式的政体和权力模式"②，并非是不关心政治的。

近些年来，某些历史学者和传记作家已经达成了较为平衡的观点，一致认为"施莱辛格—洛克滕堡—希克斯"一派声称胡佛是自由市场追随者的说法是错误的。经济学家和商业史专家约翰·高登（John Steele Gordon）写道："胡佛做了他所有能做的——比之前任何在面对经济衰退状况下的总统做的都多的多——不但在三年时间里扭转了经济颓势，而且还减轻了大萧条所导致的灾难。"③纳什认为，胡佛把政府温和的经济干预政策看成是与美国自愿合作的传统相一致的，胡佛最希望保持的是地方自治、个人积极性，尤其是"机会平等"的观念，这是他极为珍视的美国精神。胡佛希望发展非政府的中介机构并且从一开始就对法西斯主义怀有戒心，力图在政府、企业和劳工之间开创自愿性的合作关系。这种合作的方式被称为"结社主义"（associationalism，或称社团主义），尽管胡佛更习惯地称之为"自愿主义"，很多现代学者称之为"法团主义"（corporatism）④，它基于这样一种观念，即政府、法人团体、劳工三者相互协调运行，能够产生的结果要比直接的自由市场的方法更加有效，并且这也成为胡佛在总统任内

---

① Clarence Carson, *A Basic History of the United States*, Volume Five, Wadley, AL: American Textbook Committee, 1986, p.17.
② Paul Johnson, *Modern Times: The World from The Twenties to the Eighties*, New York: Harper & Howe, 1983. p.242.
③ John Steele Gordon, *An Empire of Wealth: The Epic History of American Economic Power*, New York: HarperCollins, 2004, pp.316-317.
④ David Hart, "Herbert Hoover's Last Laugh: The Enduring Significance of the Associative State in the USA" in *The Journal of Policy History*, 1998(10), pp.419-444.

经济政策的基石。弄清楚这样一种政治理念，对于我们重新解读胡佛的政策有很大的帮助。

关于胡佛与罗斯福的比较问题，学术界认为两位在处理大萧条的方法上并没有太多不同，正如约翰逊的解读，"罗斯福和胡佛都是经济干预主义者，都是同一类型的生产计划者，都是通货膨胀的支持者。事实上是，罗斯福倾向于赞成直接救济，而胡佛拒绝这样的作法"①。在大部分的实质问题上，胡佛与罗斯福的方法可以看出是相互呼应的。实际上，罗斯福的密友特格韦尔后来声称："在当时，我们不承认但实际上整个新政是从胡佛开始的方案中推演出来的。"②但是在胡佛和罗斯福方法之间有一个明显的不同，即胡佛坚持政府有限介入，而罗斯福则赞成政府全面干预。胡佛认为，"机会平等"是最坚定的和不可动摇的国民精神，他相信个人创造性必须和机会平等的观念联系在一起，来改造城市和工业化的社会。在他的总统任内，他坚持政府介入经济必须是有限度的并且在可接受的范围之内，坚持美国的传统。他宁可采用现有的机制和观念，诸如自愿合作、地方自治、鼓励私人企业，寻求利用政府权力去促进非官方调节机构的发展，拒绝社会主义或者法西斯主义的方案。胡佛认为罗斯福高度集中的决策模式，尤其是1935年以后的"第二次新政"是他非常担忧的"国家主义"（statist）社会管理的典型事例。他"心中理想的'新时代'是一个自愿的，合作的，管理的精英社会……对个人而言，经济上机会平等和在崭新的复杂的社会里合作是可以相容的，主动性来自底层而指导性来自精英管理顶层"③。库克里克（Bruce Kuklick）运用比较研究的方法考察了胡佛和尼克松6位总统的施政风格，他认为，由于大萧条的冲击，胡佛和罗斯福一起终结了之前"华盛顿不介入普通公民生活的时代"，并且开始了"现代类型的总统时代，坐在

---

① Paul Johnson, *Modern Times: The World from The Twenties to the Eighties*, p.251.
② Larry Schweikart, *A Patriot's History of the United States: From Columbus' Discoveries to the War on Terror*, New York: Penguin, 2004, p.557.
③ Carl E. Krog and William R. Tanner, *Herbert Hoover and the Republican Era: A Reconsideration*, pp.158-159.

总统办公厅人代表着国家,并且履行着衡量这个国家健康的职责,以时刻做出应对"①。沃尔克和米勒(Timothy Walch and Dwight M. Miller)把胡佛和罗斯福之间的书信、演讲和回忆录进行了归类整理和编辑,并强调两人的政治理念有诸多相同之处,而最明显的差异还是施政风格,而这来源于他们成长背景和性格,"罗斯福乐观进取、灵活变通;胡佛严肃拘谨、循规蹈矩;罗斯福漫不经心的行政模式和胡佛极其讲究效率的管理方式形成鲜明对比"②。而胡佛从未理解,他的缄默和拘谨的性格反映在民众眼里的是冷漠和疏远,这对于政治家而言无疑就是毒药。大卫·肯尼迪(David M. Kennedy)也认为胡佛和罗斯福之间的差异不是在于政策而是在于气质上的。他描述胡佛是一个进步主义者,倾向于通过劝导和有限的政府管制进行有序的变革。③

在处理国内少数族裔方面,卡尔·克罗格(Carl E. Krog)和威廉·唐纳(William R. Tanner)反思和批判了胡佛自身局限性和矛盾性。他们认为,一方面,在19世纪初民族主义勃兴的大背景下,胡佛不能顺应时代的变局,在处理美国印第安人和黑人的方式来,他显得更像是一位政客,而不是人文主义者甚至不是一位进步主义者,对于黑人,他缺乏同情,忽视黑人问题和需求,还努力减少南部共和党内的黑人权力,在任职期间"从未涉足和推动国会中任何一项改善印第安人的法律"④。另一方面,从行政改革和农业政策立法来看,胡佛看清了资本主义国家转型时期的弊端,无序的个人和分散社会团体带来的只能是效率低下,所以他极度反对浪费,强调效率与合作,重视个人主义与共同利益间的协调。

---

① Bruce Kuklick, *The Good Ruler: From Herbert Hoover to Richard Nixon. New Brunswick*: Rutgers University Press, 1988, p.49.
② Timothy Walch and Dwight M. Miller, *Herbert Hoover and Franklin D. Roosevelt: A Documentary History*, Westport, Conn.: Greenwood Press, 1998, pp. xviii-xix.
③ David M. Kennedy, *Freedom from Fear: The American People in Depression and War, 1929-1945*, New York: Oxford University Press, 1999. p.95.
④ Carl E. Krog and William R. Tanner, *Herbert Hoover and the Republican Era: A Reconsideration*, Maryland: University Press of America, 1984, p.108.

在胡佛的政治思想方面，福索尔德的《胡佛的总统生涯》充分利用前人的研究成果，并对胡佛研究所中大量的手稿和档案进行广泛的研究，他认为胡佛的指导原则是"有序自由"（ordered freedom），这是从他的贵格派的传统中获得。胡佛的抱负和希望，是维护个人自由，同时利用自律和自愿合作的方式来服务于更大的公共利益。① 霍利在《商业部长赫伯特·胡佛：新时代的思想和实践研究》一书中，强调胡佛的自由主义、个人主义和法团主义思想成型于他在担任商务部长时期，并贯穿着他的整个职业生涯，在20年代的美国政府中发挥着极为突出的作用。② 有的学者考察了胡佛卸任之后，其理念并没有消退，并且在二战后对美国决策层有重要影响，艾森豪威尔总统力请胡佛为其助选，认为胡佛只是大萧条爆发时不幸的代罪羔羊，该书还引述约翰逊总统对胡佛的评价，"我越了解胡佛的公职经历，就越尊敬他对全国乃至全世界的贡献。他的付出，远超过他所得到的评价，在他的一生中，忍受过许多被残酷批判的时刻，我相信，历史将会纠正这些评断"③。

胡佛卸任以后的政治活动和个人生活此时也成为学者们研究的新领域，格雷·贝斯特（Gary Dean Best）考察了胡佛在1935—1936年所进行的全国性的巡回演讲，发起了一次反"新政"运动，主题是致力于唤起美国民众留意"新政"的危险，警惕它最终会摧毁国家的自由前途④。而布兰特·绍特（Brant Short）则展示了一个我们想象不到的二战后"新胡佛"的形象，"胡佛看上去焕然一新，表现出众，甚至能和'炉边谈话'的罗斯福

---

① Martin L. Fausold, *The Presidency of Herbert C. Hoover*, Lawrence: University Press of Kansas, 1985.
② Ellis W. Hawley, *Herbert Hoover as Secretary of Commerce: Studies in New Era Thought and Practice*, Iowa Press: University of Iowa Press, 1981.
③ Vaughn Davis Bornet, "Uncommon President," in Arthur S. Link, ed., *Hebert Hoover Reassessed*, Washington, D. C: U. S. Government Printing Office, 1981, p.86.
④ Gary Dean Best, *Herbert Hoover, the Post-Presidential Years, 1933–1964*, Stanford, Calif.: Hoover Institution Press, 1983.

总统一较长短，以前那位拙于口舌的形象不见影踪"①。传记作家理查德·史密斯（Richard Norton Smith）考证到，虽然胡佛自己从未表态要参加1936年的总统选举，不过胡佛极度希望共和党能再次提名他参选，并对此抱有强烈的道德动机。②另外，也有学者将研究转向胡佛的妻子，卢·亨利·胡佛（Lou Henry Hoover），卢不再是胡佛的背景人物，在胡佛漫长的公职生涯中，卢起到了相当重要的作用，是一位长期被忽视的杰出的第一夫人。大萧条发生时，卢"是胡佛生命中长期以来阻挡这个世界纷扰杂乱的盾牌，在总统宴会上，有她在，胡佛可以躲到恪守礼仪和严守传统的面具之后"③。

历史学家李·纳什总结了胡佛外交方面的"和平主义"的思想。在胡佛就任美国总统前，访问了拉美10国，就任后立即改变了之前美国的外交政策，"胡佛不同意西奥多·罗斯福对于门罗主义的必然推断，即美国有正当理由在拉丁美洲镇压叛乱和强制下达命令，谴责塔夫脱的'金元外交'，他改变了威尔逊的介入政策，从尼加拉瓜和海底撤军"，可以说在罗斯福之前就开启了与拉美的"睦邻政策"④。纳什认为，胡佛早年在海外丰富的商业经历为他思考战争与和平问题起到了极大的帮助，他考察了胡佛在国联的表现，在世界裁军会议上发挥的重要作用，以及在总统期间面对国际动荡局势的外交政策，对罗斯福政府介入欧洲战争的反对态度，都贯穿着"和平主义"的外交思想。

历史上的共识和分歧都是不确定的，对胡佛生平的重新思考还在进行，

---

① Brant Short, "The Rhetoric of the Post-Presidency: Hebert Hoover's Campaign Against The New Deal, 1934–1936," *Presidential Studies Quarterly* 21 (Spring 1991), pp.333–336.
② Richard Norton Smith, *An uncommon man: the Triumph of Herbert Hoover*, New York: Simon and Schuster, 1984, p.206.
③ Nancy Beck Young, *Lou Henry Hoover: Activist First Lady*, Lawrence, KS, 2004; David M. Kennedy, *Freedom from Fear: The American People in Depression and War, 1929–1945*, p.45.
④ Lee Nash, *Herbert Hoover and World Peace*, Lanham: University Press of American, Inc, 2010, pp.x–xi.

在以后的研究中某些分析解读很有可能改变。但无可否认的是,胡佛是一位杰出的人物,奉献给公共服务事业长达50年,印第安纳州立大学罗伯特·费雷尔(Robert Ferrell)教授在《总统的领导:最佳的和最差的白宫主人》这本书中,对胡佛的总结是:"他值得在历史上获得更好的评价。"①

五、总　结

总结美国学术界对胡佛的研究,笔者认为有以下三个特点:

一、共识与分歧并存。保守主义和自由主义的争论历来是美国重大问题探讨的主线,胡佛研究也不例外,尤其是针对胡佛反危机的政策上,虽然在某些问题上取得了共识,如胡佛从早期"自由放任"到后来"行动主义和进步主义"总统形象的转变,但并不代表对胡佛的定位和评价就没有分歧,如有些学者把他看作是经济干预者,认为他提前开始了罗斯福"新政"的实质内容,批评他开启了对传统的背离,制造了萧条。也有不少学者强调胡佛支持"有限政府"的概念,是19世纪美国精神的最后代表。

二、胡佛研究的重要性。从美国史的研究来看,胡佛研究涉及三个重要领域:保守主义与自由主义之争;国家构建的重要转型,也就所谓的"管理型国家"的出现和发展;新政研究。早期的胡佛研究存在着简单化、标签化的倾向,经过几十年的发展,尤其是档案开放后,有关胡佛的研究越来越全面,多角度、多领域、跨学科的研究也越来越细致,当然这也是所有史学研究的必然趋势。但很多学者的聚焦点还是围绕着胡佛总统的身份和大萧条的政策,实际上针对上述三个重要领域,还有很多尚未触及的空白点,有很多问题没有深入探讨,如在国家构建的重要转型期,胡佛发挥了怎样的作用,留下了哪些政治遗产。

三、存在的不足与问题。胡佛的研究存在着理解的碎片化倾向,即对某

---

① Leonard Leo and James Taranto, eds., *Presidential Leadership: Rating the Best and the Worst in the White House*, New York: Free Press, 2004, p.214.

项政策或胡佛的言论进行分析,得出某种结论,另一项政策或者胡佛的言论又解读出另一种结论,而胡佛在担任商务部长和总统期间所推动或者实施的有关农、工、商、劳资关系的各项政策之间缺乏联系,各项政策背后隐含的政府哲学和理念不甚明了,这就造成了很多矛盾的说法,如胡佛既是反中央集权论者、"新政"的批判者又看是积极型政府形式和国家计划热情的拥护者,既是"旧时代总统的最后一人,又是新时代总统的第一人"等含糊其辞的表述。学术界对于胡佛的研究发现,他的政治理念和政府哲学十分坚定,始终如一,不像"新政"改革那样具有较强的试验色彩和罗斯福本人政治哲学的灵活性和变通性,那么胡佛理念是什么,显然"自由放任"也好,"新政先驱"也罢,都无法很好地阐释这个问题,国内大多书中在涉及此问题时也语焉不详。笔者认为这种观点模糊不清,事实上也无助于我们全方位地理解胡佛,应该将胡佛的政治理念和政策实践结合起来,放在一个历史主义理论的框架内来探讨他的历史定位。

(本文原载《史学理论研究》2018年第2期)

战后英国青年文化与大众传媒

戴立云

文化是一个非常难以给予确切界定的概念,它可以涵盖人类历史发展的一切成果,也可以指人类正在进行的一切活动。对于研究青年文化与大众传媒来说,下面的解释也许更有价值。有的文化研究者将文化看成是各种各样的符号的体现,认为人类的器具用品、行为方式,甚至思想观念,都是文化的符号或文本。[①]因此文化的创造就是符号的创造,目的就是为了向人们传达某种意义,这种传达的过程就是文化的传播。

从原始的口传文化阶段发展到近代的印刷文化阶段,再到现当代的电子文化阶段,文化与传播媒介相依相存的关系越来越明显,以至有了"媒体文化"这一词。青年文化主要是由青年创造、认同并传播的与生活主文化既关联又相对独立的,由观念、价值体系和行为方式组合成的亚文化系统。[②]战后英国青年亚文化的形成、发展以至后来的走向衰落,都是与战后英国媒体产业的发展分不开的。

一、文化与大众传媒

大众传媒所具有的一个最基本的功能就是文化传播与舆论扩散。大众传媒通过自己的报道,将社会中出现的现象、正在发生的事件和存在的问题传播给了普通大众,这样就产生了一种文化传播与舆论扩散效应。发生在

---

① [美]道格拉斯·凯尔纳著,丁宁译:《媒体文化:介于现代与后现代之间的文化研究、认同性与政治》,商务印书馆2004年版,第1页。
② 董敏志著:《接受与超越:青年文化论》,复旦大学出版社1993年版,第6页。

一地的事,通过媒体的报道能牵引起全社会的注意,为全国乃至全世界的人所知晓。随着大众报道的深入,公众对问题的认识也会随之加深,产生出不同的情感。但是,这种认识和情感在很大程度上都受到媒体报道导向的影响。媒体报道的视角和立场,会直接影响着公众和社会权力机构对事件的评判,从而对整个事件产生积极或消极的影响。战后英国民众对青年亚文化的认识和接纳就受到媒体报道的左右。

另外,大众传媒本身也在塑造着文化,规范着人们的价值观。随着社会的发展与时代的进步,人们原有的价值观受到挑战,处在新与旧、进步与落后的转换冲突中,对传统的社会他们有着本能的眷念,对新生的社会有着天然的抵触。这种冲突会使一部分人产生强烈的不适应感,使他们处于迷惘之中,对处于社会转型中的青年更是如此。对刚刚失去的世界他们没有老一辈的那份执着,对刚刚诞生的社会他们又有着太多的迷惑与失望。他们通过各种方式来表达对社会的诸多不满,大量的越轨、反叛行为随之产生。要结束社会上的这种无序现象,就必须来规范和引导大众建立新的价值观。大众传媒这时就承担起了这种职责。因为大众传媒的报道往往都暗含着主流社会的价值规范和行为准则,对大众的价值观产生潜移默化的影响。这种影响是双重的:一方面是人们建立起了与主流社会相适应的新的价值观,另一方面,媒体文化在诱导个人认同于已经确立的社会价值观的同时,也为个人提供了反抗社会的种种资源。因此,个体并非被动地接受媒体所传达的意义和信息,他们对媒体文本有着自己独特的解读能力和批判性,从而创造出与主流价值观相抗衡的价值观,与主流文化不相符的亚文化,而这其中大部分都是青年。

大众传媒还有着构建个人、群体的文化认同性的功能。认同性是一种预订人的社会角色的功能,是一种传统的神话系统,它提供方向感和宗教性的支持,以确定人在世界中的位置,同时又严格地限制其思想和行为的范围。[1]在传统社会里,个人的认同性是与其家庭出身、从事的职业相联系

---

① [美]道格拉斯·凯尔纳著,丁宁译:《媒体文化:介于现代与后现代之间的文化研究、认同性与政治》,第392页。

的；而在战后的消费和媒体化的社会里，认同性已经越来越和时尚、外表、形象以及消费等联系在一起了。这使得每一个人都不能没有自己个性化的外表、风格以及自身的形象。个人认同性的最终形成是依赖于他者的再认，这种再认过程的媒介就是大众传媒。"媒介在历史上对于想象国家社群发挥了核心作用；或许事实上，要是没有印刷媒介及随后的广播电视媒介的贡献，也不可能创建共同的文化群落和认同。"①

　　传播、文化和认同三者之间有着一体的关系。传播技术是起决定作用的积极因素，而文化和认同是被动反应的因素。传播技术是因，认同是果，它因技术的"冲击"而形成并修正。②媒体文化提供了构成人的世界观、行为乃至认同性的材料。在主流文化的影响下，亚文化的群体和个人通过创造自身的文化符号、风格与认同性，来抵制主流文化与认同性的主导形式，在外表和行为上都有着自己的特点。

二、青年文化与大众传媒

　　20世纪电子媒介的出现，是人类文化传播史上的一场伟大的革命，它从此彻底地改变了人类文化传播的方式，文化自身存在的形态也随之发生了变化。战后在社会、经济恢复发展的基础上，英国的传媒业也有了较快的发展。这时的发展不仅有技术的支持，还有社会的需求。在迅速变化的社会里，必然会出现行为方式、鉴赏方式和穿着方式的混乱。社会地位变动中的人往往缺乏现成的指导，不易获得如何把日子过得比以前"更好"的知识。于是，电影、电视和广告就来为他们引路。③

　　在英国，青年文化在爱德华时代，甚至更早的维多利亚时代就已出现，

---

① ［英］戴维·莫利等著，司艳译：《认同的空间：全球媒介、电子世界景观与文化边界》，南京大学出版社2001年版，第265页。
② ［英］戴维·莫利等著，司艳译：《认同的空间：全球媒介、电子世界景观与文化边界》，第96页。
③ ［美］丹尼尔·贝尔著，赵一凡等译：《资本主义文化矛盾》，生活·读书·新知三联书店1989年版，第116页。

但只有到了二战后才如火如荼地发展起来,引起社会学家、文化理论家和历史学家以及普通民众的普遍关注。这主要是与战后英国社会的巨大变化分不开的,更是媒体宣传的结果。传媒的发展给战后的人们带来的是新的价值观和新的生活方式,也为青年亚文化的发展提供了生存的土壤。

战后,青年成为英国社会变化的代名词。媒体更是用一些闪亮的词汇来介绍青年。向大众传播这样一种观念:青年是一支新的社会力量,与令人厌烦的、老的传统社会秩序相比,他们是有活力的、令人振奋的。广告商也习惯用青年形象,将他们富有活力的现代性,时髦的享乐的形象与产品的宣传相联系。但是,在媒体的报道中对青年一直存在着两面性,一面是对青年的需求积极的迎合,一面对他们的越轨行为却毫不宽容。媒体的这种两面性报道对大众产生了误导。

20世纪50年代初,英国媒体在报道两件犯罪案件时,就有意将这一犯罪行为指向某一个青年群体。一件是在1952年,19岁的德克·本特利用枪射死了一名警察,另一件是在1953年,20岁的米歇尔·戴维斯刺死了一名青年。媒体在报道这两个案件时,都特别关注了这两名青年的着装。他们华丽的"美国风格"的衣饰和行为被认为是与传统的文化和价值观相背离的化身。这一风格的着装经过媒体的渲染也就成为某一青年群体的标志,任何穿着这一风格衣服的青年都被归入该群体,这一青年群体就是"特迪"。特迪(Teddy boy)又称无赖青年,50年代初在英国社会出现,主要由工人阶级青年组成,有着强烈的反叛精神。特迪这一词是由媒体首先创造出来的,第一次出现是在1954年3月23日的《每日要览》(Daily Sketch)的一篇文章中,这篇文章将特迪描述为"穿着爱德华时代服装的年轻暴徒"[1]。1955年后,特迪就被认为是一个侮辱性的词汇。媒体将青少年犯罪与他们独特风格的服饰联系起来,服饰成为越轨的首要标志。1954年4月在肯特郡的一个火车站,两个敌对的特迪群体发生了一次帮派冲突,有

---

[1] Elizabeth Nelson, *The British Counter-culture, 1966-73*, St. Martin's Press, Inc. 1989, p.13.

超过50个青年参加。媒体对此进行了大肆的报道,这引起了官方对特迪问题的极大反应。特迪几乎一夜之间就成了犯罪行为的替罪羊,毫无疑问这将导致摩擦增加。随后,任何穿着特迪风格衣服的青年都被禁止进入公共场所,穿着特迪服装的男孩不但被排除于青年俱乐部、舞厅、电影院和咖啡馆,而且在一个小镇他们被拒绝进入熟食店。①

这种报道的负面影响是深远的,甚至在特迪风格从主要城市消失后,他们留在人们心中的仍是流氓这一形象。实际上,特迪中倾向于暴力和流氓行为的只是少数。媒体对不同青年群体间的打架斗殴事件进行夸大其词的大肆报道,与社会控制机构、警察等对青年越轨行为持一致的训斥、指责的态度,致使越轨者更走向极端。这样媒体的宣传、公众的反应与越轨行为的增加之间有着一种恶性循环。其实,青少年的胡闹、撒野与犯罪之间只存在着一条细微的界限。

60年代媒体对青年的态度仍没有多大变化。将摩登派和摇滚乐者描述为一群"邪恶之徒"和"社会恶魔",这直接影响到公众对这些青年群体的态度;另外媒体还渲染"道德恐慌",认为青年的性开放已到了道德败坏的地步。媒体的这种报道起到了两种作用:一是使大众对青年产生误解,排斥青年文化;另一方面使青年文化在全国得到传播,使青年群体加强了自身的认同,使他们的风格也更加清晰起来。

在英国,19世纪和20世纪的上半叶,青年风格和青年文化主要是以某一地区为基础,只有有限的凝聚力和风格认同意识。然而,在50、60年代,随着媒体产业对青年市场越来越积极的回应,风格和时尚的变化以更快的速度和更大的活力在普及。事实上,没有媒体的定格和宣传,像特迪、摩登、秃头等这些群体都只会局限在一地,不会有清晰的亚文化差异,不可能与19世纪就已存在的Scullter和Peaky blinders等这些亚文化群体区别开来。

---

① Elizabeth Nelson, *The British Counter-culture*, 1966–1973, p.15.

青年群体风格和认同性的形成是从他们所具有的文化符号开始的。各种形象并不自身携带意义或"指代意义"的途径。它们积累各种意义，或通过一系列文本和媒介在它们的各种意义之间互相挑逗以获取新的意义。每一个形象负载着它自身特有的意义。① 起初每一个群体所具有的独特符号只有一个小范围内的人知道，但是媒体的宣传不仅使他们为更多的人所知道、辨别出来，而且也帮助他们最终确定了自身的风格。最明显的、也最能表现不同风格的符号就是服饰。例如，嬉皮士们偏爱的是旧皮毛大衣、纱裙和军人大衣，嬉皮士女孩所追求的一般来说是古典式花边衬裙，纯丝衬衣，纱裙，天鹅绒短裙和1940年代流行的纯毛大衣②，这些符号所承载的意义是他们对自然的向往，对自由的追求。特迪男孩模仿爱德华时代的服装式样，把自己装扮成密西西比投机商人的形象：披一件褶皱夹克、穿天鹅绒领、滚边裤、绉底鞋和靴带领结。特迪青年企图用盗用上层阶级的服装款式这种手段来掩盖他们是从事手工的、非技术的这种社会最底层的职业与更遭的生活境遇。③ 这些亚文化群体必须展现一个足够独特的外形和风格，以便一眼便能被看出不同于他们的母文化。这些不同的符号就成为他们身份的标志，他们独特的认同性。

除了服饰，音乐、娱乐消费和其他商品都是构建文化认同性的资源。这种认同性通过媒体，特别是电视得到强化。美国的社会学家戴维·波普诺在其著作《社会学》中，在解释嬉皮士运动的产生的原因时就提到了电视。他认为："大众传媒，特别是电视对新奇事物的追逐"，④ 是嬉皮士运动产生的三个关键的背景因素之一。战后，英国的电视对青年现象有着迅速敏捷的反应。战后，英国的电视对青年现象有着迅速敏捷的反应。五六十年代

---

① ［英］斯图尔特·霍尔著，徐亮等译：《表征：文化表象与意指实践》，商务印书馆2003年版，第234页。
② ［英］安吉拉·默克罗比著，田晓菲等译：《后现代主义与大众文化》，中央编译出版社2001年版，第185页。
③ Stuart Hall & Tony Jefferson, *Resistance Through Rituals: Youth Subcultures in Post-war Britain,* London Hutchinson 1976, p.48.
④ ［美］戴维·波普诺著，刘云德等译：《社会学》（第十版），中国人民大学出版社2004年版，第79页。

BBC 和 ITV 的电视节目都向这一领域侵入。最初的节目像 1952 年的 Hit Parade，1955 年的 Music Shop，1956 年的 Off the Record，对青年的欲求也是保持沉默的。然而到了 50 年代末，更正式的青年类型电视节目出现了，有 1957 年的 Six-Five Special、1958 年的 Oh Boy!、1959 年的 Fuke Box Fury。电视节目的制作目标也开始转变，从适合全家人观看到 60 年代早期就完全定位于适合青年人的欣赏口味。如 1963 年的 Ready, Steady, Go! 就几乎没有考虑成年观众，节目的内容都是音乐、时尚和青年人喜欢的东西，特别是引进了 60 年代初时髦的亚文化。Ready, Steady, Go! 不仅仅是一档节目更是一种生活方式，它是青少年模仿的一面镜子：他们的爱好、他们崇拜的明星、他们的穿着方式，所有这些都在这一档节目中有全面的反应。电视生动地强化了视觉象征符号的作用，视觉象征符号也构建了集体认同性。①

在战后的英国，大众传媒与青年文化是一种互动的关系，二者互相借助，各谋自身的生存与发展。媒体积极主动地为青年文化作宣传，则是因为她已发现这是一个新鲜事物，蕴涵着无限的商机。通过对青年现象的报道和制作大量适合青年人口味的节目，媒体吸引了大批的观众，赢得了利润，这是它的目的所在。而广大青年乐于接受媒体的邀约，则是因为他们已认识到，单靠个人的口口相传的力量是有限的，不能产生全国的效应，不能扩大自身的影响。亚文化的风格通过媒体的宣传得以清晰化、大众化，最终定型下来。但是，英国的大众传媒一开始并没能很好地引导青年文化的发展，因而产生了很多社会问题。今天，通过对它的回顾，我们可以从中汲取经验教训，为我国青年文化的健康发展构建一个和谐的媒体环境。

（本文原载《中国青年研究》2007 年第 4 期，

《人大复印资料〈青少年导刊〉》2007 年第 6 期转载）

---

① Bill Osgerby, *Youth in Britain: Since 1945*, Blackwell Publisher, 1998, p.40.

后 记

　　历史学科是安庆师范大学办学历史悠久、基础雄厚的传统优势学科之一，为学校建设特色鲜明的地方应用型高水平大学的重要支撑学科、博士点立项建设支撑学科及人文学院重点建设的主干学科。本学科1985年恢复历史学专业招生，1989年开始招收四年制本科生。2015年开始招收学科教学（历史）专业硕士。2018年中国史一级学科获批硕士学位授权点，下设史学理论及中国史学史、中国古代史、中国近现代史、中国专门史四个二级学科。经过几代学人的努力，历史学科现已发展为拥有教授9人、副教授11人、博士21人、博士生导师2人、硕士生导师22人的学术队伍，形成了优良的教风学风和研究传统，在人才培养、教学科研、社会服务、文化传承和服务基础教育等方面均取得了显著成就。

　　构建具有中国特色的历史学学科体系、学术体系和话语体系，增进中外文明互鉴，坚定文化自信自强，推进中华民族现代文明和社会主义文化强国建设，是当下史学界的时代使命。本学科服务国家文化建设方针、路线和政策，服务学校文化育人、特色兴校发展战略，围绕优秀地方文化传承创新，依托丰厚的地方文化资源和独特的区位优势，形成了一支以安庆地方历史文化研究为中心任务的科研创新团队。历史学科重视以科研项目带动学科建设，推动学科建设在动态中开拓深化并取得积极成效。近五年来，本学科共完成国家社科基金3项、省（部）级项目八项、其他政府项目32项，现有在研国家社科基金项目6项、省（部）级项目13项，其他政府项目37项。本学科在深化研究重点的同时，拓宽研究领域，逐步形成了自己的研究特色，在桐城派史学、安庆近代社会文化、江淮地区环境史及大别山区域史等方向上取得创新学术成果。本书搜集的 18 篇文章,是按既定要求和作者意愿遴选的,内容涉及古今中外,聚焦于中古史、环境史、区域史、世界史等方面(桐城派研究另有专辑),既有力体现了史学工作者的时代责任与担当,也大体呈现了学科的特色与优势。

与国内同类学科相比较,我们虽然已经形成自己一定的特色和优势,但仍存在较大的差距和不足,我们将进一步更新观念,与时俱进,加强学科建设,为文化创新与传承、人才培养和高水平科研成果产出不断努力。本论文集在选目、编辑和研究水平等方面,尚有欠妥之处,也敬请方家批评指正。

编者

2023 年 8 月

图书在版编目(CIP)数据

史海拾萃:历史学卷/金仁义,沈志富编.—上海:复旦大学出版社,2023.11
(敬敷求是集:安庆师范大学人文学院高峰培育学科建设丛书/汪孔丰,金松林主编;5)
ISBN 978-7-309-17064-1

Ⅰ.①史… Ⅱ.①金… Ⅲ.①史学-文集 Ⅳ.①K0-53

中国国家版本馆 CIP 数据核字(2023)第 215418 号